KB261984

박근혜의 거울

박근혜의 거울

지은이 ㅣ 손석춘
펴낸이 ㅣ 김성실
기획편집 ㅣ 최인수 · 여미숙 · 이정남
마케팅 ㅣ 곽흥규 · 김남숙 · 이유진
디자인 · 편집 ㅣ (주)하람커뮤니케이션(02-322-5405)
제작 ㅣ 한영문화사

초판 1쇄 ㅣ 2011년 5월 18일 펴냄

펴낸곳 ㅣ 시대의창
출판등록 ㅣ 제10-1756호(1999. 5. 11.)
주소 ㅣ 121-816 서울시 마포구 동교동 113-81 4층
전화 ㅣ 편집부 (02) 335-6125, 영업부 (02) 335-6121
팩스 ㅣ (02) 325-5607
이메일 ㅣ sidaebooks@hanmail.net

ISBN 978-89-5940-209-0 (03340)

ⓒ 손석춘, 2011, Printed in Korea.

책값은 뒤표지에 있습니다.
잘못된 책은 바꾸어드립니다.

손석춘 지음

왜곡된 반사 또는 부풀려진 신화

박근혜의 거울

시대의창

백설공주와 일곱 난쟁이. 2012년 한국정치를 풀이하는 '오래된 동화'로, 정가 안팎에 은근히 회자되고 있다. 짐작했듯이 여기서 백설공주는 박근혜, 일곱 난쟁이는 다른 대통령후보들이다.

실제로 박근혜는 모든 언론사의 여론조사에서 차기 대통령 1순위다. 이명박 정부 출범 뒤 지금까지 줄곧 그렇다. 여야를 막론하고 다른 후보들의 지지율은 그녀와 격차가 크다.

동화 〈백설공주〉를 모르는 대한민국 국민은 거의 없다. 박근혜를 모르는 사람은 더 없다. 언론은 그녀를 공주로 띄우는 데 만족하지 않고 '선거 여왕'으로 등극시켰다. 그래서일까. 국민 대다수가 선거 여왕 박근혜를 잘 안다고 생각한다. 보수든 진보든 마찬가지다. 마치 박근혜를 다 아는 듯이 자신 있게 소통한다.

하지만 정말 그럴까? 과연 우리 국민은 박근혜를 얼마나 알고 있을까? 이 책이 던지는 물음표다.

다들 박근혜를 안다고 생각하지만 한 뼘만 더 들어가도 그렇지 않다는 사실을 발견할 수 있다. 2011년 1월 한 방송사의 생방송 시사토론회가 열리기 직전이었다. 대기실에서 '원로' 급 보수 정치인에게 '여왕'을 어떻게 생각하는지 물었다. 답은 뜻밖이었다.

"박근혜 가방에 든 게 무엇인지 아무도 몰라요."

국가의 중요 사안에 박근혜가 침묵해왔기 때문에 무슨 생각을 하고 있는지 도무지 알 수 없다고 빈정댔다. 박근혜는 선거에서 표가 되는 일에만 발언을 해왔다는 말에선 불신감이 뚝뚝 묻어나왔다. 보수 정치인조차 아무도 그녀의 가방 속을 모른다고 밝힌 '고백'은 유권자로서 우리 국민이 성찰해볼 대목이다.

박근혜를 바라보는 시선은 진보 내부에서도 극과 극이다. 먼저 '수첩공주'라는 시선. 자신의 수첩에 미리 적어둔 메모의 수준을 넘어 발언하지 못한다는 조소가 담겨 있다. 여기서 박근혜는 머리가 텅 빈 정치인이다. '독재자 박정희의 딸'이기에 대통령후보 반열에 올랐을 뿐이다.

또 다른 극단은 '무서운 여자 박근혜'다. 진보 신문의 논설위원을 거쳐 언론사 사장을 역임한 언론인이 사석에서 진지하게 던진 말이다. 이명박과는 수준이 다르단다. 박근혜가 대통령 되면 앞으로 20년은 한나라당 정권이 될 것이라고 우려했다. 여기서 박근혜는 머리가 꽉 찬 정치인이다. 그렇게 판단하는 근거를 물었다. 그는 박근혜가 박정희-육영수로부터 정치 수업을 받았다고 답했다. 박정희를 곁에서 지켜보았기에 권모술수가 뛰어날 수밖에 없다고 강조했다. 박근혜가 정권을 잡으면 이명박과 달리 폭넓게 인재를 등용할 것이라고 내다보았다.

머리가 텅 빈 정치인에서 꽉 찬 정치인까지, 논리적으로 사고하는 진보 진영 안에서도 그녀를 바라보는 눈길은 큰 편차가 있다.

왜 그럴까? 박근혜를 둘러싼 정치적 소통은 풍요롭지만 정작 그녀가 누구인가에 대한 소통은 더없이 빈곤하기 때문이다.

우리는 박근혜를 얼마나 알고 있는가를 묻는 이 책은 선거 여왕의 정치 신화를 보수나 진보의 잣대로 재단하지 않는다. 박근혜를 좋아하든 싫어하든 그녀를 단순히 박정희와 육영수의 딸로만 바라보는 것은 옳지 못하고 바람직하지도 않다. 그녀는 21세기 첫 10년대에 한국정치의 중심으로 활동해왔고, 2012년 대선에서 대한민국 대통령으로 선출될 가능성이 가장 높기 때문이다.

바로 그렇기에 유권자들은 박근혜가 누구인가를, 선입견에서 벗어나 정확하게 볼 필요가 있다. 박근혜 신화는 정치적 형성물이기에, 그녀를 거울에 비추면 한국정치의 모든 게 보인다. 거울을 섬세하게 살피면 정치의 속살까지 드러난다. 아버지 박정희만이 아니다. 이승만과 전두환, 김영삼이 보인다. 그 거울 속에서 우리는 김대중과 노무현도 읽을 수 있다.

예로부터 뜻있는 선인들은 "물로 거울을 삼지 말라. 사람을 거울로 삼으라〔不鏡於水 而鏡於人〕"고 일러왔다. 외모만 비쳐 보이는 물보다 사람들 속에서 거울을 찾아야 한다는 가르침이다. 박근혜도 마찬가지다. 신문과 방송이 비춰주는 거울에서 벗어나 우리 시대를 살아가는 사람들이라는 거울로 박근혜를 읽어야 옳다. 사람을 거울로 삼아야 한다는 뜻은 소통에 있다. 박근혜의 거울, 그 거울은 우리가 소통하는 만큼 보인다.

미리 밝혀두거니와 이 책은 이론서가 아니다. 특정한 정치 이념을 밑절미에 깔고 있지도 않다. 다만 2010년대 대한민국에서 살아가는 평범한 사람들, 곧 국민 대다수가 한국정치를 자신의 눈으로 읽는 데 도움이 될 수 있도록 실용적인 정치 교양서를 염두에 두고 써갔다.

이 책의 '산파'가 된 세 사람도 바로 그 평범한 사람들이다. 책에서 차차 소개하겠지만 두 사람은 지금 이 순간도 성실하게 대구와 광주의 거리를 달리고 있을 터다. 서울의 거리를 달렸던 또 한 사람은 이제 지상에 없다. 짧은 만남이었지만 내게 영감을 준 세 사람과의 소통이 없었다면, 이 책은 빛을 보지 못했을 게 분명하다. 두 사람의 삶과 한 사람의 죽음에 삼가 이 책을 바친다.

손석춘

차 례

그가 한 번도 듣지 못한 이야기

2010년 1월 28일. 동대구역에 내려 시내 강연장까지 택시를 탔다. 어느 지역이든 택시노동자—흔히 '택시기사'가 예의 갖춘 말이라고 한다. 나도 택시노동자와 대화할 때 '선생님'으로 호칭한다. 하지만 글을 쓸 때는 아니다. 노동자가 '기사'보다 결코 낮춤말이 아니기 때문이다—와 대화를 나누면, 민심의 흐름을 엿볼 수 있다.

택시노동자는 일상으로 승객과 이야기를 나누거나, 승객 사이의 대화를 자연스레 듣게 된다. 결국 택시노동자의 세상 읽기에는 한 개인의 의견보다 더 많은 사람의 생각이 담겨 있다. 흔히 취재기자들이 선거를 앞두고 지역 민심을 탐방하는 기사를 쓸 때 택시노동자의 인터뷰를 중시하는 까닭이다. 모두가 그렇지는 않겠지만 택시노동자는 대체로 그 지역의 평균적 사고를 지니고 있다.

　　동대구역 앞에 꼬리를 물고 늘어선 택시에 올랐을 때, 60대 안 팎인 택시노동자 얼굴에 비로소 손님을 태웠다는 안도감이 번져 갔다. 요즘 대구 경기가 어떤가를 인사 겸 물었다. 그는 경기에 대 해선 아예 말하고 싶지 않다는 표정으로 앞만 보며 가다가 운전석 위에 걸린 뒷거울로 흘긋거리더니 귀찮다는 듯이 볼멘소리로 답 했다.

　　"조금 전에 줄 서 있는 택시 보셨지요? 죽지 못해 삽니다."

　　"그러세요? 그동안 대구 시민들이 한나라당 정부가 들어서길 얼마나 기다렸습니까? 경기가 좋아지리라고 기대했을 텐데요."

　　"그랬죠! 그런데 나아지는 게 전혀 없네요."

　　"정부는 경제 지표가 호전되고 있다고 발표하던데요? 방송 뉴 스 보셨죠?"

　　"그거 말짱 헛것입니다. 경기 좋아지는 건요, 우리 택시기사 들이 가장 잘 알아요."

　　"그래도 대통령이 경제를 살리겠다며 당선되었는데……."

　　그 순간 택시노동자가 말을 자르며 목소리를 높였다.

　　"누가 대통령이 되어도 마찬가지입니다. 요즘은요, 돈이 돈을 버는 시대가 되었어요."

　　돈이 돈을 버는 시대. 신자유주의의 대안을 연구하는 '싱크탱 그'의 책임지로서 유권자들에게 '신자유주의'를 어떻게 쉽게 설 명할 수 있을까를 늘 고심해왔는데, 택시로 늙은 노동자가 생활 속에서 정리했을 법한 '정의'에 귀가 솔깃했다. 돈이 돈을 버는 시 대, 바로 신자유주의의 핵심이 아닌가.

말문이 터져서일까. 그는 이명박 정부에 실망감을 감추지 않았다. 말을 나누는 과정에서 그가 "벌이가 시원치 않아" 결국 막내딸은 대학에 보내지 못했다고 털어놓을 때는 목소리가 젖은 채로 갈라져 나왔다. 목적지에 다 왔기에 마지막으로 물었다.

"선생님은 그럼 어디에 희망을 두고 계신가요?"

'희망'이라는 말이 나오자 그의 입술에 허탈한 미소가 그려졌다.

"희망이요? 손님! 그런 게 어디 있습니까?"

깊은 가슴에서 나오는 절망 섞인 어조에 더 대꾸할 힘을 잃었다. 택시노동자도 거스름돈을 계산하다가 중단한 채 앞 창문을 물끄러미 바라보았다. 뒷머리에 동그랗게 맨살이 드러난 택시노동자는 잔돈을 건네면서 얼굴에 팬 굵은 주름살만큼이나 쓸쓸하게 덧붙였다.

"내게 희망은 오직 하나! 죽어서 천국 가는 겁니다. 열심히 교회 나가고 있거든요."

가슴이 먹먹해져왔다. 천국. 과연 그게 희망이어도 좋은 걸까? 택시가 떠난 뒤 한길에서 꺾어질 때까지 나는 한참을 바라보며 서 있었다.

유일한 희망은 '천국'이라는 그의 말을 들었을 때 가슴 아팠던 이유는 '종교는 민중의 아편'이라는 말이 떠올라서가 결코 아니었다. 죽어서 천국을 꿈꾸며 고통스런 현실을 참고 살아가는 분 앞에 참된 종교는 무엇이어야 옳은가를 고심해서도 아니었다.

희망을 내세의 일로 돌리며 살아가는 저분 앞에 나는 무엇을 하고 있는가 하는 자책감이 가슴 깊은 곳 어디선가 스멀스멀 올라

와서다. 민중이 마음 놓고 사랑하며 일할 수 있는 새로운 사회를 만들겠다며 연구원을 운영해온 나는 저분에게 과연 무엇일까라는 물음이 꼬리를 물었다.

강연을 마치고 서울로 돌아오는 기차 안에서도 주름 가득한 택시노동자의 얼굴이 떠올랐다. 막내딸을 대학에 보내지 못했다며 낯선 손님 앞에서 눈시울을 적시던 그가, 만일 대학 등록금이 입학부터 졸업까지 없는 나라가 많다는 사실을 안다면, 한국의 경제력이나 정부 예산에 비추어 얼마든지 그렇게 만들 수 있다는 진실을 안다면, 과연 그때도 그에게 '오직 한 가지 희망'은 죽어서 천국 가는 것일까?

하지만 대구 토박이인 그는 환갑 넘게 살아오면서 대학 등록금이 없는 세상에 관한 이야기를 단 한 번도 들어보지 못했을 터다. 그 자신 대학에서 공부할 권리를 누리지 못했음은 물론, 그가 다닌 초중고 학교 어디서도, 교회에서도, 대학 등록금 없는 선진국 이야기를 그에게 들려주지 않았다. 소통을 주제로 한국정치를 분석하는 책을 써야겠다고 다짐했던 것은 그 기차를 타고 청와대와 국회가 자리하고 있는 서울로 오면서다.

그로부터 아홉 달쯤 지난 2010년 10월 6일, 다시 대구를 찾았다. 대구의 한 금융기관에서 강연을 요청했다. 동대구역에 내려, 마중 나온 금융기관의 승용차를 탔다. 운전대를 잡은 노동자와 이야기를 나누었다. 40대 초반의 그 또한 대구 경기가 죽어 있고 이명박 정부가 경제를 살리지 못하고 있다고 비판했다.

아홉 달 전의 택시노동자, 그 젖은 눈매를 떠올리며 그에게도 희망을 물었다. 금융기관 승용차를 몰아서일까. 그는 사뭇 다른 이야기를 했다.

"지난 대선에서 박근혜 대표가 대통령이 되었다면 달라졌을 겁니다."

"그럴까요? 박근혜도 경제 정책은 비슷했었는데요."

그는 내 물음에 "박근혜~"까지 말하고 짧게 뜸을 들인 뒤 이어서 "대표님은"이라고 말했다. 아마도 내가 그냥 "박근혜"라고 호칭한 것에 심기가 살짝 불편한 듯했다.

"박근혜 대표님은 이명박과 달라요. 저는 팬입니다."

"아, 그러세요. 박근혜 대표의 어떤 모습이 좋던가요?"

"조신하잖아요~. 몸가짐 보세요! 얼마나 조심스럽고 얌전합니까. 그러면서도 할 말은 다하잖아요."

"그렇군요. 그런데 박근혜 대표도 서민적인 건 아니잖아요?"

"왜요? 박 대표님은 박정희 대통령처럼 친서민 정책을 펼 겁니다. 대기업 회장 하던 이명박과는 다르지요."

강연을 마치고 다시 서울로 오는 기차에서 수첩을 꺼냈다. '박근혜의 거울'이라는 책의 제목은 그 기차에서 메모한 대로다. 책의 구성도 거의 그대로다. 우리는 박근혜를 얼마나 알고 있는가라는 물음 아래 '박근혜의 거울'을 자임하는 이 책은 3부로 구성되어 있다.

1부 '선거 여왕의 거울'은 박근혜 신화를 있는 그대로 비춰 본다. 박근혜의 정치 신화가 어떻게 만들어졌는가, 또 그 실체는 무엇인가를 짚는다. 박근혜 신화의 뼈대를 성장정치, 서민정치, 원칙정치로 분석하고, 그것이 정치 신화가 된 과정을 한국정치의 소통구조에서 살펴본다. 언론정치, 색깔정치, 지역정치가 그것이다.

2부 '대통령의 거울'과 3부 '주권자의 거울'에선 표제에서 드러나듯이 사람을 거울로 삼는다〔鏡於人〕. 먼저 박근혜를 한국정치사를 펼쳐온 사람들에 비춰 본다. 성공한 정치인의 상징인 박근혜는 동시에 한국정치의 실패를 상징한다는 명제가 2부를 관통한다. 기실 보수 정치와 개혁 정치는 물론, 진보 정치가 실패했기 때문에 박근혜가 정치적 성공을 얻을 수 있었다. 당연한 말이지만, 바로 그렇기에 대다수가 잊고 있는 사실이다. 박근혜가 초고속으로 정치적 성장을 이룬 이유를 보수, 개혁, 진보 세력 정치인들의 실패에서 꼼꼼히 살피는 게 한국정치의 발전은 물론, 각 정치세력의 미래를 위해서도 필요하다. 가령 보수는 이승만식 자유정치, 박정희식 경제 성장, 전두환식 사회 정화를 과감하게 벗어나야 한다. 개혁 세력은 김영삼식 민주정치, 김대중식 대중경제, 노무현식 참여사회에서 뼈저린 교훈을 얻어야 옳다. 박근혜는 개혁 세력이 집권하고 있을 때 정치적으로 급성장했다. 진보 세력도 내부분열을 이겨내고 실사구시의 자세로 소통에 나서야 할 때다.

마지막으로 3부는 박근혜를 지금 살아 숨 쉬는 사람들인 주권자의 거울로 비춰 본다. 이명박 정부를 경험하고 있는 사람들의 거울로 비춰 볼 때 박근혜는 어떤 정치인일까. 그 문제의식으로 2012년 대선을 앞둔 한국정치가 풀어야 할 보편적 숙제를 짚은 데 이어 그 숙제를 위해선 어떤 상징의 소통이 필요한가를 분석했다.

경제 발전과 선진국, 평화 통일은 보수와 진보를 떠나 한국정치사
의 과제일 수밖에 없다. 우리 시대에 그것을 구현하려면 정치의
상징이 바뀌어야 한다는 게 이 책의 궁극적 제안이다. 복지와 주
권, 소통이 그것이다. 박근혜까지 복지를 적극 내세우고 있듯이,
'사람의 권리'로서의 복지와 헌법에 명문화한 주권의 소통은 보
수와 진보를 떠나 한국정치가 추구해야 할 가치이자 새로운 상징
이다.

　자, 그럼 선거 여왕 박근혜의 정치 신화부터 거울에 비춰 보자.

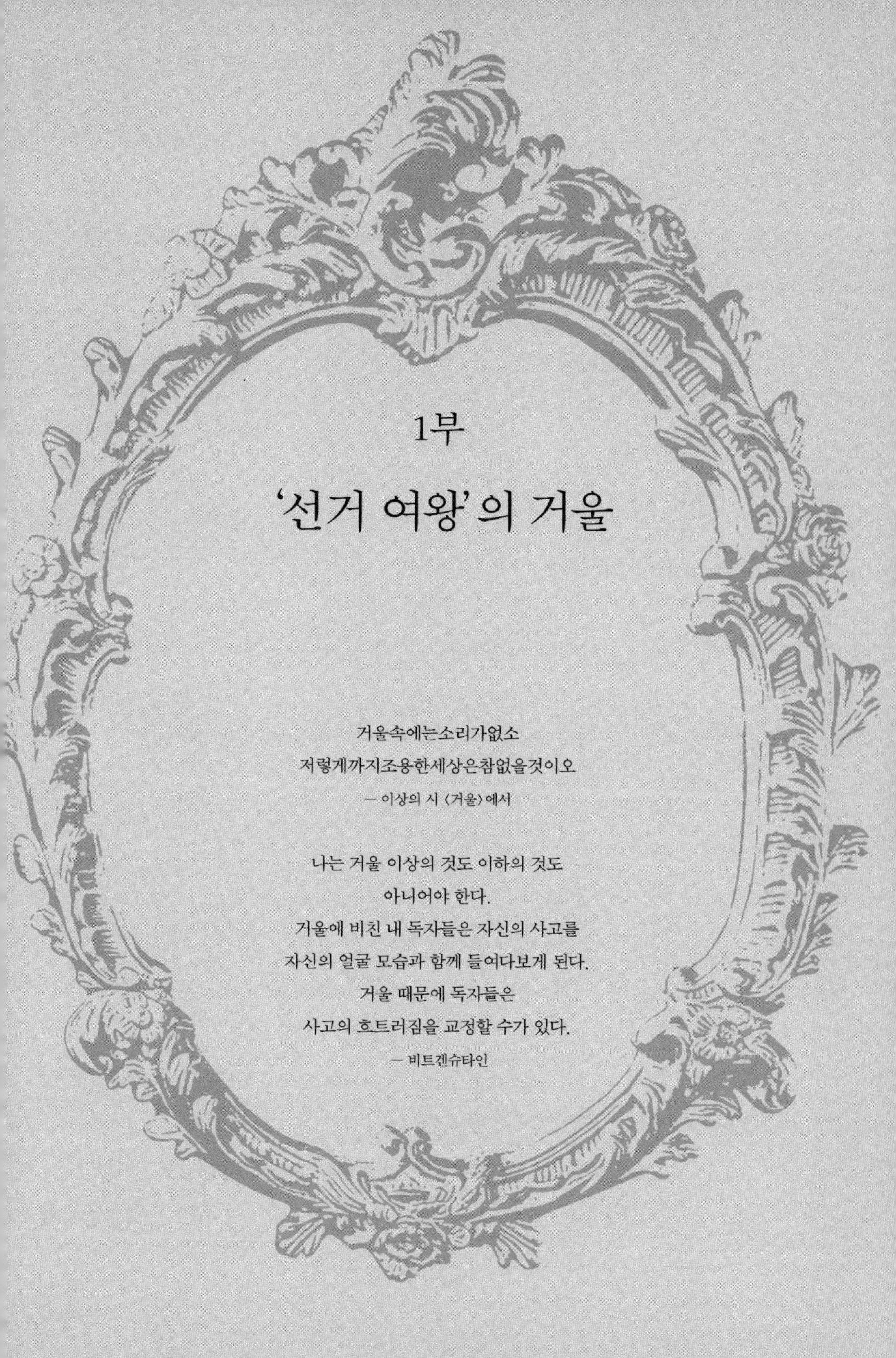

1부
'선거 여왕'의 거울

거울속에는소리가없소
저렇게까지조용한세상은참없을것이오
— 이상의 시 〈거울〉에서

나는 거울 이상의 것도 이하의 것도
아니어야 한다.
거울에 비친 내 독자들은 자신의 사고를
자신의 얼굴 모습과 함께 들여다보게 된다.
거울 때문에 독자들은
사고의 흐트러짐을 교정할 수가 있다.
— 비트겐슈타인

1장

박근혜의 정치 신화

조금만 따져보아도 참 놀라운 일이다. 지금은 박근혜의 지지자든 비판자든 대다수 사람이 차기 대통령감으로 그녀의 정치적 위상을 자연스럽게 받아들인다.

하지만 1998년 박근혜가 대구 보궐선거에서 국회의원에 당선되었을 때, 보수든 진보든 그녀가 곧 한나라당 부총재가 되고, 국회에 들어선지 4년 만에 2002년 대선을 넘볼 정치인으로 고속 성장하리라고는 아무도 생각하지 못했다. 박근혜는 김대중 정부가 출범한 직후에 열린 보궐선거에서 국회의원으로 당선되기 직전까지 신문과 방송의 주목을 거의 받지 못했기 때문이다.

박근혜가 한나라당 대표를 맡아 '선거 여왕'으로 불리며 2007년 대선을 앞두고 이명박과 살얼음 승부로 '자웅'을 다투리라고는 더 예상하지 못했다. 다른 선진국에 견주어 여성의 정치 참여율이 현저히 떨어지는 한국 정계에서 박근혜가 아슬아슬한 차이로 대통령 자리를 놓친 사실은 음미해볼 대목이다.

이명박 정부가 들어선 뒤에도 박근혜의 영향력이 커져가는 흐름은 전혀 주춤하지 않았다. 이명박 대통령 자신과 그의 측근들이 '박근혜 죽이기'에 공식·비공식적으로 곰비임비 나섰음에도, 2010년 6월 지자체 선거를 거치면서 박근혜는 여권의 가장 유력한 대선후보로 자리를 굳혀갔디.*

남성 중심의 한국정치판에서 박근혜의 '초고속 성장'에 담긴 비결은 과연 무엇일까? 박근혜가 한나라당에 입당한 날로 돌아가서 그가 걸어온 길을 거울로 비춰 보자.

고속 정치성장

1997년 12월, 대한민국 제15대 대통령을 뽑는 선거가 일주일 앞으로 다가온 날이다. 한나라당의 대통령후보 이회창은 박정희 전 대통령의 큰딸 박근혜를 선거대책위원회 고문으로 전격 위촉했다.

---

* 문화방송(MBC)이 2011년 1월 1일 보도한 '차기 대권 후보에 대한 선호도' 여론조사에서 박근혜는 42.3퍼센트로 압도적 1위를 차지했다. 2위인 유시민은 8.3퍼센트, 3위 오세훈 7.4퍼센트, 4위 손학규 5.8퍼센트, 5위 김문수 5.6퍼센트 순이었다. 박근혜와 야권후보 지지율 1위인 유시민의 가상 대결에서는 65대 22.5로 박근혜가 크게 앞섰다. 백설공주와 난쟁이 이야기가 실감 나는 조사 결과다.

당시 만 45세의 미혼인 박근혜에게 그날은 흔히 말하는 '잃어버린 18년'의 '칩거 생활'을 끝내고 정치에 복귀한 출발점이었다. 그 시점에 이회창은 물론 다른 정치인들도, 수많은 정치부 기자와 정치학 교수들도, 대다수 국민도 그로부터 꼭 10년 뒤인 2007년 대선을 앞두고 박근혜와 이명박이 대통령 자리를 두고 치열한 접전을 벌이리라고는 전혀 예상하지 못했다.

반면에 2007 대선에서 입지가 더없이 좁아져 차라리 초라했던 이회창의 모습은 10년 사이에 정치 무대가 얼마나 바뀔 수 있는가를 생생하게 입증해주었다. 비단 2007년 대선만이 아니다. 박근혜는 2012년 대선에서도 당선이 가장 유력한 후보로 꼽히고 있다. 대통령에 당선되든 않든 정치인 박근혜가 성장한 곡선은 45도 각도의 직선에 가깝다.

선거 고문에 위축된 그날 박근혜는 이회창 후보의 대구 유세에 참석했다. 이어 이 후보와 함께 아버지인 박정희 전 대통령의 구미 생가를 찾았다. 그곳에서 박근혜는 한나라당 입당식을 치렀다. 이보다 8일 앞선 12월 2일에 박근혜는 여의도 63빌딩에서 이회창과 만났다. 대통령 선거일을 앞두고 여론조사에서 김대중과 이회창의 지지율이 엎치락뒤치락하던 상황이었기에 박근혜의 몸값은 조금씩 올라가고 있었다.

한나라당은 물론, 국민회의와 자민련도 박정희 전 대통령의 자녀들을 '영입'하려고 힘을 쏟았다. 무엇보다 국민회의 김대중 후보가 자민련 김종필 명예총재와 박태준 총재를 앞세워 박 전 대통령 가족에게 다가갔다.

하지만 박근혜의 선택은 분명했다. 보란 듯이 이회창 후보를 만났다. 김대중 후보 쪽에서 박근혜에게 접근함으로써 그녀의 정치적 몸값은 한층 높아졌다. 박근혜와 이회창이 만난 뒤에도 국민회의는 둘째딸 박서영과 아들 박지만에게 접근했다.

박근혜가 한나라당에 입당할 때 한 고위 당직자는 "박 전 대통령은 경북 구미가, 육영수 여사는 충북 옥천이 고향"이라며 "(박근혜가) 나서준다면 전통적 여권 지역에 대한 김대중 후보의 공략을 완벽히 방어해낼 수 있다"고 기대했다. 그는 또 "육 여사와 비슷하다는 평을 듣는 한인옥 여사가 근혜 씨와 함께 다니는 것만으로도 '박정희 향수'가 강한 구여권 지역 득표에 도움이 될 것"이라고 평가했다.*

실제로 박근혜는 입당한 날부터 본격적으로 이회창 후보를 '경제 부흥의 적임자'로 치켜세우며 적극적인 지원 유세에 나섰다. 입당한 다음날(1997년 12월 11일) 청주 중앙공원에서 열린 이회창의 거리 유세에 연사로 처음 나선 박근혜는 감성적 어법으로 연설했다.

"60, 70년대 국민들이 피땀 흘려 일으킨 나라가 오늘과 같은 난국에 처한 걸 보면 돌아가신 아버님 생각이 나 목이 멘다……. 이러한 때 정치에 참여해 기여하는 게 부모님에 대한 도리라고 생각했다."

유세장에서 한 기자가 국민회의 김대중 후보를 지원하는 것

---

* 《세계일보》 1997년 12월 3일자 4면.

으로 알려진 동생 박지만과의 관계를 묻자 "동생도 성인인 만큼 자기 뜻에 따라 정치 노선을 자유롭게 선택할 수 있다. 우리는 서로 간섭하지 않고 살아가고 있다"고 받아넘겼다.

당시 박근혜의 유세 현장을 취재한 《동아일보》 기사는 여러모로 흥미롭다. 〈박근혜 씨 '이회창 지지' 본격 거리 유세/홍성 등 충청지역 돌아〉 제하의 기사 전문은 다음과 같다(1997년 12월 14일자 5면).

11일 한나라당에 입당, 선대위고문직을 맡은 박정희 전 대통령의 장녀 근혜 씨가 본격적으로 거리 유세에 나섰다.

근혜 씨는 11일과 12일 충청지역 거리 유세에 첫선을 보이며 『아버지께서 경제 부흥을 잘해놨는데도 경제가 어려워져 가슴 아프다』며 『아버지를 생각해서라도 깨끗한 정치를 지향하는 이회창 후보를 지지해달라』고 호소했다. 근혜 씨는 홍성 유세에서 『한인옥 여사를 보니 어머님 생각이 나서 더욱더 마음이 끌렸다』고 말하기도 했다.

한나라당 관계자들은 『근혜 씨가 한 여사와 함께 충청권을 한 바퀴 돌면 JP(김종필 총재) 바람을 재울 수 있을 것』이라며 근혜 씨가 적극적으로 거리 유세에 참여하기를 바라는 눈치다. 근혜 씨의 유세 참여에 대해 『개인의 자유에 속하는 문제』라는 긍정론에서부터 『한 때 「영부인 대리」까지 했던 사람이 너무 심한 것 아니냐』는 부정론까지 반응이 다양하다.　　　　　　　　　　　　　(김재호 기자)

흔히 신문 지면을 '시대의 거울'이라고 부르지만, 이 기사가 흥미로운 까닭은 세 가지다. 먼저 기사가 짧다. 당시 박근혜는 정치부 기자들에게 큰 정치적 의미가 없었다는 사실을 뜻한다. 다른 신문과 방송도 비슷하다. 그때만 하더라도 박근혜가 훗날 정치부 기자들의 기사에서 '선거 여왕'으로 지칭되리라고는 누구도 생각할 수 없었다.

둘째, 짧은 기사이지만 그 안에 박근혜의 유세 참여를 부정적으로 보는 판단이 들어가 있다는 사실이다. 기사는 한나라당 관계자들이 당연하게 전할 수밖에 없는 긍정적 평가와 더불어 "『한때 「영부인 대리」까지 했던 사람이 너무 심한 것 아니냐』는 부정론까지 반응이 다양하다"고 썼다. 한나라당 이회창 후보에 우호적이던 신문조차 박근혜의 대통령선거 유세 참여에 적극 동의하지 않았다는 분석이 가능하다.

셋째, 그 기사를 작성한 기자 이름이다. '김재호 기자'는 당시 33세 된 젊은이였지만 그로부터 10년이 흐른 뒤 《동아일보》의 사장 자리에 오른다. 박근혜의 정치적 성장 속도보다 더 빠르다. '비결'은 무엇일까? 단순하다. 김재호는 《동아일보》 사주 김병관의 아들이다. 주목할 것은 사주의 아들로 특채되어 기자로 활동하던 그가 박정희의 딸을 바라보는 시선이다.

사주의 젊은 아들이 박근혜의 정치 참여를 바라보는 시선과 2007년 대선을 앞두고 치러진 한나라당 내통령 경선 과정에서 《동아일보》가 이명박 쪽에 기울었던 사실, 또 이명박 대통령이 《동아일보》 정치부장 출신인 이동관을 첫 청와대 대변인으로 임명하고 홍보수석에 이어 언론특보로 '총애' 한 사실은 시차가 크지만 별개 사안으로 보기 어렵다. 주요 사안에 대한 보도, 특히 대통령선거 보도에서 신문사 사주의 생각이 곧장 신문의 편집 방향이 되는 게 한국 언론의 슬픈 현실이기 때문이다.*

아무튼 박근혜가 한나라당에 입당하고 유세에 참여한 1997년 12월만 하더라도 그를 바라보는 언론의 시선은 덤덤해, 단신으로 처리하거나 묵살했다. 신문 지면과 방송 화면의 거울은 비교적 객관적이었다. 그만큼 당시 박근혜의 정치적 무게는 가벼웠다.

여기서 하나 더 톺아볼 대목은 박근혜가 한나라당을 선택한 이유다. 앞서 밝혔듯이, 박근혜는 한나라당에서만 제안을 받은 게 아니었다. 물론, 박근혜가 국민회의 김대중 후보의 손을 맞잡기란 쉽지 않았을 법하다. 어찌되었든 김대중은 아버지 박근혜의 최대 정적이었기 때문이다. 더구나 박정희 집권 후반기에 5년 동안 '퍼스트레이디'로 활동했던 박근혜에게 김대중에 대한 인식이 어떻게 형성되었을까도 미루어 짐작할 수 있는 일이다.

하지만 박정희와 함께 5·16쿠데타를 주도했고 박근혜의 친척이기도 한 김종필(JP)이 김대중(DJ)과 연합함으로써 'DJP'라는 말이 시사용어로 나도는 상황이었다. 여기에 박태준을 포함해 'DJT연합'이라고 부르기도 했다. 박태준은 박정희가 '국가재건최고회의' 의장이던 시절에 비서실장을 역임했고 포항종합제철을

---

* 물론 《동아일보》가 온전히 '반(反)박근혜'라는 뜻은 아니다. 상대적으로 박근혜보다 이명박에 더 기울었다는 뜻이다. 만일 2007년 대선에서 박근혜가 한나라당 후보가 되었다면, 《동아일보》뿐 아니라 《조선일보》와 《중앙일보》도 박근혜 대통령 만들기에 앞장섰을 터다.

일궈낸 인물로 당시 자민련 총재를 맡고 있었다.

이에 대한 박근혜의 생각은 한나라당에 입당할 때 기자들과 만난 자리에서 확연하게 드러났다. 박근혜는 "DJT연대가 박 전 대통령의 업적을 승계하겠다고 주장하는 데 대해 어떻게 생각하느냐"는 기자들의 질문에 다음과 같이 답했다.

"아버님과 국민이 나라를 반석 위에 올려놓으려고 애쓰시는 모습을 옆에서 지켜보았다. 그리니 1980년대에 들어와 아버님의 업적이 왜곡되었을 때 그 당시 침묵하며 시대에 편승해서 매도했던 사람들의 말은 자신들의 이득을 얻으려고 하는 것일 뿐 믿을 수 없는 말들이다."

박근혜의 성격이 또렷하게 드러나는 대목이다. 박근혜는 이어 "대선일이 다가오는데 5년 동안 국정을 책임질 지도자를 잘못 선출하면 민족의 앞날을 예측할 수 없다는 판단이 섰다"며 자신이 이회창 후보 지지에 나선 이유를 밝혔다. 박근혜는 "(김대중-이회창-이인제) 세 후보 중 한 사람을 선택해야 하는 시점에 가장 믿음이 가는 후보가 이회창 후보"라고 말했다.

박근혜는 유세 현장만이 아니라 방송 연설에도 나섰다. 이회창 후보 찬조연설 가운데 김홍신과 박근혜가 돋보였다는 평을 받았다. 소설을 썼던 김홍신은 방송 연설에서 "노태우 씨의 돈을 받고 번번이 야당을 분열시킨 김대중 후보의 슬로건은 '든든해요 DJ'가 아니라 '미안해요 DJ'여야 한다"며 독설을 퍼부었다. 박근혜는 "이회창 후보 부인 한인옥 여사를 보면 돌아가신 어머니 생각이 난다"며 감성적 연설을 해 중장년층에서 호감을 얻었다는 평가를 받았다.*

아무튼 우리는 박근혜가 왜 이회창을 선택했는지 확인할 수 있다. 박정희로부터 '혜택'을 받았으면서도 "1980년대에 아버님의 업적이 왜곡되었을 때 침묵하며 시대에 편승"하고 마침내 김대중과 손잡은 김종필**과 박태준을 박근혜는 몹시 미워하고 있었다. 거기에는 박근혜가 정계에 복귀하기 전인 1980년대와 90년대 내내 소외감 속에 살아왔다는 '과거'가 배경으로 깔려 있다.

권력 핵심 18년

흔히 박근혜가 마흔다섯 살에 한나라당에 입당한 사실을 두고 '정계 입문'이라고 표현한다. 신문과 방송도 그렇다. 정계에 들어오기 전의 18년(1979년~1997년)을 '잃어버린 18년'이라고 표현한다.

하지만 정확한 이야기가 아니다. 먼저 박근혜는 1997년에 정계에 입문한 게 아니다. 정계에 복귀한 것이다. 박근혜는 이미 청

---

* 박근혜의 연설은 그녀가 한나라당에 입당하기 전날에 김영일 한나라당 기조위원장이 "근혜 씨가 입당할 의사를 밝혀 왔다"고 기자들에게 설명하며 "근혜 씨가 김종필 자민련 총재와 박태준 의원이 김대중 국민회의 총재와 손을 잡은 것을 이해할 수 없으며, 한인옥 여사를 볼 때마다 자신의 어머니 생각이 난다면서 우리 당에 들어와 이 후보를 돕겠다는 뜻을 전해 왔다"고 밝힌 사실과 일치한다.

** 5·16쿠데타를 기획한 김종필에게 박정희는 애증이 겹치는 존재였다. 만일 박정희가 1969년 3선 개헌에 나서지 않고 물러나 김종필이 공화당 정권을 이어받았다면 한국 정치사는 전혀 다르게 전개되었을 터다.

와대에서 '퍼스트레이디'로서 옹근 5년 동안 정치활동을 펴왔다. 앞서 박근혜의 한나라당 입당을 '정치 복귀'라고 표현한 이유도 여기 있다.

물론, 2010년대를 살아가는 한국인들 대다수에게 '퍼스트레이디' 또는 '영부인'이라는 말은 와 닿지 않을 수도 있다. 가령 노무현 전 대통령이 현직에 재임할 때 신문들이 "권양숙 씨"로 기사화한 데 익숙한 사람들에게 '퍼스트레이디'나 '영부인'이라는 표현은 구태의연한 말로 다가오기 십상이다.

하지만 그것은 민주주의가 어느 정도 진전된 다음의 풍경이다. 박정희가 대통령으로 재임하던 1960년대와 70년대에 아내 육영수는 '영부인' 심지어 '국모'로 언론에 보도되었다. 권양숙 씨 뒤에 '여사'라는 호칭조차 붙지 않았던 21세기의 신문 독법으로는 상상하기 어렵겠지만 엄연한 사실이다.

따라서 박정희 집권 후반기에 옹근 5년 동안 '퍼스트레이디'를 맡았다는 사실은 박근혜가 권력의 핵심부에서 활동했다는 사실을 의미한다. 1987년 6월대항쟁 뒤 대통령의 임기가 5년 단임으로 바뀐 사실에 견주면, 박근혜의 그 5년은―더구나 박정희가 '제왕적 권력'을 행사하고 있던 1970년대의 5년은―결코 가볍게 볼 세월이 아니다.

기실 박근혜에게 '권력의 핵심부'에서 실았던 경험은 단순히 5년에 그치지 않는다. 박근혜는 아홉 살 어린이 때인 1961년 5월 16일 박정희가 군사 쿠데타로 정치권력을 장악한 뒤 1979년 10월 26일까지 18년 동안 대한민국 권력의 최고 정점에서 생활했다. 이른바 '잃어버린 18년' 이전에 권력 핵심부에서 18년을 보냈던 셈이다.

　한국전쟁이 한창이던 1952년 2월 2일, 경상북도 대구시 삼덕동(현재 대구광역시 중구 삼덕동)에서 태어난 박근혜의 인생에 아버지 박정희는 절대적 영향을 끼쳤다. 박정희는 경북 선산에서 가난한 농부인 박성빈과 백남의 사이 5남 2녀 가운데 막내로 태어났다. 일본 제국주의가 이 땅을 강점하고 있던 시기에 초등학교 교사로 근무하다가 만주의 군관학교를 거쳐 일본 육사를 졸업하고 만주군 장교로 복무했다. 한국전쟁이 일어난 뒤 그는 육군본부에서 정보국 제1과장의 보직을 받았다. 그 시점에 박정희와 육영수가 만났다.

　육영수는 충북 옥천에서 지주 육종관과 이경령 사이 1남 3녀 가운데 둘째딸로 태어났다. 넉넉한 집안에서 자란 육영수는 1942년 배화여고를 졸업하고 옥천여자중학교에서 교사로 근무했다. 1950년 한국전쟁이 일어나 가족과 함께 부산으로 피난 와 있을 때, 박정희를 만났다. 박정희의 부하로 일하던 육영수의 이종6촌 오빠가 두 사람을 중매했다. 두 사람은 부산 영도다리 옆 조그마한 음식점에서 만났다.

　훗날 육영수는 박정희와 첫 대면에서 "일생을 함께할 수 있는 반려자로서의 미더움 같은 것을 느꼈다"고 회고했다.* 두 사람은 곧바로 1950년 12월 12일, 대구 계산동에 자리한 천주교 성당에서

---

* 〈비명에 간 육여사… 49년의 생애〉, 《동아일보》 1974년 8월 16일자 3면.

결혼식을 올렸다. 박정희 중령은 새로 창설된 육군 9사단의 참모장으로 만 33세, 육영수는 25세였다.*

두 사람 사이에서 박근혜는 태어났다. 박정희는 근혜가 태어난 이듬해인 1953년 준장으로 진급했다. 전쟁 시기였기에 가능했던 고속 승진이었다. 휴전이 되고 박정희는 1954년에 제2군단 포병사령관, 1955년 제5사단장, 1957년 제6군단 부군단장과 제7사단장을 거쳐 1958년 소장으로 진급했다. 제1군 참모장과 제6관구 사령관을 맡은 뒤 1960년에는 부산의 군수기지 사령관, 제1관구 사령관, 육군본부 작전참모부장을 거쳐 제2군 부사령관으로 재임했다.

1960년 4월혁명으로 이승만 대통령이 쫓겨나고 민주당 정부가 들어섰다. 제2군 부사령관 박정희는 1961년 5월 16일 군사 쿠데타를 일으켜 불법으로 정권을 장악했다. 그의 나이 마흔네 살 때다. 국가재건최고회의 의장으로 취임하고 이듬해인 1962년에 대통령권한대행을 역임했으며, 1963년 육군 대장으로 예편했다. 민주공화당을 만들어 총재를 맡았고 그해 12월 제5대 대통령에 취임했다.

---

* 박정희는 당시 '유부남'이었다. 박정희는 아버지의 강권으로 스무 살 때 결혼했고 아내 김호남은 1937년 큰딸 재옥을 낳았다. 따라서 정확하게 말하자면 박근혜는 박정희의 큰딸이 아니라 둘째딸이다. 박정희는 자신의 아이를 낳은 아내에게 냉정했다. 아버지가 강권하여 억지로 치른 결혼이었고 아내와는 학력 차이로 인한 거리를 느꼈기에 사실상 남남처럼 살아왔다고 한다. 하지만 그것은 어디까지나 박정희의 시각이다. 시댁에서 살아가던 아내 김호남에게 박정희는 엄연한 남편이고 커가는 딸의 아버지였다. 육영수의 아버지가 결혼에 반대한 이유도 당연하지 않았을까.

　1967년 대통령에 재선된 박정희는 장기 집권을 위해 대통령 임기 4년에 중임까지 가능하도록 정했던 헌법을 바꾸었다. 1969년 통과된 대통령 3선 개헌이 그것이다. 그 헌법에 따라 1971년 다시 대통령선거에 나선 박정희는 김대중과 맞붙어 어렵게 이겼다. 그 래서였다. 박정희는 아예 영구 집권 계획을 세운다. 1972년 국회 와 정당을 돌연 해산하고 전국에 계엄령을 선포했다. 대통령을 간 선제로 선출하되 그 권한은 '총통제'라는 말이 유행할 만큼 대폭 강화한 유신헌법을 만들고 '통일주체국민회의'에서 대통령으로 다시 선출되었다.

　대통령의 딸 박근혜는 초등학교에 들어간 직후부터 중고등학 교를 거쳐 서강대 전자공학과에 들어가 1974년 2월 졸업할 때까 지, '영애'라는 이름으로 불리며 청와대에서 자랐다.

　1987년 6월대항쟁으로 군사정권이 퇴각하고 민주화가 진행 되면서 대통령 권력이 약화했지만, 박정희 시기의 청와대는 무소 불위의 힘을 갖고 있었다. '각하'로 호칭되던 강력한 권력을 지닌 아버지와 '영부인'으로 활발하게 움직였던 어머니 아래서 박근혜 는 대학을 졸업할 때까지 사실상 중세 시대의 여느 공주 못지않은 대우를 받았다. 언제 임기가 끝날지 모를 최고 권력자의 맏딸로서 박근혜가 바라본 세상은 그 시기를 민주화운동에 몸 바쳤던 사람 들의 세상과 큰 차이가 있었을 것은 두말할 나위가 없다.

　언론에서 '국모'로 불리던 육영수도 같은 맥락에서 설명할 수 있다. 육영수에 대한 보도는 원천적으로 자유롭지 못했다. 육영수 는 30대에 '영부인'이 되어 '사회-교육 사업'을 다각적으로 벌였

다. 교육사업의 대표적 보기가 어린이대공원과 어린이회관 건립
이다. 소년소녀 잡지 《어깨동무》도 발간했다. 가정 형편이 어려운
청소년들에게 직업을 알선하기 위해 정수직업훈련원을 열었다.
서울대학교에 기숙사 정영사도 세웠다.*

　　정영사는 1968년 5월에 문을 열었는데 서울대 재학생 가운데
단과대별로 성적이 가장 우수한 지방 학생을 4~5명씩 모아 학년
별로 30~40명씩 머물게 했다. 지금 서울대병원이 있는 곳의 의과
대학원 기숙사 자리가 정영사 터였다. 정영사는 1968년에 3학년인
서울대 66학번(39명)을 1기생으로 시작해, 박 전 대통령 사망(1979년
10월) 이후 2년 뒤 입학생인 81학번까지 유지되다가 폐지되었다.
총 684명(1~16기)인 정영사 출신들은 대한민국 각계에서 '엘리트'
로 활동하고 있다. 졸업생들은 1971년에 84명이 정영회를 만든
뒤, 해마다 2~3차례씩 모여왔다. 1기생이 바로 정운찬. 서울대 총
장을 거쳐 이명박 정부에서 국무총리를 지낸 정운찬은 "육영수 여
사 초청으로 청와대로 가서 자장면 먹던 일이 생각나는데, 돌이켜
보면 육 여사의 관심이 지대했던 것 같다"고 회고했다. 노무현 정
부 시절 국무총리를 역임한 한덕수도 정영사 출신이다.

　　육영수는 여성·양로·구호 사업도 조직을 만들어 활동했는
데, 육영수의 활동은 당시 신문과 방송, 영화관의 '대한뉴스'를 통

---

* 정수(正修)직업훈련원과 기숙사 정영사(正英舍)의 이름은 모두 박정희와 육영수의 이름
　에서 따온 것이다. 6월대항쟁으로 정치적 민주화가 이루어진 지금의 잣대로 본다면 납
　득할 수 없는 행태들이다. 권력이 공과 사를 전혀 구분하지 못할 만큼 독재였다는 사실
　을 웅변해준다.

해 국민들의 머리에 깊숙이 들어갔다.

육영수와 박정희 사이에는 박근혜 밑으로 둘째딸 근영과 아들 지만이 있다. 박근혜는 성심여자고등학교를 나와 대학을 졸업한 뒤 1974년 프랑스로 유학을 떠났다. 당시 고등학교가 평준화되기 전이었다는 사실에 비춰 본다면 박근혜의 10대 학창 시절 학업 성취도를 짐작할 수 있다.

하지만 프랑스 유학은 전혀 예상하지 못했던 사건으로 중단되었다.

1974년 8월 15일 박정희와 육영수는 광복절 경축식장인 국립극장에 정각 오전 10시에 도착했다. 대극장에는 이미 독립유공자와 유가족들이 자리를 잡고 있었다. 단상 바로 아래에는 서울시립교향악단이, 왼편에는 성동여자실업고 합창단이 앉아 있었다. 박정희와 육영수가 단상 무대에 나타나자 참석자들은 박수를 보냈다. 경축식은 10시 6분에 시작되었다. 식순에 따라 국민의례, 애국가 제창에 이어 박정희가 경축사를 읽었다. 경축사가 시작되고 얼마 뒤, 한 발의 총성이 울렸다. 그러나 누구도 상상조차 할 수 없는 일이기에 참석자들은 그것이 총성이라고 생각하지 못했다. 그저 어디에선가 들려오는 굉음 정도로 생각했다. 박정희도 계속 경축사를 낭독했다. 그런데 다시 총성이 울렸다. 1층 중앙의 뒷줄에서 문세광이 단상 쪽으로 뛰어나오며 연이어 총을 쏘았다. 경호실장 박종규가 단상에 앉아 있다가 황급히 일어나 앞으로 나서며 권총을 뽑아 들었고, 그 순간 박정희는 연단 아래로 몸을 숨겼다.

단상에 앉아 있던 사람들은 황급히 몸을 낮춰 엎드렸다. 하지만 육영수는 군인 출신들에 비해 상황 판단이 빠를 수 없었다. 모든 것이 순간이었고, 그대로 앉아 있던 육영수의 상반신이 어느 순간 기울어졌다. 곧바로 경호원들과 객석에 있던 유공자 가족이 뛰어나와 육영수의 팔과 다리를 붙잡고 무대 뒤로 나갔다.

총을 쏘며 단상으로 달려가던 문세광의 발을 걸어 넘어뜨린 사람은 경찰이 아니라 일반 시민이었다. 결국 문세광이 잡히고 경축식장이 서둘러 정리된 뒤 박정희는 연단에서 일어나 다시 연설을 시작했다. 준비한 경축사를 특유의 카랑카랑한 목소리로 다 읽었을 때만 해도, 박정희는 육영수가 가벼운 부상을 입었다고 생각했다.

하지만 총알은 육영수의 이마를 관통했다. 병원으로 실려 간 육영수는 5시간 40분에 걸친 대수술을 받았으나 끝내 숨을 거두었다.

프랑스에서 급히 귀국한 스물두 살 박근혜에게 박정희는 육영수가 해왔던 '퍼스트레이디'를 맡겼다. 박근혜는 《나의 어머니 육영수》에서 자신이 퍼스트레이디를 맡게 된 과정에 대해 "많은 사람들이 편지로, 전화로 저의 사명을 말해주었다. 그 뜻대로 저도 어머니의 빈자리를 메워야겠다는 결심을 하게 되었다"고 회고했다.

박근혜는 자신이 "어머니의 뜻을 충실하고 성실하게 받들어 행한다면 어머니는 제 가슴에 그리고 국민들의 마음에 살아 있는 것"이라는 믿음이 생겼다고 밝혔다. "따뜻한 사랑의 마음을 지녔던 '어머니'를 잃은 국민들을 위로하는 길이라는 생각이 당시의 저에게는 가장 큰 힘이요 채찍이었다"는 대목에선 박근혜가 자신의 어머니를 국민의 '어머니' 곧 '국모'로 인식하는 유신 시기의 반민주적 사고에 여전히 젖어 있다는 비판을 불러일으킨다.

만일 육영수의 비극이 없었다면 그녀의 인생은 어떻게 전개되었을까. 박근혜는 "어머니가 그토록 빨리 돌아가시지 않았더라면 유학을 마치고 돌아와 어머니와 아버지를 돕는 작은 역할을 하며 드러나지 않는 모습으로 살아가고 있었을지 모른다. 아니면 결혼을 해서 교직에 몸담으며 살아가고 있을지도 모른다"고 말했다.*

아무튼 박근혜는 유신체제에서 총통이라 불릴 만큼 막강했던 '종신 대통령'의 퍼스트레이디 배역을 충실하게 수행했다. 그것은 민주화된 시대의 '대통령 부인'들에 견주면 상상하기 어려울 만큼 강력한 권력이었다. 지금도 그녀의 비판자들이 서슴지 않고 박근혜를 '유신공주'로 부르는 이유다. 그녀는 자신이 퍼스트레이디로서 해야 할 "가장 큰 의무"는 "아버지로 하여금, 그리고 국민으로 하여금 아버지는 외롭지 않다는 것을 느끼게 하는 것"이라고 판단했다.

하지만 아직 사리 분별을 옳게 판단하기에는 젊은 나이였다. 박근혜는 아홉 살 때 청와대에 들어간 뒤로 퍼스트레이디를 맡기 직전까지 줄곧 대한민국에서 '가장 화사한 온실' 속에서 커온 여대생이었다. 갑자기 퍼스트레이디라는 권력을 행사하다 보니 필연적으로 문제가 불거질 수밖에 없었다.

---

* 〈박근혜의원이 전하는 어머니 육영수여사〉, 《한국일보》 2000년 1월 24일자 18면.

박근혜가 주도한 '구국여성봉사단'이 대표적 보기다. "육영수 여사가 꿈에 나타나 근혜 양을 도와주라고 했다"는 편지를 쓰며 다가온 최태민 목사에게, 가톨릭 신자 박근혜는 전적인 신뢰를 보낸다. 최태민이 박근혜와 함께 일하는 걸 내세워 여러 방법으로 거액을 챙긴다는 이야기가 나돌면서 마침내 중앙정보부(국가정보원의 전신)가 내사에 들어갔다. 김재규 중앙정보부장이 직접 그 결과를 박정희 대통령에게 보고했다. 그 일을 계기로 박근혜는 김재규 부장을 경질해야 한다고 아버지를 부추겼다고 한다. 김재규는 훗날 법정에서 자신이 10·26정변을 일으킨 이유 가운데 하나로 '구국여성봉사단'을 들었다.*

박근혜는 전혀 예기치 않은 순간에 퍼스트레이디가 되었듯이 그보다 더 예기치 못한 순간에 퍼스트레이디에서 물러난다. 더구나 두 계기는 각각 어머니의 죽음, 아버지의 죽음과 이어져 있다.

---

* 한편 10·26 당시 청와대 비서실장이던 김계원은 《월간중앙 WIN》과 인터뷰(1998년 11월)하면서, 김 실장이 재혼을 건의했을 때 박정희가 보인 반응을 기자가 묻자 다음과 같이 답했다. '나보고 갑자기 '최태민이를 아는가' 하고 물으셨다. 김재규한테 들었다는 소리는 안 하고 '예, 압니다' 하고 대답했다. 그랬더니 '그놈이 말이야, 근혜를 홀려가지고 내가 혼을 좀 내줬지' 하셨다. 경상도 사투리로 도깨비한테 홀린다는 표현을 쓰지 않나. 대통령은 '그년(근혜)이 그놈한테 홀려 도무지 시집가려고 해야 말이지, 그러니 내가 어떻게 재혼할 수 있겠나' 하셨다."

잃어버린 18년?

퍼스트레이디 박근혜에게 1979년 10월 26일은 평생의 악몽이다. 대통령이자 아버지인 박정희가 갑자기 중앙정보부장의 권총에 맞아 숨지는 일이 일어났기 때문이다. 스물일곱 살이었던 박근혜에게 꿈에도 상상할 수 없는 사건이었다. 《월간조선》은 그날 박근혜가 "유신공주에서 고아가 된 처녀가장으로" "천국에서 지옥으로" 떨어졌다고 표현했다.

신문과 방송이 그날 이후 '잃어버린 시기'를 '18년'으로 규정한 이유는 박근혜가 1997년 12월 한나라당에 입당하고 이듬해 치러진 재보궐선거에서 국회의원으로 당선되었기 때문이다. 2007년 2월 그해 연말에 치를 대선을 앞두고 《월간조선》은 '박근혜의 잃어버린 18년'을 짚은 기사에서 다음과 같이 썼다.

> 박근혜 전 한나라당 대표의 인생 유전은 기구하다. 그녀의 삶에 드리운 영욕의 그림자는 너무 짙고 촘촘해 안을 들여다볼 수 없다. 삶의 단절은 불치의 병처럼 죄어왔고 가학적 증오심은 거대한 공포였으리라. 1979년 10·26사태 이후부터 1997년 12월 정계에 입문하기까지 그녀의 18년은 실존적 진공 상태였다. 사실상의 영부인에서 '고아가 된 처녀가장'으로 영락한 이후 그녀의 18년을 어떻게 바라봐야 할까. (《월간조선》 2007년 2월호)

18년을 어떻게 보아야 할까라고 물었지만 기자의 답은 이미 기사 표제에 확연하게 드러난다. "절망의 심연을 끝없이 추락했고 그 바닥을 박차고 떠올랐다!"가 그것이다.

실제로 박근혜는 날벼락의 충격을 이겨가며 1979년 11월 3일 아버지 박정희의 국장을 치렀다. 이어 11월 21일, 그의 10대와 20대 시절이 고스란히 배어 있는 청와대를 떠나, 박정희와 육영수가 청와대로 들어가기 전에 어린 박근혜와 함께 살았던 서울 신당동 집으로 돌아왔다. 청와대를 떠나며 박근혜는 짤막한 말을 남겼다.

"앞으로 아버지께서 심혈을 기울이신 이 나라 이 사회를 위해 조그마한 정성을 기울이며 조용히 살아가겠습니다."*

기실 그에게 다른 선택은 없었다. 이미 권력은 급속도로 전두환에게 넘어가고 있었다. 박근혜가 최태민과 함께 이끌어가던 구국여성봉사단은 1980년 5·17쿠데타로 전두환이 정권을 장악하면서 해산당했다. 박근혜는 전두환 정부가 아버지의 추도식도 막았다며 울분을 토로했다.

박근혜는 아버지에 대한 비판적 논의들이 언론에 나오는 것을 보며 "때론 고문받는 느낌이었고, 피가 역류하는 듯한 울분을 느꼈다"고 그 시절을 회고했다. 박근혜가 그 시기 얼마나 분노에 사로잡혀 있었던가는 1989년 12월 30일에 쓴 일기에 압축적으로 묻어난다. 박근혜는 스스로 공개한 일기에서 '지난 10년'을 돌아보며 "80년대는 마음의 고통과 아픔이 얼마나 크고 깊은지 두 번 다시 돌아다보기도 싫은 소름끼치는 연대"라고 썼다.

---

* 　김태완, 〈박근혜의 잃어버린 18년〉, 《월간조선》 2007년 2월호.

하지만 박근혜 자신은 물론, 대다수 언론이 1980년대와 90년대 박근혜의 삶을 절망, 실의, 울분, 소름, 운둔의 '기호'로 '해설'하는 것은 지나치게 안이한 분석이다. '잃어버린 18년'이라는 규정도 성급하고 일면적이다.

왜 그런가? 박근혜는 그 18년 동안 영남대학 재단이사장, 육영재단 이사장, 정수장학회 이사장으로 활동했다. 더구나 18년 내내 "조용히 살아" 간 것도 아니다. 정확히 말해서 박근혜의 18년은 각각 성격이 다른 세 시기로 구분된다.

첫째, 청와대를 나와 1987년 6월대항쟁까지다. 20대에 양친을 모두 총탄으로 잃고 박근혜는 칩거하면서 책을 많이 읽었다고 회고했다. 특히 철학과 종교 관련 책이 많았단다. 책을 읽고 가슴에 남는 글은 공책에 적었다. 더러는 이때부터 '수첩공주'의 습관이 길러졌다고 지적한다.

하지만 박근혜는 신당동의 '좁은 집'에 은둔하며 책만 읽은 게 아니다. 박근혜는 청와대를 나온 직후인 1980년 3월, 대구에 자리 잡고 있는 영남대학교의 이사로 들어간다. 곧이어 한 달 만에 영남대학교의 이사장에 취임한다.

생각해보라. 나이 스물여덟 살에 대학 재단이사장이라면 결코 단순한 직위가 아니다. 다만 유신체제의 퍼스트레이디에 비해 '작은 자리'였을 뿐이다.

국내에서 가장 대학 캠퍼스가 넓을 만큼 광활한 땅을 소유하고 있는 영남학원의 정관 제1조는 지금도 다음과 같이 '교주'를 밝히고 있다.

제1조(목적): 이 법인은 대한민국의 교육이념과 교주 박정희 선생의 창학정신에 입각하여 교육을 실시함을 목적으로 한다.

하지만 이사장으로서 일하던 박근혜는 다시 시련에 부닥친다. 박정희 정권 내내 억압당했던 목소리가 터져 나오면서 영남대에도 민주화 바람이 불어왔다. 박근혜는 이사장에 취임한 지 일곱 달 만에 물러난다. 청와대에 이어 아버지가 '교주'인 대학에서도 재단이사장 자리에서 물러날 때 박근혜의 심경이 어땠을지는 충분히 짐작할 수 있다. 더구나 1980년이라면 전두환 정권의 서슬이 시퍼렇던 때였기에 이른바 '신군부'가 의지만 있다면 얼마든지 영남대 사태를 막아줄 수 있었다. 물론, 이사 자리까지 그만두지는 않았다. 박근혜는 1980년대 내내 영남대학교 이사였다. 더러는 사실상 실권을 지니고 있었다고 분석한다. 동생 박근영까지 이사로 등재되었던 사실에 주목하면 그 분석이 설득력 있다.

영남대 이사(1980년~1988년)만이 아니다. 1982년 10월 27일, 박정희 암살 3주기 다음날에 박근혜는 육영재단 이사장에 취임했다. 육영재단은 박정희의 권력이 절정으로 치닫던 1969년에 육영수가 설립한 공익재단이다. 어린이회관이 자리한 서울 도심의 육영재단 부지는 천문학적 재산 가치를 지니고 있다.

결국 박근혜는 육영재단 이사장 겸 영남대 이사로서 1980년대를 보낸 셈이다. 결코 은둔과 실의와 좌절로만 점철된 세월은 아니라는 뜻이다.

둘째 시기는 1987년 6월대항쟁으로 전두환 정권이 대통령직

선제를 수용하고 6공화국이 열릴 때다. 전두환이 물러가고 '보통사람' 노태우가 집권한 뒤, 박근혜는 여성지를 비롯해 신문, 방송의 인터뷰에 적극 나섰다. 텔레비전에 나왔을 때는 눈물을 흘리며 시청자들의 눈길을 끌기도 했다. 인터뷰에서 당시 신민주공화당 총재 김종필에 대해 "아버지의 유업을 계승하려면 똑바로 해야지 이것도 저것도 아니고……"라고 불쾌감을 드러내기도 했다.

박근혜는 아버지를 주제로 한 영화 〈조국의 등불〉을 만들기도 했다. 1989년 박정희 10주기에는 추도객이 몰려들었다. 월간신문 《근화보》를 발행하면서 "정치할 것"이라는 '소문'이 무게감을 갖게 되었다.

그런데 의욕에 넘치던 박근혜에게 전혀 예기치 못한 사태가 다시 일어난다. 친동생 박근영이 자신이 앉아 있던 육영재단 이사장 자리를 노리고 '싸움'을 걸어왔기 때문이다. 박근혜는 이사장 자리에서 물러났다.*

셋째 시기는 1990년 육영재단 이사장 자리에서 물러난 이후 97년까지다. 그 뒤 박근혜는 아버지나 어머니 추도식에 모습을 전

---

* 박근혜와 동생 근영이 육영재단 운영권을 두고 다툴 때 쟁점은 그가 퍼스트레이디 시절부터 측근에서 보좌한 최태민 목사였다. 육영재단 분쟁 당시 박근영을 지지하는 모임은 "희대의 사기꾼 최태민 근화봉사단 고문이 박근혜 이사장을 배후에서 조종, 육 여사가 동심을 키우기 위해 설립한 육영재단의 운영을 전횡하고 있다"며 최 목사의 퇴진을 주장했다. 박근영도 "최태민 목사의 비리, 전횡에 대한 혐의는 모두 사실이며 언니(박근혜)는 철저하게 속고 있다…… 언니가 최태민의 최면술에 걸려 있다, 지금 최 목사를 몰아내는 게 궁극적으로 언니를 돕는 길"이라고 말했다. 박근혜는 1990년 11월 육영재단 이사장에서 물러나며 기자회견을 열고, "내가 누구에게 조종을 받는다는 것은 내 인격에 대한 모독"이라며 "최 목사는 88년 박정희기념사업회를 만들 때 내가 도움을 청해 몇 개월 동안 나를 도와주었을 뿐"이라고 말했다.

혀 드러내지 않았다. 하지만 이 시기에도 은둔과 실의라는 표현은 적절치 않다. 아니, 사실이 아니다. 박근혜는 수필집을 잇달아 출간했다. 더구나 1995년 8월에는 정수장학회의 이사장으로 취임한다. 정수장학회는 박정희와 육영수의 이름에서 각각 한 글자씩 따온 장학회로 《부산일보》를 소유하고 《문화방송》 지분도 갖고 있다. 《경향신문》이 자리한 터도 정수장학회 소유다.* 박근혜가 정수장학회 이사장이 된 직후에 열린 정기국회에서는 박근혜가 이사장이 된 계기를 놓고 논쟁이 벌어지기도 했다. 논쟁이 일면서 박근혜는 정치에 다시 관심을 갖게 되었다고 한다. 주위 사람을 통해 정치를 해보고 싶다는 의사를 비치며 가능성을 타진하기도 했다.**

1997년 12월 대선에서 김대중과 이회창이 살얼음 승부를 펼치는 상황을 박근혜는 십분 활용했다. 김대중 후보 쪽에서도 관심을 기울이며 몸값이 높아졌을 때, 한나라당에 입당했다.

앞서도 언급했듯이 정계에 복귀한 박근혜는 이회창 후보의 선거 유세에 적극 나섰다. 이회창의 아내 한인옥이 육영수와 비슷하다며 함께 유세장을 다니기도 했다. 그 자신이 박정희와 육영수의 '후광'을 적극 활용했고 두 사람의 딸임을 부각했다.

---

* 누구나 이 대목에서 의문을 갖게 될 수밖에 없다. 도대체 어떻게 박정희는 영남대학의 교주가 된 것일까. 또 어떻게 육영재단과 정수장학회를 만들었을까. 민주화된 정부라면 상상할 수 없는 일들이다. 나중에 더 짚겠지만 일단 여기선 박정희나 박근혜의 서민적 이미지가 진실과 다르다는 사실만 지적해둔다.

** 《월간조선》 2007년 2월호.

하지만 결과는 이회창의 패배였다. 박근혜가 정계에 복귀하며 나선 첫 시도는 명백한 실패였다. 1998년 2월 김대중 정부가 들어설 때 박근혜의 심경이 어땠을까. 그러나 박근혜에겐 곧바로 재보궐선거가 기다리고 있었다. 아버지 박정희의 고향에서 한나라당의 공천을 받은 박근혜는 무난히 당선되었다.

흔히 박근혜가 정계에 복귀하기 전까지를 '잃어버린 18년'이라고 하지만, 그녀는 그 18년의 거의 대부분을 영남대와 육영재단, 정수장학회 이사장으로 활동했다. 그런데도 그것이 잃어버린 18년임을 고집한다면, 말 그대로 권력의 핵심부에서 생활한 18년과 견주어 상대적으로 그렇다고 이해할 수는 있다.

대학재단, 육영재단, 정수장학회는 박근혜가 박정희와 육영수의 딸로서 지낸 '권력 핵심 18년' 생활에서 얻은 물적 기반이고, 그 뒤 '잃어버린 18년' 동안 박근혜에게 사회적 활동의 토대였을 뿐만 아니라, 그 뒤 그가 정계에서 급성장하는 데도 결코 무시 못할 발판이었다.

2장

거울에 비친 신화의 얼굴

"정치를 위한 정치를 하기 위해 선거에 뛰어든 것이 아니었다. 다만 아버님과 국민이 피땀 흘려 이룩한 경제가 하루아침에 무너지는 것을 보고 제 작은 힘을 보태기 위해서였다."

박근혜가 국회의원이 되었을 때 던진 첫마디다. 1998년 4월 대구 달성군 재보선에서 당선이 확정된 박근혜는 지구당사에서 기자회견을 열었다. 기자들이 당선 소감을 물었을 때 박근혜는 당당하게 "아버님과 국민이 피땀 흘려 이룩한 경제가 하루아침에 무너지는 것을 보고" 선거에 뛰어들었다고 답했다.

국회로 출근한 박근혜는 그 뒤 초고속으로 성장하며 '선거 여왕'이라는 '신화'를 만들어간다. 그가 개입한 선거에서 모두 이겼다는 내용이다. 한나라당 대표가 된 뒤 노무현 정부 시기에 실시된 모든 지방선거와 재보궐선거에서 한 번도 지지 않은 사실을 두고 나온 평가다. 국회의원이나 정치 지망생들이 박근혜와 사진을 찍으려고 안달인 풍경은 박근혜의 정치적 급성장을 증언해준다. 선거 여왕이라는 신화를 만드는 밑바탕에는 박근혜의 정치적 '브랜드'가 자리잡고 있다.

국회의원에 당선된 뒤 첫 소감에서 스스로 밝혔듯이 박근혜는 경제 성장을 강조하는 정치인이다. 동시에 서민을 생각하는 정치인이라는 이미지도 제법 많이 퍼져 있다. 마지막으로 박근혜는 원칙을 지키는 정치인으로 불린다. 성장정치, 서민정치, 원칙정치, 바로 그 세 가지가 선거 여왕 박근혜 신화의 얼굴을 만들어왔다. 먼저 얼굴의 한쪽 면, 성장정치부터 살펴보자.

얼굴의 제1면 : 성장정치

1998년 2월 김대중 정부가 출범한 직후에 재보선이 치러진 네 곳은 모두 영남 지역이었다. 따라서 한나라당의 공천을 받는 순간, 그것은 '이변'이 없는 한, '100퍼센트 당선'을 의미했다. 그럼에도 선거를 통한 정권교체 직후 처음 치른 선거였기에 1998년 4월 재보선은 정치권 안팎에서 눈길을 모았다. 그 가운데 언론의 관심이 가장 많이 쏠린 곳이 박근혜가 출마한 대구 달성이었다.

대구 달성의 재보선에 나선 박근혜는 "아버지의 애국 충정과 못다 한 유업을 계승 발전시키고 낙후된 대구 경북의 지역경제를 살리기 위해 출마했다"면서 '박정희 향수'를 자극하며 그것을 경제와 연결 지었다. 박 후보의 선거운동원들은 선거구를 누비면서 "이번 선거는 박근혜냐 엄삼탁이냐의 대결이 아니라 박정희냐 김대중이냐를 선택하는 선거"라며 압도적 지지를 호소했다. 한나라당 이한동 대표도 연설회에서 "박정희냐 김대중이냐"를 부르댔다. 심지어 이회창까지 지원 유세에 나서 "대구의 자존심을 위해 박근혜 후보에게 몰표를 달라"고 호소했다.

"압도적 지지"나 "몰표"를 호소한 데서도 나타나듯이 선거에서 패배할 가능성은 없었다. 다만 얼마나 큰 차이를 보일지가 문제였다. 실제로 선거 기간에 박 후보 측근은 "주민들의 박정희 전 대통령에 대한 향수와 '반DJ 정서'가 워낙 강하다"며 승리를 장담했다.*

한나라당 박근혜 후보는 유세장에서 〈새마을 노래〉를 계속 틀고 "경제를 살린 박정희 전 대통령의 유지를 받들 수 있도록 한 표를 부탁한다"며 대구 지역의 '박정희 향수'를 한껏 자극했다.

1998년 4월 2일 투표를 마감하고 방송사의 투표자 전화조사

---

* 삽화에 지나지 않지만 국민회의 엄삼탁 후보 쪽은 "새 정부(김대중 정부)는 5·16의 맥을 잇는 김종필 총리서리를 필두로 한 자민련과의 공동 정권"이라고 주장한 뒤 "박재옥 씨야말로 박 전 대통령의 맏딸"이라며 '맏딸 논쟁'으로 맞불을 놓았다. 박정희의 사위인 한병기 전 유엔대사가 국민회의 대구 달성지구당에서 기자회견을 열고 "(자신의) 처인 박재옥 씨가 박 전 대통령의 장녀이며 근혜 씨는 둘째딸"이리고 말했다. 그는 "일부 언론에 근혜 씨가 장녀로 보도되는 것은 잘못"이라며 이의를 제기했다. 한병기는 이어 "한나라당이 이번 선거를 박 전 대통령과 김대중 대통령 간의 싸움으로 몰고 가는 것은 유족 입장에서 유감"이라며 "한나라당은 박 전 대통령을 더 이상 선거에 이용하지 말라"고 주장했다. 박근혜 후보 측은 "한 씨의 기자회견은 국민회의가 선거에서 불리해지니까 주선한 회견"이라며 "특별히 대응하지 않겠다"고 말했다.

에서 '당선 유력'으로 나타나자 박근혜는 한동안 아무 말도 못한 채 눈시울을 붉혔다. 텔레비전을 함께 지켜보던 선거운동원들은 "와" 하는 함성을 질렀고 박 후보도 그들을 차례로 껴안았다.

한 여성 유권자는 〈새마을 노래〉를 부르면서 춤을 덩실덩실 추어 축제 분위기를 돋웠고 박 후보도 여기에 맞장구를 쳤다. 박근혜는 예상보다 큰 표 차이로 국회의원이 되었다.

한나라당은 대구 달성을 비롯해 부산 서구와 문경-예천, 의성에서 모두 이겼다. 김대중 정부 출범 뒤 한 달 만에 그것도 영남 지역에서 치른 선거이기에 결과는 예상된 일이었다. 그런데도 신문들은 "2일 실시된 영남권 4개 지역의 국회의원 재선거 및 보궐선거는 한나라당 후보들이 전 지역에서 당선, 거대 야당의 압도적 승리로 끝났다"며 김대중 정부의 "정국 주도권 확보"에 "차질이 예상된다"고 썼다. 문경-예천과 의성에선 자민련 후보와 접전을 벌였지만, 선거 기간 내내 '경상도 단결론'이 공공연하게 선거 구호로 나왔고, 이를 신문들이 그대로 받아썼다. 더구나 김대중 대 박정희로 몰아가면서 김대중에 대한 경상도의 거부감을 십분 이용했고 부추겼다.

박근혜는 당선이 확정된 뒤 기자회견에서 내내 아버지 박정희를 강조했다. 선거를 치르면서 어떤 생각이 들었는가라는 질문에 "아버님 생각이 가장 많이 났다"고 토로했다.

"정치를 해보니까 정치가 참 어려운 일이더라. 아버님은 정치를 하면서 얼마나 많은 결단을 혼자서 내렸고 또 고통스러운 시간을 보냈을까 하는 생각을 할 때마다 가슴이 미어졌다. 아버지가 못다 한 뜻을 펼치는 데 조그만 힘을 바치겠다."

처음 국회의원에 당선된 순간 박근혜의 기자회견은 아버지 박정희의 뜻을 잇겠다는 그녀의 의지가 얼마나 강한가를 또렷하게 드러내주었다. 실제로 박근혜는 아버지의 고향을 무대로 박정희 향수를 자극하며 죽은 박정희의 도움으로 국회에 들어섰다. 비단 정계 복귀 때만이 아니다.

박근혜는 박정희 향수의 핵심인 경제 성장을 강조하며 그것을 자신의 '상징'으로 만들어 정치적 성장을 거듭해갔다. 그녀가 정계에 복귀한 시점은 구제금융 위기로 어려울 때였기에 경제성장 호소가 그 어느 때보다 강렬할 수 있었다. 더구나 김대중-노무현 정부 10년 동안 야당에 몸담고 있었기에, 상대적으로 성장론을 주장하기 편한 위치에 있었다.

정계에 복귀하고 10년 만에 박근혜가 대한민국 대통령이 되겠다고 나설 때도 가장 강조했던 것이 바로 '경제 성장'이었다. 2007년 2월 23일, 한나라당 대선후보를 노리는 박근혜가 '21세기 동서포럼'에서 한 연설은 정치와 경제를 바라보는 그녀의 시각을 압축적으로 드러내준다.

"저는 이제 우리 경제에 이런 구호가 필요하다고 생각합니다. 바로 '풀고, 줄이고, 세우자'입니다. 불필요한 규제는 풀고, 과도한 세금과 비대해진 정부 규모를 줄이고, 불법 시위와 파업 그만하고 법을 세우자는 것입니다. 저는 이렇게 하면 우리 경제가 반드시 다시 살아난다고 믿습니다. 불필요한 규제가 기업의 투자와 경쟁력을 떨어뜨리고 있습니다. 규제 때문에 기업이 위축되다 보니 당연히 일자리가 줄어드는 것입니다. 불필요한 규제를 풀어, 기업 활동을 잘할 수 있도록 해주어야 합니다. …… 또한 현 정부 들어서 늘어만 가는 사회적 비용을 줄여, 우리 경제가 입는 타격을 최소화해야 합니다. 현대차 노조만 하더라도 대부분 정치적인 이유로 13차례나 파업을 벌여 회사 측에 20억 달러에 이르는 손실을 줬습니다. 각종 집회·시위 비용이 연간 최대 12조 3000억 원에 이른다는 한국개발연구원(KDI) 보고서가 이를 입증하고 있습니다. 불법 시위나 파업에 대해서 법과 원칙을 단호하게 세워서 '시위 공화국'이란 오명을 벗어던져야 합니다. 이렇게 하면 고장 난 성장 엔진은 수리가 될 것입니다. 다시 한 번 성장의 가도를 달리는 대한민국 경제가 될 것이라고 확신합니다."

여기서 볼 수 있듯이 박근혜는 1997년 12월 정계에 다시 들어설 때 강조한 '경제 성장'을 줄곧 자신의 '브랜드'로 내세웠다. 더욱이 그것을 아버지 박정희와 연관 지어 틈날 때마다 강조했다.

박근혜의 전략은 성공했다. 그녀가 야당으로 활동했던 김대중–노무현 정부 시기에 경제 성장률이 과거에 비해 떨어지고 국민 대다수인 서민의 삶이 나아지지 않으면서, 경제성장 주장은 정치적으로 큰 효과를 거두었다.

2007년에 들어서서 그가 대선후보로 활동을 시작할 때도 언제나 강조했던 게 경제 성장이었다. 당시 박근혜는 어디를 가든 연설 들머리에 인사를 "경제가 어려우시죠?"라고 건넸다. 이어 한국경제를 "엔진이 고장 난 자동차"라며 "본디 평균 7퍼센트 이상을 달성했던 고성능 엔진"을 노무현 정부가 제대로 관리 못 해 폐차장으로 갈 위기에 직면했다는 논리로 사람들에게 파고들었다.

더구나 박근혜는 자신만이 7퍼센트 성장을 달성할 수 있다는 주장을 당당하게 펴갔다. 이를테면 2007년 3월 15일 경남대 강연에서 박근혜는 연평균 7퍼센트 경제 성장률을 달성하겠다며, 5퍼센트는 한국경제의 잠재 성장률이고, 플러스 2는 지도자의 몫이라고 강조했다.

한나라당 대선후보를 결정하는 경선이 다가올수록 박근혜는 경제 성장과 아버지 박정희의 연관성을 더 두드러지게 부각해갔다. 2007년 7월 26일 한나라당 대선 예비후보들의 부산 합동연설회에서 박근혜는 이렇게 말했다.

"다음 대통령은 경제를 살려야 합니다. 그러나 기업을 해봤다고 나라 경제 살리는 거 아닙니다. 제 아버지는 군인 출신이었고, 레이건 대통령은 영화배우 출신이지만, 경제를 살린 대통령으로 역사에 남았습니다. 우리 경제 제가 확실하게 살리겠습니다."

"저는 어려서부터 아버지로부터 어떻게 하면 경제를 살리나, 국정 수업을 받으면서 자랐습니다. 전국의 산업 현장 구석구석마다 가보지 않은 곳이 없습니다. 국가 지도자가 어떻게 해야 눈부신 경제 성장을 이룩하는지, 저는 잘 알고 있습니다."

박근혜는 경선 내내 아버지 박정희에게서 받은 "국정 수업"으로 1960년대와 70년대의 경제 성장을 다시 이어가겠다는 의지를 거듭 명확하게 밝혔다. 하지만 한나라당 경선에서 박근혜는 이명박에게 패배했다. 이명박은 박근혜에 맞서, 대기업을 경영해본 자신이야말로 경제를 살릴 수 있다고 장담했다.

아버지 박정희로부터 '혜택'을 받았던 이명박에게 한나라당의 대선후보 자리를 놓친 박근혜로선 참기 어려운 순간이었을 게 분명하다. 이명박 후보가 그해 12월 대선에서 이기고 마침내 이명박 정부가 들어섰을 때, 박근혜가 느꼈을 상실감을 충분히 짐작할 수 있다. 이명박 정부가 경제 살리기에 실패하면서 박근혜의 정계 복귀 뒤 그녀의 정치적 급성장의 주요 요인이었던 '경제 성장론'은 2012년 대선에서도 다시 그녀를 가장 유력한 후보로 올려놓고 있다.

문제는 박근혜가 정계에 복귀해 지금까지 12년 넘도록 반복해서 강조해온 '정치 입문'의 논리에 있다. "저를 정치로 불러들인 것은 나라의 위기"였다는 연설에서 볼 수 있듯이 박근혜가 틈날 때마다 정치에 나선 이유로 밝힌 것은 "IMF(구제금융) 사태를 맞아 온 나라가 무너져가는 모습"이었다. 그녀가 경제 성장을 내내 자신의 브랜드로 삼아온 전략도 그 연장선이다. 하지만 이해할 수 없는 것은 그녀가 구제금융 위기를 불러온 바로 그 정당으로 들어가 정치에 복귀했다는 사실이다. 이 책의 3부에서 자세히 분석하겠지만 IMF의 간섭을 불러온 요인이 무엇인지를 그녀가 정확하게 분석하고 있는지, 과연 경제 살리기 이전에 경제를 바라보는 온전한 식견이라도 갖추고 있는지 의문이 드는 이유가 여기 있다.

얼굴의 제2면 : 서민정치

2007년 대선에서 박근혜를 둘러싼 성장 신화의 최대 경쟁자는 같은 당의 이명박이었다. 당시 이명박은 747공약(7퍼센트 성장, 4만 달러 소득, 세계 7대 강국)을 내걸고 자신이야말로 '경제대통령'임을 적극 부각했다. 이명박은 자신이 대통령에 "취임하면 주가가 5000까지 간다"고 호언했다. 실제로 이를 목표로 한 성장 우선 정책, 감세, 규제 완화 정책을 제시했다.

우리가 지켜보았듯이 이명박의 경제성장 공약과 목표는 전혀 실현되지 못했다. 이명박 정부는 2008년 9월의 세계 경제위기 탓이라며 오히려 그 위기를 잘 넘어서는 능력을 자신들이 보여주었다고 주장한다.

하지만 이명박 정부가 집권 초기에 각인해준 '부자 정부'라는 인식은 이미 깊숙하게 국민 속에 자리 잡았다. '강부자' 정부라거나 '고소영 S라인' 내각이라는 '시사용어'가 자리 잡기도 했다. 여기서 '강부자'는 초기 장관으로 임명된 사람들이 신고한 평균 재산이 40억 원에 이르러 모두 '강남의 부동산 자산가'임을 줄여서 빗댄 말이다. '고소영 S라인'은 이명박 대통령의 출신 학교인 고려대 출신－소망교회－영남권 인물과 서울시장 재직 때 같이 일하던 사람들을 이명박 대통령이 중용하면서 나온 말이다. '강부자'와 '고소영 S라인' 인사들 대다수가 '버블 세븐' 지역(2006년 정부가 부동산 가격에 거품이 많이 끼었다고 지목한 강남 서초 송파 목동 분당 용인 평촌 등 7개 지역)에서 살고 있음은 물론이다.

바로 그 상황에서 박근혜는 이명박과 달리 서민을 대변하는 정치인으로 자리매김해 갔다. 기실 이명박이 대통령에 당선되기 전부터, 아니 한나라당 대표로 활동할 때부터 박근혜는 서민을 생각하는 정치인으로 자신을 적극 부각해왔다. 가령 2006년을 맞아 박근혜 대표는 신년 기자회견(1월 26일)에서 다음과 같이 서민의 고통을 언급했다.

"돌이켜보면 지난해 우리 국민들은 참 힘든 한 해를 보내야 했습니다. 경제가 어려워서 누구보다 서민들이 큰 고통을 받았고, 설상가상으로 연말에는 호남에 폭설이 내리고, 대구에는 큰 화재가 발생해서 많은 분들이 삶의 터전을 잃는 가슴 아픈 일을 겪었습니다."

그녀는 이어 곧장 노무현 정부를 비판했다.

"이런 상황에서 정치권이라도 국민들에게 희망을 드려야 하는데, 여당의 사학법 날치기로 지금 저희 한나라당이 장외 투쟁을 할 수밖에 없는 현실이 너무나 안타깝습니다. 17대 국회 들어서 저희 한나라당은 우리나라의 정치문화를 바꾸고, 국민들의 고통을 조금이라도 덜어드리기 위해서 싸우지 않는 상생의 정치를 제안했고, 여당과 협약까지 맺었습니다. 그 후 지난 1년 8개월 동안, 아무리 참기 힘든 일이 있더라도 참고 또 참으면서 민생정치에 매진해왔습니다. 하지만 여당이 저희를 비난하는 것은 참을 수 있어도, 옳지 않은 일을 힘으로 날치기하는 것은 더 이상 방관할 수 없었습니다."

서민이 어려운 경제 상황에 놓여 있는데도 노무현 정부가 '옳지 않은 일'로 정쟁에 골몰하고 있다는 비판에 이어 다시 서민의 고통에 감성적으로 접근한다.

"지금 무엇보다 시급하고 중요한 것은 바로 경제를 살리는 일입니다. 지난 3년 동안 성장 엔진은 꺼지고, 일자리가 사라지고, 민생은 비참한 지경이 되었습니다. 자영업자들은 거의 몰락하고, 중산층은 무너져버렸습니다. 그 어떤 변명이나 화려한 말솜씨도 무너진 경제 앞에서는 통할 수 없습니다. …… 자살률은 OECD 국가 중 1위를 기록하고, 30만 명에 이르는 결식아동들은 방학을 맞아 수시로 끼니를 거르고, 실업자와 구직 포기자는 역대 최고를 기록하고 있습니다."

우리는 이 대목에서 당시 노무현 대통령과 박근혜 가운데 누가 더 진보적인가를 잠시 혼동할 수도 있다. 그만큼 박근혜의 신년사가 아픈 곳을 찔렀다는 증거다. 물론, 박근혜의 처방은 전혀 진보적이지 않다. 이어지는 신년사를 보자.

"양극화의 주범은 다름 아닌 현 정권이 3년 동안에 만들어놓은 경제 불황인 것입니다. 현 정권은 세금을 더 거둬서 '큰 정부'를 만들겠다고 해왔습니다. 중산층과 서민의 파탄으로 양극화를 심화시킨 현 정권이 반성은커녕 이제는 세금폭탄으로 나오고 있는 것입니다. 심지어는 가진 자와 못 가진 자로 국민을 편 갈라 국론 분열을 야기하고, 이를 정치적으로 이용해보려 하고 있습니다. 이런 주장은 무책임한 선동정치일 뿐이고, 그래서는 결코 경제를 살릴 수 없습니다. 지금 돈이 부족한 게 아닙니다. 시중에는 400조 원이 넘는 부동자금이 넘쳐나고 있지만, 이 돈이 생산적인 투자로 연결되지 않는 데 문제가 있는 것입니다. 이렇게 된 이유는 현 정부의 각종 규제와 반시장·반기업 정서, 그리고 미래에 대한 불안감 때문입니다. 이런 사회적 불안을 해소하지 않고는 그 어떤 정책을 써도 경제는 살아날 수 없습니다. …… '작은 정부'로 가야 합니다. 지금 세계에서 잘사는 나라치고 '큰 정부'로 가는 나라는 어디에도 없습니다. 미국, 영국은 이미 '작은 정부'의 모범 국가입니다. …… 집권을 통해서 과감한 감세 정책을 실천할 것을 국민 여러분께 약속드립니다."

여기서 우리는 박근혜가 2008년 9월의 세계 금융위기를 어떻게 보았을까 당연히 의문을 제기할 수밖에 없다. 물론, 박근혜는 그 문제에 대해 지금까지 '가방'을 열지 않은 채 침묵하고 있다.

아무튼 금융위기를 불러온 조지 부시 정부의 미국을 모범 국가로 제시하며 '작은 정부'와 감세 정책을 다짐한 박근혜는 곧장 "이제 우리는 고성장의 길로 다시 나가야 합니다"라고 부르댔다.

"성장의 가치를 인정하고, 자유시장경제의 우월성을 인정해야 합니다. …… 10년 안에 1인당 국민소득 3만 불 시대를 열 수 있습니다. 이제 작은 정부와 큰 정부, 감세와 증세 중에서 과연 어느 길이 선진 한국으로 가는 올바른 길인지 국민 앞에 당당하게 밝히고 국민의 선택을 받아야 합니다. 저와 한나라당은 감세와 규제 혁파, 그리고 작은 정부를 지향하는 과감한 개혁으로 정부가 아니라 기업이 일자리를 만들도록 하여, 시장경제의 역동성을 살려나가겠습니다. 그래서 모두가 잘사는 선진 한국의 꿈을 반드시 이루겠습니다."

서민경제 파탄을 경제 성장과 연결 지어 감세와 규제 혁파, 작은 정부를 고리로 설명한 박근혜의 연설은 국민 사이에 적잖은 파급 효과가 있었다.

예를 들어 그해 6월에 《중앙일보》가 다음 대통령 후보로 거론되는 주요 후보들에 대한 이미지 조사의 하나로 각 후보들이 서민들의 고충을 얼마나 잘 이해하고 있는지에 대한 시민들의 의견을 확인해보았다(2006년 6월 29일). 그 결과 '서민 고충을 이해한다'고 평가한 비율을 높은 순위대로 살펴보면, 박근혜가 58.1퍼센트('매우 그렇다' 9.5퍼센트+'그런 편' 48.7퍼센트)로 가장 높았다. 이어 고건(46.0퍼센트), 이명박(44.2퍼센트) 순이었다.*

거기에 더해 박근혜 스스로 박정희의 '서민대통령' 이미지를 틈날 때마다 활용했다. 박정희도 대통령 시절에 "소박하고 근면하고 정직하고 성실한 서민사회가 바탕이 된, 자주 독립된 한국의 창건, 그것이 본인의 소망의 전부"라고 밝힌 바 있다. 심지어 박정희는 구술로 자신의 삶과 생각을 밝혀 출간한 《국가와 혁명과 나》에서 "본인은 한마디로 말해서 서민 속에서 나고, 자라고, 일하고, 그리하여 그 서민의 인정 속에서 생이 끝나기를 염원한다"고 토로하기도 했다.

박정희가 서민대통령이라는 이미지는 국민 속에 아직 강렬하

---

* 박근혜의 '서민고충 이해'에 대해 긍정적으로 답한 사람들은 특히 연령이 높을수록(50대 이상: 69.7퍼센트), 학력이 낮을수록(중졸 이하: 67.7퍼센트), 가정주부(65.7퍼센트)와 대전/충청(71.8퍼센트) 및 대구/경북(70.7퍼센트) 거주자, 한나라당 지지층(79.9퍼센트)에서 많았다.

게 남아 있다. 논두렁에 앉아 농부들과 더불어 막걸리를 마시는 박정희의 점퍼 걸친 모습을 기억하는 사람들이 많다. 더구나 박정희의 서민 이미지는 그의 뒤를 이은 군부 출신 대통령 전두환, 노태우가 천문학적 규모로 부정 축재한 사실과도 대조되어 청렴의 이미지와 겹쳐져 있다.

그래서다. 한나라당 대선후보 경선 과정에서 박근혜 후보 쪽은 이명박과의 대결 구도를 '서민 후보 vs. 재벌 후보'로 내세우기도 했다. 현대그룹 대기업 회장 출신인 이명박이 '재벌 후보'인 반면에 박근혜는 '서민 후보'라는 주장이었다.

박근혜가 경선에 패배하고 이명박이 본선에 나가 대통령이 되어 취임한 뒤 '강부자'나 '고소영'이 화제가 되었을 때, 박근혜의 서민 이미지는 더 부각될 수밖에 없었다. 이명박 정부가 부자 정권이라는 비판을 받고 있을 때 박근혜는 자신의 서민성을 더 돋보이게 처신했다.

이를테면 세계 경제위기가 몰아치던 2008년 11월, 박근혜는 '김장 담그기' 행사를 벌였다. 박근혜는 11월 8일 "어려운 때일수록 여러분들의 사랑을, 어려운 이웃을 위해 조금씩 나눌 수 있다면 우리 사회는 온정이 넘치는 따뜻한 곳이 될 것이라 생각한다"며 "많은 분들이 다양한 봉사 활동을 제안해주셨는데 김장 담그기 행사에 많은 분들이 참여해서 어려운 이웃을 위해 사랑을 함께 나눌 수 있는 기회를 가졌으면 좋겠다"고 제안했다.

그녀는 그날 밤 자신의 미니 홈페이지에 〈어려운 분들을 위한 나눔의 사랑을〉 제하의 글을 올렸다.

해가 갈수록 우리의 희망은 오늘보다 더 나은 내일을 생각하게 되지만 요즘 경제 사정은 더욱 어려워지고 각종 복지단체의 기부금은 큰 폭으로 줄어들고 무료 급식을 받으러 오시는 분들도 크게 늘어났다는 소식에 마음이 무겁습니다.

세계 경제위기를 불러온 조지 부시 정부의 신자유주의 경제체제를 '모범'으로 환호하며 그 길을 따라야 한다고 소리 높여 외쳤던 '정치지도자'가 자신의 경제 정책에 대한 아무런 성찰 없이 고작 '김장 담그기' 행사를 벌이며 '서민'과 '사랑'을 들먹이는 모습은 그녀가 언제나 강조해온 '원칙'이 무엇인지 되묻게 한다.

얼굴의 제3면 : 원칙정치

정운찬. 서울대학교 총장을 지낸 그는 김대중-노무현 정부로부터 각각 입각을 요청받은 것으로 알려졌다. 하지만 그는 이명박 정부를 선택했다. 아니, 어쩌면 국무총리 자리를 선택했는지도 모른다. 국무총리로서 그가 등장한 2009년 9월에 대다수 언론은 그를 한나라당의 대선후보감으로 지목했다. 이명박 대통령이 아무래도 박근혜를 부담스러워하기에 전략적으로 선택한 인물이라는 평가였다. 그래서였을까. 정운찬은 짧았던 총리 시절에 박근혜와 각을 세우는 발언을 자주 했다.

2010년 5월 13일, 정운찬 총리는 천안함 침몰 사건과 관련해 유족을 방문한 자리에서 한 유족이 "총리께서 조문을 왔을 때 집으로 한번 찾아오시겠다고 했지만 정말 올 줄 몰랐다"고 하자 "지난번 조문 가서 온다고 약속하지 않았느냐"고 받았다. 문제는 그 다음 발언이다. 정운찬은 기자들이 지켜보는 가운데 곧바로 "잘못된 약속도 막 지키려는 여자가 있는데 누군지 아시느냐"고 물었다. 그 발언 뒤 "농담"이라고 덧붙였고 총리실 관계자도 "박 전 대표를 염두에 둔 말이 아니다"고 해명했지만, 기자들에겐 세종시 원안 추진을 고수하고 있는 박근혜를 겨냥해 노회하게 흘린 발언으로 '이해'되었다.

박근혜 쪽의 '대변인' 격인 이정현 의원은 "국무총리가 망언을 했다"면서 "만인지상이라는 총리가 마음 아파하는 순국장병 유족을 찾아가 할 수 있는 말이 아니다"고 날선 비난을 퍼부었다. 이 의원은 "자질과 인성의 문제"라며 정 총리가 "티끌만 한 양심이 있다면 합당한 책임을 져야 한다"고 주장했다. '친박'을 표방하는 미래연합 대변인은 "정 총리의 발언은 정치지도자에 대한 심각한 모독이 들어 있어 그냥 지나칠 수 없는 중대한 문제"라고 흥분했다. 이어 "정운찬 총리의 뻔뻔한 속내가 드러났다"며 "정 총리의 발언은 박 전 대표를 비하한 발언일 뿐 아니라 여성 전체에 대한 모독으로 책임을 지고 사퇴하는 것이 마땅하다"고 강조했다. 박근혜 팬 카페들도 일제히 정운찬은 국무총리의 자격이 없다며 사퇴를 강력하게 요구했다.

하지만 그 순간에 누구도 정운찬 총리의 공격적 발언 다음달에 세종시 수정안이 국회에서 폐기되고 총리 자신이 물러나리라고 전망하지 못했다.

이명박 정부와 정 총리가 세종시 건설 계획을 수정하겠다고 나섰을 때, 박근혜의 첫 반응이 바로 원칙이었다.

"수없이 토의했고, 선거 때마다 수없이 많은 약속을 한 사안이다. 정치는 신뢰인데, 신뢰가 없으면 무슨 의미가 있겠는가. 이 문제는 당의 존립에 관한 문제다."

2009년 10월 23일 박근혜가 국회 보건복지가족위 국정감사에 앞서 기자들과 만나 세종시 문제에 대해 한 발언이다. 박근혜는 세종시 원안에 문제가 있다면 "플러스알파"가 돼야 한다고 덧붙였다.

기실 박근혜에게 이명박과 정운찬이 주도한 세종시 수정안은 받아들이기 어려운 일이었다. 노무현 정부 시절인 2005년 3월, 세종시를 행정중심복합도시로 건설하는 특별법이 한나라당 내부에서 찬반양론으로 갈렸음에도 국회 본회의를 통과한 직후에 박근혜는 자신의 미니홈피에 올린 글의 첫 대목을 다음과 같이 썼다.

정치인으로서 지켜야 할 가치 중 가장 중요한 것은 국민과 한 약속을 지키는 것, 그것을 한순간이라도 잊어버린다면 모두에게 신뢰를 잃고 만다.

박근혜는 자서전 《절망은 나를 단련시키고 희망은 나를 움직인다》에서 "이 법이 통과되고 난 다음에도 한나라당이 집권하면 행정중심복합도시는 백지화되고 말 것이라고 말하는 사람들이 있다. 그러나 나의 사전에 약속을 깨는 일은 없다"고 단언했다.

세종시 문제로 이명박 대통령과 갈등이 커지면서 박근혜는 2010년 6월 2일 지방선거에 전혀 나서지 않았다. '선거 여왕'으로 불리던 박근혜에게 한나라당의 친이명박계 의원들이 도움을 요청했지만 박근혜는 모습을 드러내지 않았다. 보수 세력의 대표적 논객들이 박근혜에게 한나라당 선거를 도와야 한다고 압박했는데도 움직이지 않았다. 다만 대구로 내려가 자신의 지역구에 출마한 후보를 도왔을 뿐이다.

신문과 방송의 여론조사에서 한나라당이 이기는 것으로 나타나면서 친이명박계도 더는 박근혜에게 도움을 요청하지 않았다. 그러나 지방선거 결과는 우리가 다 알다시피 한나라당의 패배로 나타났다.

박근혜는 선거를 도와달라는 요청을 받고도 움직이지 않던 당시 측근들에게 자신이 나설 수 없는 이유를 다음과 같은 논리로 설명했다.

"도와달라는 건 결국 표를 얻어 오라는 얘긴데 지역을 왔다 갔다 한다고 표가 나오는 줄 아느냐. 유권자들에게 뭔가를 약속해 실천하고 그런 과정에서 신뢰가 쌓여야 표가 나온다. 그런데 지금 내가 유권자들에게 하나라도 약속하고 지킬 수 있는 게 있느냐."

결국 6월 2일 지방선거에서 패배한 이명박 정부는 강행하던 세종시 수정안을 포기할 수밖에 없었다. 모양을 갖춰 후퇴하기 위해 2010년 6월 29일 국회 본회의에 수정안을 올렸다. 예상대로 박근혜계 의원들의 반대표 행사로 수정안은 부결되었다. 박근혜가

'신뢰의 정치인' '원칙의 정치인'이라는 이미지를 사람들에게 다시 각인한 대표적 보기다.

표결 과정에서도 박근혜의 '원칙주의자' 면모는 또렷하게 나타났다. 박근혜가 국회 표결을 앞두고 반대 토론에 나섰기 때문이다. 이미 친박계 의원들의 일탈로 부결될 게 명확했는데도 박근혜는 왜 자신이 반대했는가를 또박또박 밝혔다. 그의 국회 본회의 연설은 2005년 4월, 한나라당 대표로서 교섭단체 연설을 한 뒤로 5년 2개월 만이다. 자신과 같은 당의 대통령이 온 힘을 기울여 추진해온 쟁점을 공개적으로 반대하는 연설이 펼쳐지는 광경에 한나라당 의원들은 놀랐다. 박근혜는 연설에서 "신뢰가 깨진다면 뒤집기와 분열이 반복될 것"이라고 강조했다.

박근혜의 원칙에 대한 강조는 2007년 대통령 경선 때도 뚜렷했다. 경선 당시 이명박 후보 쪽에 있었던 사람들은 경선 방식의 변경을 놓고 친박과 친이가 분당까지 각오한 싸움을 벌일 때 박근혜가 '원칙'을 강조하며 한 발도 물러서지 않았다고 증언한다. 박근혜는 원칙을 "걸레같이 너덜너덜 만들어야 되겠느냐"며 한 걸음도 물러날 모습을 보이지 않았고, 당시 이명박의 측근 정두언은 이를 "공주 같은 발언"이라고 비판했다. 결국 이명박 후보 쪽이 양보했다.

원칙과 신뢰에 대한 박근혜의 강조는 그를 믿을 만한 정치인으로 올려놓았다. 한국정치사에서 대다수 정치인들이 국민에게 믿음을 주지 못했기 때문에 그녀의 전략은 성공을 거둘 수 있었다. 박근혜 지지자들이 그녀를 지지하는 이유로 밝힌 대목을 강준만 교수는 다음과 같이 소개한 바 있다.*

　"정치를 혐오하는 사람들은 정치인은 입만 열면 거짓말을 한다고 믿는다. 거기에 반해 말을 무척 아끼는 박근혜의 신중함은 미래의 불확실성으로 불안감에 젖어 있는 국민에게 위로와 신뢰를 준다. …… 박근혜는 말에 군더더기가 없다. 누구나 쉽게 알아들으므로 말 바꿈의 여지도 없다. 높낮이가 없어 대중을 휘어잡지 않는다. 다만 가는 방향이 뚜렷하다. 조용히 스며드는 물과 같다. 믿음은 거기서 생긴다."

　보수 정치인들은 물론이고, 김대중-노무현 대통령도 선거 때 약속한 공약을 제대로 지키지 못했기 때문에 '원칙과 신뢰의 정치인'이라는 이미지는 박근혜가 정치적으로 급성장하는 데 크게 기여했다.

　그렇다면 과연 박근혜는 원칙과 신뢰의 정치인일까? 박근혜 진영에서 나온 '변명'은 그 물음에 답을 주고 있다.

　세종시 수정안과 관련해 국회 부결 과정에서 기어이 연단에 나와 반대 토론을 한 박근혜에게 한나라당 친이명박계 의원들이 배신감으로 울뚝밸을 삭이지 못하고 있을 때였다. 친이명박계 의원들이 박근혜를 '고집' 또는 '외골수'로 비판하자 친박근혜 의원들은 "본모습을 모르는 말"이라고 반박했다.

　당시 언론에 보도된 박근혜의 측근은 박근혜의 완강함을 "이명박 대통령과 친이명박계 의원들이 자초한 것"이라고 주장했다.

---

* 　허만섭, 〈박근혜 심층탐구〉, 《신동아》 통권 610호(2010년 7월)에서 재인용.

친이명박계 일각에서 "박근혜에게 대권을 주느니 차라리 야당에 주겠다"는 태도를 보이면서 박근혜에게 진심으로 마음을 열고 대해주지 않는 것을 잘 알고 있는데 어떻게 먼저 손을 내밀 수 있겠느냐는 논리다.

여기서 주목할 것은 박근혜의 측근들이 그녀가 정치적 타협과 양보도 한다며 근거로 댄 사안이다. 박근혜의 측근은 2009년 7월 미디어법 강행 처리를 둘러싼 논란 과정에서 처음에는 반대를 외치다가 태도를 바꾼 일을 들었다. 미디어법은 2012년 대선 정국에서 중요한 쟁점이 될 것이므로 자세히 들여다보자.

2009년 7월 19일 오전. 한나라당 의원총회에서 안상수 원내대표는 "박근혜 전 대표도 오늘 (의원총회에) 출석하지 않았지만, 표결에 참여한다는 전언을 받았다"고 말했다. 그런데 안상수의 말을 전해 들은 박근혜는 발끈했다. 박근혜의 '대변인'으로 활동하는 이정현 의원은 "(박근혜가) 본회의 참석 여부를 말한 적이 없다"고 밝혔다. 박근혜는 "(본회의에) 참석하게 되면 (미디어 법안에) 반대표를 던질 것"이라고 발언해 한나라당 내부에 큰 파문을 던졌다.

신문사와 대기업이 방송을 소유할 수 있게 한 미디어법은 당시 언론 현업인들은 물론, 시민사회로부터 거센 반발을 받고 있었기에 박근혜의 발언은 파장이 컸다. 민주당은 환호했고 친이명박계의 한 외원은 "폭탄이 떨어졌다"고 탄식했다. 미디어법을 전환점으로 박근혜가 이명박과 본격적으로 각을 세웠다는 전망까지 나왔다.

그런데 원칙주의자 박근혜의 모습은 달랐다. 사흘 뒤인 7월

22일 국회의장 김형오는 미디어법을 국회 본회의에 직권 상정했다. 의장석을 둘러싸고 한나라당과 야당 의원들이 거친 몸싸움을 벌일 때, 친이명박계와 친박근혜계는 손을 잡았다. 그 시각에 박근혜는 기자간담회를 열었다.

"이 정도(수정안이)면 국민들께서도 공감해주시리라 생각합니다."

하지만 과연 그러한가. 7월 19일에서 22일까지 수정된 것은 법안의 본질과는 전혀 무관한 곁가지였다.*

방송의 공공성을 부정하고 신문사와 대기업에게 방송을 넘겨주는 데 결국 박근혜는 찬성했다. 그가 애초 반대했던 이유는 명백히 한나라당 안에서 자신의 존재감을 부각하려는 것 이상의 의미는 없었다. 박근혜의 원칙이 무엇인가라고 한나라당 안팎에서 불만이 터져 나왔고 그를 두고 작심삼일에 비유해 '박심삼일' 이라는 날카로운 비판이 나온 이유다.

박근혜계의 한 의원은 언론과 인터뷰하면서 서슴없이 "이번 일로 대표한테 너무 실망했다"고 말했다. 그는 "미디어법 찬반 여부를 우리한테도 설명 안 한 채, 국면에 따라 혼자 왔다 갔다 했

---

* 한나라당 최종안은 박근혜를 의식해 애초 대기업과 신문이 보도 전문 채널의 49퍼센트까지 소유할 수 있도록 했던 것을 30퍼센트로 낮추고, 외국 자본은 10퍼센트까지 소유하도록 했다. 박근혜가 제기한 매체 합산 시청점유율 상한선 30퍼센트 도입 제안도 '사기극'으로 끝났다. 한나라당 최종안은 평균 시청점유율이 30퍼센트 이상인 방송뉴스 채널을 신문이 소유할 수 없도록 했는데 이는 2008년 기준 MBC(14.06퍼센트)와 SBS(14.05퍼센트)를 합한 시청점유율보다 훨씬 높은 수치다(《미디어스Medius》 2009년 7월 21일). 한마디로 한나라당 원안과 최종안은 본질적 차이가 없는데도 박근혜는 태도를 바꿨다.

다. 친박을 응집시키는 유일한 힘은 '원칙'인데 이해할 수 없는 행동을 보였다"고 말했다.

실제로 박근혜의 오락가락 행동을 바라보는 국민의 눈은 여론조사에서도 나타났다. 그녀가 미디어법에 반대하던 시점(2009년 7월 20일)의 여론조사에서 응답자의 64.6퍼센트는 박근혜의 '반대 표결 발언'이 "국민 여론에 따르는 온당한 처신"이라고 답했다. 심지어 한나라당 지지층에서도 긍정적 평가가 43.5퍼센트로, 부정적 평가(43.1퍼센트)와 비슷했다.

그런데 미디어법 날치기에 박근혜가 동조한 시점(7월 23일)의 조사 결과를 보면, 응답자의 57.1퍼센트가 박근혜를 "대세에 편승한 기회주의 정치인"이라고 답했다. '원칙과 소신 있는 정치인'이라는 답변은 27.5퍼센트에 그쳤다. 박근혜의 도움으로 결국 미디어법은 국회에서 날치기와 대리투표 따위의 편법을 동원해 통과되었다. 그리고 2010년 12월 31일 마침내 《조선일보》《동아일보》《중앙일보》는 각각 종합편성채널을 얻었다.

비단 미디어법만이 아니다. 4대강 사업에서도 박근혜의 원칙은 흔들린다. 가령 박근혜는 2007년 대선 경선 때 이명박의 경부대운하 공약을 비판하면서 다음과 같이 주장했다.

"강바닥 파고, 토목공사 일으킨다고 경제가 살아나지 않습니다. 민생도 나아지지 않습니다. 집 앞에서 대규모 공사가 벌어져도, 정작 돈은 개발정보 미리 챙긴 사람들이 벌어 가지 않습니까? 저는 땅이 아니라, 땀으로 버는 나라를 만들겠습니다."

하지만 그는 이명박 정부가 2009년 말부터 강행한 4대강 사업에 시민사회의 비판이 거세어도 단 한마디 내놓지 않았다. 물론, 박근혜로선 이명박 대통령이 경부대운하는 하지 않겠다고 말했기 때문에 원칙은 지키고 있다고 주장할 수도 있다. 하지만 "강바닥 파고, 토목공사 일으킨다고 경제가 살아나지 않는다"는 언명이나 "집 앞에서 대규모 공사가 벌어져도, 정작 돈은 개발정보 미리 챙긴 사람들이 벌어간다"는 언급은 4대강에도 그대로 적용된다. 과연 그의 원칙이 무엇인지 의문이 들 수밖에 없는 이유다.

박근혜의 문제점은 단지 원칙정치에서만 드러나는 게 아니다. 성장정치와 서민정치라는 '브랜드' 또한 진실과 큰 차이가 있다. 그럼에도 그가 여전히 성장정치, 서민정치, 원칙정치라는 미사여구의 정치적 브랜드를 누리고 있는 이유는 무엇일까? 다음 장에서 짚어보자.

3장

신화는 어떻게 소통되는가

우리는 앞 장에서 박근혜가 정계에 복귀해 초고속으로 성장한 데에는 그녀를 상징하는 선거 여왕의 이미지가 반짝이고 있음을 살펴보았다. 그 이미지가 표방하는 것은 높은 경제 성장을 일궈내는 성장정치, 청렴하고 서민들을 품어가는 서민정치, 공약은 반드시 실현하는 원칙정치라는 세 가지다. 기실 그 세 가지는 국민 대다수가 대한민국의 정치인들에게 기대하는 덕목이다.

박근혜가 성장정치, 서민정치, 원칙정치의 상징으로 소통되는 현실은 왜 그녀가 2012년 대통령선거에 가장 유력한 후보로 떠올랐는가를 설명해준다.

문제는 선거 여왕이 누리고 있는 그 상징이 과연 얼마나 사실과 일치하는가에 있다. 박근혜의 신화를 구성하는 세 요인을 짚으며 각각 끝자락에서 짧게 언급했지만 박근혜의 상징엔 여러 가지

모순이 있다. 박근혜가 성장정치와 서민정치, 원칙정치의 상징이 된 데에는 동전의 양면처럼 존재하는 한국정치의 또 다른 상징이 숨어 있다. 제도언론과 색깔공세, 지역감정이 그것이다.

특히 한 사회의 거울로 불리는 언론은 선거 여왕을 비춰줄 때마다 요철凹凸 거울의 요술을 부려왔다.

제도언론

2007년 8월 한나라당 대통령후보 경선에서 박근혜가 이명박에게 패배했을 때다. 당 내부에선 이기고 여론조사 반영에서 졌기 때문에 박근혜의 아픔은 더 컸을 터다. 바로 그렇기에 지지자들 모임인 '박사모'에선 언론이 공정하지 못한 보도를 했다며 《조선일보》《동아일보》《중앙일보》 절독 운동을 벌이자는 목소리가 높았다.

흥미롭게도 당시 박근혜 후보의 공동 선거대책위원장을 맡았던 안병훈 전 《조선일보》 부사장까지 언론의 문제점을 날카롭게 고발하고 나섰다. 안병훈은 기자로 시작해 편집국장을 거쳐 부사장으로 40년 동안 《조선일보》에 재직했다. 자타가 공인하는 그 신문의 상징적 엘리트다. 그가 《오마이뉴스》와 만난 인터뷰(2007년 10월 1일)는 사뭇 생생하다. 안병훈은 아주 쓸쓸하게 말했다.

"나도 언론계 40년 했는데 절실하게 반성합니다……. 막판에는 우리도 (언론들을) 다 포기했어야 했어요. 다 저쪽 편인 것 같으니까."

《조선일보》 청와대 출입기자 시절(1975년~1978년)에 박근혜와 인연을 맺은 안병훈은 "한국도 이제 리더십의 스타일이 변해야 한다고 생각했다. 기존 정치 냄새가 덜 나고 깨끗한 사람이 필요하다고 봤다"고 그녀를 지지한 이유를 밝혔다. 이어 그는 언론이 정치에서 얼마나 중요한가를 절절한 체험담으로 고백했다.

"언론이 이렇게 중요하지를 내가, 근 40년 (언론계에) 있던 사람이 현장이 와 있으니까 실감을 했다. 근데 언론을 담당하고 있는 사람은 자기가 하는 일이 그렇게 중요하다는 것을 실감하고 있을까?"

안병훈은 한나라당 대선후보 경선 과정에서 나타난 문제점을 구체적으로 적시했다. 그는 《조선일보》 정치부 기자들을 만났을 때 "우리 눈에는 편파라고 비쳐진 것에 대해서, 적어도 경선 때는 이명박이나 박근혜나 똑같이 좀 취급해달라, 그리고 본선에 가서 자기네들이 한나라당 후보에 힘을 실어주려면 실어주고, 한나라당끼리 좀 싸우는 것은 그냥 이렇게(편파로 비쳐지지 않게 보도) 해달라"고 '당부'했다.*

---

* 안병훈은 《조선일보》 방상훈 사장을 만난 자리에서도 여론조사 보도에 문제가 있었음을 지적했다고 밝혔다. "(언론들의 편파 보도 가운데) 제일 문제가 된 것이 여론조사다. 여론조사를 그렇게 무지막지하게 자주 하고, 일주일에 수없이 나오는 여론조사가 (이명박 지지) 밴드왜건 효과(타인의 선택에 따라 의사 결정이 영향을 받는 것)를 줬는데……. 엉뚱한 여론조사를 너무 자주 했다. 당심에서는 실제로 우리가 432표를 이겼는데, 언론사들의 여론조사 예측대로라면 우리가 1만 몇천 표를 졌어야 한다. 그런데도 그것에 대해 반성하는 언론이 하나도 없었다. …… 내가 방 사장을 만난 자리에서 《조선일보》에 항의한 것은, 왜 《조선일보》가 이명박 캠프의 고문인 최시중 씨가 대주주로 있는 한국갤

당시 박근혜 지지자들은 언론이 이명박 후보에게 불거지는 의혹들을 제대로 보도하지 않고 실체를 찾으려고 노력하지도 않는 모습을 비판했다.

하지만 정작 《조선일보》에서 40년을 일한 안병훈의 토로에서도 확연하게 정치적 편향성이 드러난다. 안병훈은 "경선 때는 이명박이나 박근혜나 똑같이" 취급할 것을 요구하며 "본선에 가서 한나라당 후보에 힘을 실어" 주면 된다고 《조선일보》에 당부했다는 걸 아무런 문제의식 없이 밝혔다. 기실 신문 대기업들은 한나라당의 집권을 '염원' 하고 있었다. 다만, 안병훈과 달리 대선후보로서 박근혜보다 이명박이 더 경쟁력 있다고 판단해 선호했을 뿐이다. 한나라당 대선후보 경선 때의 아주 짧은 시간대를 제외하면, 언론은 그 전에도 후에도 박근혜를 줄곧 부각해왔다.

여기서 한국의 여론시장을 독과점하고 있는 신문대기업 《조선일보》《동아일보》《중앙일보》와 한나라당의 '사이'를 톺아볼 필요가 있다.

한나라당의 출발은 박근혜의 입당 시기와 비슷하다. 1997년 11월, 대통령선거를 한 달 앞두고 당시 김영삼 대통령 중심으로 운영되던 신한국당을 대선후보 이회창 후보 중심으로 '신장개업' 한 정당이 한나라당이다.* 하지만 당명이 그때 바뀌었을 뿐 뿌리

럽과 여론조사를 해서 보도하느냐는 거였다. 《조선일보》 여론조사 나올 때마다 우리 캠프는 초상집이었다. 특정 캠프의 좌장과 관련 있는 여론조사 기관과 손잡고 한 것은 《조선일보》가 잘못한 거다. 그래서 항의를 했는데, 방 사장이 '알아보겠다'고 하더니 나중에는 다른 여론조사 기관하고 섞어서 하더라." 안병훈이 인터뷰에서 언급한 최시중은 이명박 정부가 들어선 뒤 방송통신위원장에 취임한다.

는 깊다. 한나라당의 전신인 신한국당의 본류는 노태우 중심의 민자당이다. 민자당은 전두환의 민정당, 민정당은 박정희의 공화당에 잇닿아 있다.

정당 이름은 대통령이 들어설 때마다 바뀌었지만 언제나 집권 세력에 들끼던 정치인들이 모인 당이 한나라당이어서, 야당이 된 상황에선 더는 응집력 없이 사라질 것이라는 분석까지 나오기도 했다. 하지만 그런 전망은 한국정치에 큰 영향을 끼치는 중요한 변수를 간과한 설부른 판단이었다.

다름 아닌 언론이다. 1997년 김대중 후보의 당선은—이회창을 지원하며 정치에 다시 나선 박근혜에게는 뼈아픈 패배였겠지만—헌정 사상 첫 평화적 정권 교체라는 정치사적 의미를 지니고 있다. 김종필과의 연합(DJP)이라는 한계를 지녔지만, 김대중 정부의 등장은 언제나 집권당의 양지에서 활동하던 정치인들에게만 위기가 아니었다. 집권 세력과 웅근 36년 동안 '밀월 관계'를 유지하며 온갖 특혜를 받아 성장해온 언론사들에게도 위기였다. 군부독재 시절부터 '제도언론'으로 불려왔던 《조선일보》《동아일보》《중앙일보》가 정치인 김대중에게 집요하리만큼 '지역감정'과 '색깔'을 덧칠해왔기에 더 그랬다. 당시 언론 개혁을 요구하는 목소리도 언론계 안팎에서 그 어느 때보다 거세게 일고 있었다.

1998년 2월 김대중 대통령이 취임하면서 한나라당과 세 신문

---

* 김영삼 대통령의 아들 김현철의 국정 개입이 불거지고 결정적으로 외환위기를 겪으면서 그 이름으로는 도저히 대선에 나서기가 어려웠던 게 당명을 바꾼 가장 큰 이유다.

이 손잡은 것은 필연이었다. 오랜 세월에 걸쳐 이해관계가 같았음은 물론, 정권 교체라는 새로운 현실 앞에서 협력 관계가 서로 절실했기 때문이다. 그 시점에 박근혜는 정계에 복귀했다.

기실 세 신문은 박근혜의 아버지 박정희로부터 큰 혜택을 받았다. 신문사 진입에 제한을 두었기에 광고를 독과점했고, 차관을 받는 특혜를 누렸으며, 세제 혜택과 더불어 세무조사로부터 성역을 보장받으며 대기업으로 성장했다. 《동아일보》는 상대적으로 비판적이었지만, 세 신문 모두 박정희의 3선 개헌과 유신체제를 적극 찬양했다. 그나마 《동아일보》에서 무소불위의 권력 감시에 나섰던 기자들은 1970년대 중반 자유언론실천운동을 펼치다 130여 명이나 해직되었다. 올곧은 기자들이 대량 해직당했지만 《동아일보》를 비롯해 세 신문사는 대기업으로 성장해갔다. 언론이 본령인 권력 감시를 견지하기는커녕 권력 운용 제도의 하나로 편입되었기에 그들을 '제도언론'으로 비판하는 담론이 언론계는 물론, 학계에서도 보편화해갔다.*

제도언론은 박정희의 갑작스런 사망에 당황할 수밖에 없었고, 같은 이유로 전두환 정권이 들어서는 과정에 결정적 기여를 했다. 6월대항쟁의 결과로 대통령 선출이 직선제로 바뀐 뒤로는

---

* 1970년대 《동아일보》 해직 기자들이 명명한 '제도언론'이라는 비판적 지칭은 1980년대 들어 '권언복합체'로, 1990년대 이후 '언론권력'으로 비판의 강도가 높아갔다. 하지만 제도적인 권력의 하나로 편입되었다는 뜻의 제도언론은 여전히 유효한 개념이다. 물론, 제도언론은 때로는 권언복합체로 때로는 언론권력의 모습으로 나타나지만 그 자체가 독자적인 권력의 실체를 지니고 있다고 보기는 어렵다.

노태우에 이어 김영삼, 이회창을 노골적으로 지지했다.

따라서 1997년 이회창의 대선 패배가 한나라당과 제도언론에게 얼마나 심각한 위기로 다가왔을지 충분히 짐작할 수 있다. 한나라당이 살아나는 과정에서 세 신문은 '믿음직한 동반자'였고, 언론 개혁이 시대적 과제라는 사회적 압력에 몰리고 있던 세 신문에게도 한나라당은 기댈 '언덕'이었다.

세 신문은 김대중-노무현 정부를 날마다 비판하며 한나라당을 적극 비호했고, 박근혜는 그 과정에서 정치적 급성장을 이룰 수 있었다. 언론사 세무조사로 신문사 사주들의 천문학적 탈세 규모가 드러나 대법원 판결까지 났는데도 그 사주들이 '건재'할 수 있었던 까닭도, 탈세라는 엄연한 불법 범죄행위를 생뚱맞게 '언론 탄압'의 문제로 몰아간 한나라당과 연대한 덕분이었다.*

박근혜가 정치적으로 성장하는 과정에서 제도언론의 '정치적 지원'은 큰 자산이었다. 박근혜를 '선거 여왕'으로 기사화하며 유

---

* 김대중 정권 임기 말에 불거진 아들들의 비리로 한나라당과 세 신문은 다시 힘을 얻기 시작했다. 2002년 봄에 12월 대선에서 이회창 정권이 들어서리라고 전망한 사람이 훨씬 많았던 것도 그 때문이다. 하지만 예상하지 못한 일이 일어났다. 세 신문의 눈치를 전혀 살피지 않고 적극적으로 언론 개혁에 대해 발언한 정치인 노무현이 집권 세력의 후보로 선출되고 노사모(노무현을사랑하는사람들의모임)가 열정적으로 나서면서 2002년 12월 19일 대선은 '살얼음 승부'로 바뀌었다. 노무현 정권 5년 내내 한나라당과 세 신문은 서로 도움을 주고받았다. 그 과정에서 신문은 철저하게 정파신문으로 선락해갔다. 신문시장을 독과점한 세 신문의 도움으로 한나라당은 마침내 2007년 12월 대선과 2008년 4월 총선을 통해 청와대와 국회를 모두 장악했다. 그 과정에서 신문시장을 독과점한 세 신문은 한나라당의 '반김대중, 반노무현'이라는 정치적 명분 아래 자신들의 경제적 이해관계를 적극 지면화해왔다. 한나라당과 세 신문의 '연대'에는 한나라당이 정치적 기반으로 삼아온 영남 지역의 지역정서가 큰 몫을 담당했다.

포한 것도 그들이었다. 하지만 조금만 따지고 보더라도 그녀에게 제도언론이 붙여준 선거 여왕 칭호는 사실과 다르다.

제도언론은 2006년 5·31지방선거 때 박근혜가 서울 신촌의 거리 유세 과정에서 얼굴에 상처를 입고 수술을 한 뒤 가장 먼저 "대전은요?"라고 물어 대전시장 선거를 걱정했고, 그 발언이 전해지면서 밀리고 있던 한나라당 후보가 역전했다는 사실, 노무현 정부 시기의 재·보궐선거에서 한나라당이 언제나 이겼다는 사실을 들어 그녀에게 '선거 여왕'의 왕관을 씌웠다.

하지만 박근혜는 대선 정국에서 정계에 복귀하며 아버지 박정희와 어머니 육영수의 이미지까지 동원해 이회창 지지를 호소했지만 실패했다. 2002년 대선도 마찬가지다. 2004년 17대 총선 또한 한나라당이 예상보다 선전했을 뿐 열린우리당의 압도적 승리였다. 박근혜는 2007년 대선을 맞아서는 한나라당 경선에서도 패배했다.

심지어 2010년 6월 지방선거에선 당내 갈등으로 오직 자신의 지역구인 대구 달성에서만 선거운동을 폈지만, 그녀가 지지했던 한나라당 후보가 패배했다. 박근혜가 달성에서 선거 유세를 할 때 그녀를 선거 여왕으로 기사화했던 언론 가운데 누구도 성찰의 자세를 보이지 않았다. 2011년 4·27재보선에서도 박근혜가 유일하게 만난 후보는 한나라당의 강원도지사후보 엄기영이었다. 엄기영은 선거 초기 민주당 최문순 후보를 20퍼센트포인트 차이로 앞서 있었기에 박근혜가 당선 가능성이 높은 후보만 만난다는 비판이 한나라당 안팎에서 나올 정도였다. 하지만 선거 결과는 '야권

단일 후보' 최문순의 역전이었다. 그럼에도 모든 신문과 방송이 이 엄연한 사실을 부각하지 않았다. 그 결과다. 지금 이 순간도 박근혜를 '선거 여왕'으로 추어올리는 신문과 방송의 보도를 어떻게 읽어야 옳은지 유권자인 국민의 진지한 성찰이 절실하다. 그녀가 지금도 선거 여왕인 현실은 전형적인 언론정치의 산물로서 한국정치에서나 가능한 일이다. 박근혜가 한국정치의 거울인 결정적 이유가 어기에 있다.

더구나 세 신문은 박근혜를 경제 성장의 상징으로 편집하면서 과연 그런 성장이 가능한가는 전혀 짚지 않은 채 '경제 살리기'를 중심 의제로 설정해갔다. 가령 1960년대의 '박정희식 경제 성장'이 21세기 한국경제에도 마치 가능한 것처럼 전제하면서, 노무현 정부가 경제를 망치고 있다고 논평했다. 그 과정에서 박근혜는 경제를 살릴 수 있는 정치인으로 표상되었다. 2008년 세계 경제가 신자유주의 금융체제로 위기를 맞았을 때도, 언론의 요철凹凸 거울은 그녀의 경제관이 지닌 문제점을 감추었다.

박근혜의 청렴 또는 서민정치 이미지도 대부분 제도언론에 힘입은 바 크다. 하지만 아무런 선입견 없이 냉철하게 판단해볼 일이다. 영남재단과 육영재단, 정수장학회는 박정희-육영수와 박근혜 가족이 과연 청렴한 사람들인가를 가늠하게 해주는 산 증거들이다. 박정희의 청렴성과 관련한 전두환 측근의 언급은 흥미롭다. 전두환은 퇴임한 뒤 박근혜가 텔레비전 방송에 나와 자신을 지목해 불만을 제기했을 때, 몹시 화를 냈다고 한다. 박정희 친인척의 비리가 드러나지 않은 것은 전두환 자신이 그 부분의 조사를 적극적으로 저지했기 때문이란다. 전두환 측근에 따르면, 집권 초기에 접수된 박정희와 그 일가에 대한 비리 신고와 진정서가 "한 트럭분은 족히 되었다"고 할 정도로 쏟아졌다. 언론에서 박정희는 청렴하다고 하는데, 만약 전두환 비리를 수사했듯이 당시 전두환이 박정희 비리를 전면 조사했다면 그 규모가 엄청났을 것이라는 주장이다. 더러는 전두환 쪽의 그 말을 어디까지 믿어야 할지 의심스러워할 수 있다. 하지만 분명한 사실은 전두환이 박정희 비리를 전혀 조사하지 않았고, 그 결과 박정희는 지금도 청렴하고 서민적인 대통령으로 꼽힌다는 점이다. 서민들은 감히 꿈도 꿀 수 없는 천문학적 자산 가치를 각각 지니고 있는 육영재단, 정수장학회, 영남대학교만 보더라도 '서민'과 '청렴'의 거울은 곧 일그러질 수밖에 없다.

원칙주의 또한 앞서 미디어법 날치기 과정과 4대강 토목 사업을 보기로 들어 분석했듯이, 또 이 책의 머리말에 소개한 보수 인사가 던진 "박근혜 가방에 든 게 무엇인지 아무도 몰라요"라는 말에서 확인할 수 있듯이, 중요한 국가적 쟁점에 대해 시계추처럼 좌우로 오가는 현실과 배치된다.

요컨대 박근혜가 정치적으로 급성장하는 데 주요 요인이었던 경제성장 정치와 서민-청렴 정치, 원칙정치는 한국의 여론시장을 독과점하며 '신문 대기업'으로 성장한 제도언론이 그들 자신의 이해관계에 따라 적극 부각한 상징에 지나지 않는다. 그들은 빙산의 일각에 지나지 않는 부분적 진실을 침소봉대해왔다. 선거 여왕 박근혜의 실상에서 우리는 한국정치가 제도언론의 요철 거울 또는 '요술 거울'에 얼마나 의존하고 있는가를 새삼 확인할 수 있다.

색깔공세

박근혜가 자신감 넘치게 주장한 경제성장 전략에서 정치가 차지하는 비중은 크다. 막연하게 정치를 언급한 것도 아니다. '정치지도자'가 중요하다고 단언한다. 그녀가 경제성장 목표를 굳이 7퍼센트라 하지 않고 5+2퍼센트로 제시한 이유에서도 드러난다. 한국경제의 잠재 성장률 5퍼센트에 더해 2퍼센트는 '지도자의 몫'이다.

박근혜는 한나라당 후보경선을 앞두고 있던 2007년 3월에 국가미래전략포럼 5주년 행사에 참석했을 때도 노무현 정부가 들어선 뒤 "혼란과 무질서"가 심하다며 "법과 질서를 제대로 지키지 않아서 매년 1퍼센트포인트의 경제 성장률을 깎아먹고 있다"고 질타했다.

우리는 여기서 박근혜가 주장한 경제성장 요인 가운데 '지도자의 몫' 2퍼센트의 절반인 1퍼센트는 법과 질서를 지키는 것임을 알 수 있다. 박근혜는 이어 자신이 지적한 '혼란과 무질서'의 구체적 실체를 밝혔다. 그녀는 "법 위에 '떼 법'이 균림하고, 산업 현장, 교육 현장에 불법 집단행동이 난무하고 있다"며 "불법 시위대에 법대로 대응했다가 경찰 총수가 옷을 벗는다면, 결코 법치가 바로 설 수 없고, 선진국 진입이 불가능"하다고 역설했다. 이 대목에서 박근혜가 세상을 바라보는 눈, 그녀의 사고방식이 또렷이 드러난다.

첫째, 박근혜가 '불법 집단행동' 또는 '떼 법'으로 지목한 실체는 '산업 현장'에서 일어나는 노사 갈등이다. 물론, 노사 관계에 대한 언급도 다른 경우와 마찬가지로 많지는 않다. 있다고 해도 원칙적인 발언이 대부분이다. 가령 "생산적이고 미래지향적이며 한국 실정에 맞는 노사문화를 마련하자"(2004년 8월)라거나 "노사가 신뢰를 갖기 위해서는 대화를 통해 문제를 해결하는 경험을 쌓아야 한다"(2006년 11월)는 발언이 그렇다.

하지만 이따금 드러난 그녀의 노사 관계에 대한 시각은 노동자들이 지닌 기본권을 배제하는 쪽으로 지나치게 기울어 있다. 2007년 한나라당 후보경선 과정에서 박근혜는 노사 갈등의 책임이 노·사·정 3자 모두에게 있다고 주장했다. 얼핏 공정하고 원칙적인 말로 다가온다. 그런데 자세히 살펴보면, 전혀 아니다. 우선 그녀는 노동조합 운동이 상급 노조가 주도하는 정치적 운동이 되었다고 비난한다. 노동자가 헌법에 보장된 권리로서 행사하는 결사의 자유나 단체행동권이 '정치적 운동'이라는 주장이다. 거기서 그치지 않는다. 사용자의 무원칙한 대응이 노사 갈등을 증폭시키고 있다거나, 정부가 노사관계 정책의 일관성을 유지하지 못했다며 책임을 묻는다. 비정규직 노동자의 집단행동에 대해서도 그녀는 법과 원칙을 강조했다. 기업을 위해서는 규제 혁파를 주장하는 그녀가 노동자에게는 '법'을 강제 행사하라고 주장한다.

물론, 박근혜는 노사 갈등이 발생한 원인을 파악하고 비정규직 보호를 위한 종합 대책을 마련해야 한다는 주장도 폈다. 그러나 비정규직 보호를 위한 종합 대책을 마련하는 과정에서도 노동자들의 참여는 배제된다. 비정규직 노동자들을 기껏해야 '보호'의 대상으로만 바라보기 때문이다. 비정규직을 옭아매고 있는 질서를 그들 스스로 주체가 되어 바꾸려는 실천은 박근혜에게 '불법 행위'이며 '경제 성장을 깎아먹는 일'이다.

거기서 그치지 않는다. 박근혜는 불법 행위를 엄단해야 한다고 부르댄다. 가령 2007년 1월, 현대자동차노동조합의 파업과 관련해 "강성노조, 귀족노조, 비리노조는 공공의 적"이라고 단언했다. 게다가 그녀는 '한국의 대처'가 되겠다며, 영국 마거릿 대처 총리가 파업을 탄압한 사례를 "벤치마킹하겠다"고 공언했다.

둘째, 박근혜가 "불법 시위대에 법대로 대응했다가 경찰 총수가 옷을 벗는다면, 결코 법치가 바로 설 수 없고, 선진국 진입이 불가능"하다고 역설한 대목을 짚어보자. 박근혜가 언급한 경찰 총수는 발언한 시점과 앞뒤 문맥을 보아 허준영 경찰청장을 이르는 게 틀림없다. 2005년 서울 여의도 농민집회에서 생존권을 요구하던 전용철과 홍덕표, 두 농민이 경찰이 휘두르는 공권력에 맞아 죽었을 때, 경찰의 과잉 진압이 살인을 불렀다는 여론에 밀려 마지못해 사퇴한 경찰청장을 두고 '법치'만 부르대는 박근혜의 생각에서 우리는 농민을 배제하는 자세를 확인할 수 있다.*

박근혜는 노동자와 농민만 배제하는 게 아니다. 2006년 3월

---

* 허준영 경찰청장은 한나라당 이명박 정권이 들어선 뒤, 철도공사 사장으로 '발탁'되었다.

시민사회단체들이 한미연합전시증원(Reception, Staging, Onward Movement and Integration of Forces: RSOI) 훈련이 벌어지던 충남 태안군 만리포 해수욕장에 들어가 훈련을 방해한 일이 일어났을 때다. 그녀는 "근거 없는 억지 주장으로 불법 시위를 벌이는 것도 문제지만, 오히려 이를 수수방관하는 정부가 더 큰 문제다"라며 정부의 '단호한 대처'를 요구했다.

당시 미국 조지 부시 정부의 모험주의적 대외 정책이 중동에 이어 자칫 한반도에서도 전쟁 위기를 불러올 수 있다고 우려한 시민사회단체들은, 해수욕장을 무대로 한 '상륙 작전'은 '명백한 침략 훈련'이라며 저지에 나섰다. 박근혜는 이 사안을 두고 "정부는 이번 사건에 대해 마치 없었던 일인 양 대충 넘어가 문제를 키울 게 아니라 근본적으로 이를 해결할 대책을 마련해야 한다"고 촉구했다.

과연 무엇이 '근본적 해결'일까? 발언의 문맥을 보면 그녀가 말하는 근본적 해결은 엄벌이고 '일망타진'이다. 설령 미군의 훈련을 방해한 시민사회단체에 동의하지 않더라도 정부로서는 얼마든지 그런 움직임을 활용해, 미국을 상대로 하는 여러 협상에서 대등한 관계를 만들어갈 수 있다. 하지만 박근혜에게 그런 정치적 도량은 찾을 수 없다.

자신과 생각이 다른 사람들을 "근본적으로" 배제하면서 그것을 "법대로"라고 주장하는 모습은 비단 박근혜의 몫만은 아니다. 한국정치에서 오랜 세월 내려온 '전통'이다. 아버지 박정희가 확고하게 세워놓은 그 배제의 전통에서 박근혜는 전혀 자유롭지 못하다. 자신의 생각과 다른 견해를 배제하고 법을 강조하는 그녀의 정체성은 '인혁당 오심 사건'을 통해 뚜렷하게 거울에 나타난다.

'인혁당재건위' 사건은 유신체제에 저항하는 학생운동을 뿌리 뽑겠다는 의도로 그녀의 아버지 박정희가 민주화운동에 나선 8명을 처형한 야만적 참극이다. 1974년 4월, 중앙정보부는 학생운동을 주도하던 민청학련(전국민주청년학생연맹)의 배후에 인혁당재건위(인민혁명당재건위원회)가 있다며 대대적 검거에 나서 23명을 구속했다. 그들은 1960년대에 자신들이 '일망타진'한 인민혁명당을 재건하려는 '불순 조직'이 대학생들을 배후에서 선동하고 조종했다고 발표했다. 박정희 정권의 '시녀'에 지나지 않았던 사법부는 도예종·여정남·김용원·이수병·하재완·서도원·송상진·우홍선, 8명에게 사형을 선고했다. 나머지 15명에게도 무기징역에서 징역 15년까지 중형을 때렸다.

대법원에서 사형 선고를 확정받은 8명은 바로 다음날인 1975년 4월 9일 전격적으로 처형당했다. 그것은 대통령 박정희의 지시가 아니고는 이루어질 수 없는 일이다. 당시 국제법학자협회는 민주화운동에 나선 8명이 사형당한 1975년 4월 9일을 '사법사상 암흑의 날'로 선포했다.*

그로부터 27년 뒤인 2002년 9월에 대통령 직속 기관인 의문사진상규명위원회는 인혁당재건위 사건을 고문에 의한 조작으로

---

* 물론, 박정희 정권의 야수적 탄압도 학생운동과 민주화운동을 막지는 못했다. 민주화운동은 줄기차게 벌어졌다.

발표했다. 같은 해 12월에 인혁당재건위 사건의 유족들은 서울중앙지법에 재심을 청구했다.

바로 그래서다. 의문사진상규명위의 발표 때부터 정치인 박근혜는 사과를 요구받았다. 한나라당의 몇몇 의원들조차 박근혜에게 아버지인 박정희 전 대통령의 '유신 독재'에 대한 태도를 정리해야 한다고 요구했다. 하지만 박근혜는 "그동안 인혁당 등 여러 가지 문제들은 법적으로 전부 결론이 난 사안들"이라고 완강한 태도를 보였다.

그 뒤 중앙정보부가 이름을 바꾼 국가정보원까지 '과거사건 진실규명을 통한 발전위원회'(진실위)를 통해 인혁당·민청학련 사건이 박정희 정권에 의해 조작·과장되었다고 발표했을 때다. 박근혜는 여전히 고집을 피웠다. "한마디로 가치가 없는 것이며 모함"이라고 불쾌감을 표했다. 박근혜는 김형욱 전 중앙정보부장의 실종 사건에 대해서도, 진실위가 처음에는 아버지가 구체적으로 개입한 증거가 없다고 했다가 나중에 다시 아버지가 살해를 지시한 것으로 둔갑시켰다며 인혁당 문제도 마찬가지라고 날을 세웠다. 흥미롭게도 당시 서울시장이던 이명박은 인혁당 사건에 재심 결정이 내려지자 "재판 결과에 따라 정치권과 사법부, 정부의 정보 관계 기관 등 반성해야 할 곳이 많을 것"이라며 "결과가 나오면 한 단계 역사를 되돌아보면서도 미래에 큰 참고가 될 것"이라고 말했다. 물론, 한나라당 대선후보 경선을 염두에 두고 박근혜를 의식한 발언이라고 볼 수 있다. 하지만 적어도 상식을 갖춘 사람이라면 반성을 촉구하는 게 당연한 상황이었다.

2007년 1월 23일, 마침내 사법부가 잘못을 인정하고 사형당한 8명에게 뒤늦게 무죄를 선고했을 때, 한나라당 대변인조차 "이제라도 진실이 밝혀진 것이 큰 다행"이라며 "이 사건으로 고인이 된 분들의 명복을 빌고 유족들에게 위로의 말씀을 드린다. 다시는 이런 일이 되풀이되어서는 안 될 것"이라고 공식 논평했다. 하지만 놀랍게도 박근혜는 침묵으로 일관했다.

같은 당의 이재오 최고위원이 사죄 필요성을 언급했을 때도 박근혜의 측근은 "박 전 대표가 당시 재판부도 아니지 않으냐"면서 "솔직히 직접적인 상관도 없는 일에 박 전 대표를 끌어들이는 것은 네거티브 아니냐"고 불쾌감을 드러냈다.

물론, 박근혜는 당시 박정희의 야수적 탄압에 개입하지는 않았을 터다. 그렇기에 딸에게 아버지가 저지른 잘못의 책임을 묻는 것은 '연좌제'라고 주장할 수도 있다. 하지만 박근혜는 평범한 시민이 아니라 아버지의 유산을 등에 업고서 대통령을 하겠다고 나선 '정치지도자'이기에, 더구나 참극이 일어난 당시 '퍼스트레이디'로 청와대에서 정치적 활동을 하고 있었기에 그녀에게 사과를 요구하는 여론은 정당하다. 실제로 인혁당 사건으로 마른하늘 날벼락처럼 순식간에 남편을 잃은 한 유족은 박근혜가 "자신에 대한 모함"이라고 한 대목과 관련해 "어떻게 그런 말을 할 수 있느냐"면서 "당연히 사과해야 한다"고 울분을 토했다.*

그 시점에 박근혜를 도와주던 한 대학교수는 충심으로 '박근

---

* 손병관, 〈법적으로 결론 났다고? 박근혜 사과해야〉, 《오마이뉴스》 2007년 1월 23일.

혜 대통령'을 만들고 싶어 그녀에게 "대통령이 되려면 사과하고 유족을 찾아가 부둥켜안고 울어라"라고 고언을 했다. 그 교수는 그 말이 떨어지자마자 박근혜의 얼굴색이 싸늘하게 바뀌며 "법대로 한 것 아니었나요?"라고 일축했었다고 털어놓았다.

박근혜가 자신에게 빗발쳐 오는 사과 요구를 "나에 대한 정치공세"라며 "법에 따라 한 것"이라고 공개적으로 발언하자 한나라당 내부에서도 그녀를 비판하는 목소리가 줄지어 나왔다. 한나라당 윤리위원장 인명진은 라디오 시사 프로그램에 출연해 "정치공세라 하더라도 박 전 대표는 앞으로 대통령이 되시려는 분이니, 자신의 마음을 국민에게 말하고 이해를 받아야 한다"고 말했다.*

하지만 그 시점에 미국을 방문하고 있던 박근혜는 "내가 사과하고 말고 할 문제가 아니라 역사가 평가할 것"이라며 사과 요구를 거부했다. 심지어 그녀는 "친북좌파의 탈을 쓴 사람들은 잘못이 있다"며 "울진-삼척 무장공비 사건 때도 민간인들이 죽고 군경이 희생되었지만 친북좌파들은 이에 대해 사과한 적이 없다. (나에게 사과하라는 등) 그렇게 말하기에 앞서 서해교전, 1·21사태,

---

* 인 위원장은 "박 전 대표 입장에서는 왜 하필이면 자기가 대통령후보로 나오는 이런 때 이런 일이 나오느냐 충분히 그렇게 생각할 수 있지만, 싫으나 좋으나 피할 수 없는 자기가 짊어지고 가야 할 과제"라고 지적했다. 한편 열린우리당 김근태 의장은 기자간담회를 통해 "박 전 대표가 참 잘못하고 있다고 생각한다. 그것이 어떻게 본인에 대한 정치적 공격인가"라고 물었다. "한나라당의 전 대표이고 경선 주자 중 한 분인 정치지도자가 이 정도의 역사 인식을 가지고 있다면 이는 국민과 역사에 대한 부담이고 모욕이 될 것"이라고도 했다. 민주노동당 박용진 대변인은 "박 전 대표가 (부친인) 박정희 정권의 공은 자산이고, 과는 자신에 대한 정치공세로 치부하는 것은 잘못된 태도"라며 "무릎 꿇어 사죄부터 해야 올바르다"고 말했다.

울진-삼척 무장공비 사건의 피해가족에 대한 사과가 있어야 한다"고 색깔공세를 펼쳤다.

박근혜가 '친북좌파의 사과'를 거론했을 때, 많은 사람들은 아연했다. 그때의 심경을 당시 여성 정치인으로 민주노동당의 대선후보 경선에 나선 심상정은 인터넷신문《레디앙》에 기고한 글에서 다음과 같이 밝혔다.

독재자의 전횡과 가혹한 통치 속에 수많은 아버지가 쓰러지거나 사라졌다. 그 아버지의 딸들은 수십 년 동안 아버지의 이름조차 제대로 부르지 못했다. 가슴속에 고통과 한을 켜켜이 쌓아두었다. …… 나 역시 한 사람의 국민으로서, 또 한 사람의 딸로서 박 전 대표의 대답을 기다렸다. 박 전 대표의 침묵이 천륜과 정의 사이에서 고민한 흔적으로 남기를 바랐다. 그러나 박근혜 대표는 '친북좌파는 사과한 적이 있느냐'며 역사와 민중을 모독했다. 그리고 역사에게 맡기자는 말도 했다. 비겁하고 잔인하다. 나는 잠시 '박근혜의 나라'를 생각하고 전율했다. …… 이 땅에 아버지와 딸이 박정희 전 대통령과 박 전 대표만 있는 것이 아니다. 유신 독재에 희생된 수많은 아버지가 있고 또 지금 그 고통을 고스란히 안고 있는 딸과 아들이 있다. 박 전 대표는 이들에게 마땅히 사죄했어야 하나 오히려 이를 내치고, 증오의 말로 또 한 번 상처를 남겼다. 이제 국민과 역사는 잔인하고 야박한 독재자 부녀를 기억하게 되었다.

하지만 박근혜는 불통이었다. 그로부터 넉 달 뒤 한나라당 대선 경선이 한창 벌어지던 2007년 6월 19일, 인혁당 오심 사건과 관련해 같은 당 경선 후보인 원희룡이 "희생자 가족 등이 만남을 요청하면 응할 의향이 있나"라고 질문하자, "제가 진심으로 사과 드리는 것은 민주화를 위해 순수하게 헌신한 분들인데 또 한 부류의 세력이 있고 이들은 친북의 탈을 쓰고 나라의 전복을 기도한 사람"이라며 "이는 분명 잘못된 것 아닌가. 이것이 혼동되면 진심으로 민주화를 위해 헌신한 사람들에 대한 모욕"이라고 잘라 말했다. 이어 "법원에서 정반대의 두 가지 판결을 내렸고 그렇다면 뭐가 진실인가. 역사적 진실은 한 가지밖에 없다. 앞으로 역사가 밝혀주기를 바란다"고 주장했다.

인혁당 사건을 여기서 꼼꼼하게 다룬 이유는 박근혜가 노동자와 농민뿐만 아니라 유신 독재에 맞서 벌인 민주화운동까지 배제하는 완고한 수구 정치인의 정체를 드러내주고 있기 때문이다. 물론, 박근혜의 말처럼 "법원에서 정반대의 두 가지 판결"을 내린 것도 사실이다. 하지만 하나는 총통으로 불릴 만큼 절대적이었던 권력 치하에서 권력의 시녀였던 사법부가 내린 판결이고, 하나는 의문사진상규명위나 국정원 자체 조사를 거친 뒤 자유로운 조건에서 법원이 자신의 잘못을 인정한 판결이다. 두 판결 가운데 어떤 것을 신뢰해야 옳은가는 자명하다. 더구나 '친북좌파 세력'의 사과를 요구하거나 "친북의 탈을 쓰고 나라의 전복을 기도한 사람"을 들먹이는 모습은 전형적인 낡은 색깔공세다.

심지어 박근혜는 2006년 신년 기자회견에서 한나라당이 사학법 개정에 반대하는 이유까지 '색깔'로 설명했다.

"모든 민생 법안을 다 제쳐두고, 국회 문을 걸어 잠그고 사학 법을 날치기까지 한 이유가 무엇입니까? 이번에 날치기한 사학법은 전교조가 10년 전부터 주장해온 법입니다. 이 법의 독소 조항인 개방형 이사제, 임시 이사제, 교사의 노동운동 허용 같은 것들은 모두 전교조의 숙원 사업이었습니다. 전교조가 사학의 경영에 간섭하고, 갈등을 일으켜 이사회를 장악하고 학교를 접수하는 길을 터준 것입니다. 국민 여러분께서도 전교조가 어떤 단체인지 잘 알고 계실 것입니다. 대한민국 역사를 부끄럽게 생각하게 하고, 철 지난 이념 교육을 하고 있습니다."

사립학교의 개방형 이사제와 같은 민주적 제도에 대해서도 격하게 색깔공세를 펴는 박근혜의 모습은 고루하다고 평가할 수밖에 없다. 심지어 박근혜는 친일세력 청산에 대해서도 어김없이 색깔공세를 폈다.*

그래서일까. 한때는 친박근혜 진영의 '좌장'으로 불렸던 김무성 한나라당 원내대표는 작심을 한 듯이 박근혜가 "민주주의 개념과 유연성이 부족하다"고 비판했다. 김무성은 2010년 8월 3일 《세계일보》와 한 인터뷰에서 박근혜만 아니라 그녀의 측근들까지 비판했다. "이걸 고쳐야 한다고 나는 충정으로 말했는데, 박 전 대표를 군주처럼 모시려는 못난 사람들은 '주군한테 건방지게……' 라는 식의 반응"을 보인다며 그들 또한 "민주주의 개념이 없는 사

---

* 박근혜가 친일세력 청산을 색깔공세까지 펴며 반대하는 배경에는, 이 책 2부에서 살펴 보겠지만 아버지 박정희의 명백한 친일 경력이 깔려 있다.

람들"이라고 주장했다.*

김무성은 "(민주주의 개념과 유연성 부족이라는) 결정적 문제를 고쳐서 박 전 대표를 훌륭한 대통령으로 만들어야겠다는 의욕이 이제 거의 소진해버렸다"고 토로했다.

물론, 박근혜만 그런 게 아니다. 한국정치에서 색깔공세는 언제나 상수였다. 상대를 빨갛게 덧칠하여 정치적, 사회적으로 배제하거나 아예 목숨까지 빼앗아온 게 대한민국의 정치사였다. 박근혜는 그 정치사의 연장선에 한 치의 흐트러짐도 없이 서 있고 또 그렇게 활동해왔다.

무릇 색깔공세는 양심의 자유와 표현의 자유에 근거한 민주주의를 원천적으로 부정하는 반민주적 행태다. 색깔공세를 감시해야 할 언론들이 되레 색깔공세를 부추겨온 것은 '배제정치'라는 한국정치의 특성이 제도언론의 특성과 맞물려 있다는 사실을 드러내준다. 제도언론 정치와 색깔배제 정치라는 한국정치의 두 상징이 맹위를 떨치고 있는 밑바닥에는 또 다른 상징인 '지역감정 정치'가 똬리 틀고 있다.

---

* 박근혜를 둘러싼 '주군' 분위기의 문제점은 거슬러 올라가 20대 퍼스트레이디 시절에서도 찾을 수 있다. 월간 《신동아》(2005년 12월호)에 따르면 김재규는 최태민 목사와 관련된 구국여성봉사단의 비리 외에도 박근혜에게 불만이 많았다. 박근혜가 지방 행사에 참석하면 할머니들이 전부 무릎을 꿇고 절을 했는데 주위 사람들이 그걸 말리기는커녕 오히려 부추겼다고 한다. 김재규는 "아무리 대통령 딸이라도 그렇지, 국모는 아니지 않은가. 국민이 땅바닥에 엎드려 절을 한다는 게 말이나 되는 일이냐"고 분개했다.

지역감정

2010년 8월 24일 부산 사직야구장. 순위 다툼이 한창인 롯데 자이언츠와 기아 타이거즈가 경기를 벌이고 있었다. 9회 말 자이언츠가 5대7로 지고 있는 상황에서 공격에 나선 타자가 타이거즈의 마무리 투수가 던진 공에 머리를 맞아 쓰러졌다.

롯데 팬들은 야유를 보내고 오물을 던졌다. 경기를 마친 뒤 버스를 타러 가던 타이거즈 선수들과 롯데 팬들 사이에 충돌이 일어나 선수가 다쳤다. 인터넷에선 빈볼이냐 실투냐를 놓고 일주일 넘게 논쟁이 벌어졌다.

"홍어들은 구제 불능이다~"

"고담대구는 조용히 해라!"

여기서 '홍어'는 지역 특산물에 빗대 전라도 사람들을 경멸하는 말이고, '고담대구'는 영화 〈배트맨〉에 등장하는 범죄도시 '고담 시'에 비유해 대구에 사는 사람들을 비하하는 말이다. 심지어 '홍어녀'를 주인공으로 한 만화까지 인터넷에서 급속도로 퍼졌다. 중학생인 '홍어녀'가 같은 반의 부산·대구 출신 학우들을 적대시하며 김대중을 숭배하고 친구를 속이는 '배신자'로 나온다. 심지어 5·18민주화운동을 놓고 "폭도들을 탱크로 쓸어버렸어야 했다"는 막말까지 쏟아졌다.

대한민국에 지역감정이 얼마나 예민한 문제인가를 상징적으로 드러낸 일화다. 야구와 만화를 즐겨 보는 젊은이들 사이에 오간 그 공방은 지역감정이 다음 세대로 끈질기게 전수되고 있음을 입증해주었다.

문제는 망국적인 지역감정이 다름 아닌 정치와 제도언론에 의해 구조화되었다는 데 있다. 한국정치의 특성으로 살펴본 제도언론 정치와 색깔 배제 정치의 무모함도 지역감정에 기반을 둔 정치구조가 버팀목 구실을 하고 있기에 가능했다.

《조선일보》《동아일보》《중앙일보》가 지역감정을 왜 조장하는지는 김대중 정부 시절에 일어난 한 사건이 여실하게 보여준다.

"대구 부산엔 추석이 없다."

옹근 37년 동안 영남 출신이 독점해온 대통령 자리*에 호남 출신이 처음 앉은 김대중 대통령 시절이었다. 《동아일보》 1면 머리(2000년 9월 9일자)로 오른 기사다. '부도 직격탄 피해지역 현지 르포'를 부제로 한 이 기사는 신발업체와 건설업체들의 부도로 대구와 부산 경제가 어렵다는 게 핵심이다. 그런데 기사에 덧붙인 '전국 도별 부도율 표'를 보면 기사와 전혀 다른 사실이 드러난다. 정작 광주 지역 부도율이 가장 높게 나타나 있기 때문이다. "대구 부산엔 추석이 없다"는 기사가 사실 관계를 호도한 기사임을 스스로 입증한 셈이다. 그 기사가 나간 뒤 《동아일보》 내부에서도 "대단히 편파적인 기사"라는 평기자들의 불만이 터져 나왔다.

그렇다면 왜 그랬을까? 《동아일보》는 사실이 아닌 기사를 왜

---

* 엄밀하게 말하면 박정희와 전두환 사이에 최규하가 있다. 하지만 그의 임기는 여덟 달에 그쳤고, 그마저도 실권이 없는 대통령이었다. 박정희-전두환-노태우-김영삼으로 이어온 영남 출신 대통령의 임기 37년은 일제강점기 35년보다 길다.

1면 머리로 시내판까지 고수했을까. 언론비평지《미디어오늘》은 당시 김병관 회장이 추석을 앞두고 고위 간부들에게 보낸 편지에서 영남 지역에 '신경'을 쓰라는 지시를 내렸다고 보도했다.《동아일보》의 한 고위 간부는《동아일보》《조선일보》《중앙일보》가 "영남 시장 확보를 위해 DJ 비판 기사를 브레이크 없이 경쟁적으로 과장·확대·왜곡해서 써왔다"고 토로했다.

언론이 영남 지역의 독자를 확보하려는 의도로 사실까지 왜곡하며 김대중 정부를 비판했다는 고위 간부의 '실토'는 한국 민주주의의 내일을 위해서라도 그냥 넘어갈 사안이 결코 아니다. 언론이 서로 경쟁하듯 영남 독자를 확보하려고 애쓰는 이유는 너무 단순하여 차라리 믿어지지 않는다. 영남 지역 인구가 호남 지역 인구를 압도하고 있기 때문이다. 2011년 현재 영남에 사는 인구는 1270만 명, 호남은 490만 명이다. 인구에서 2.5배 차이가 난다. 유권자 수도 마찬가지다. 2010년 6월 지방선거를 앞두고 나온 자료를 보면 영남의 유권자는 1000만 명이고 호남은 390만 명이다. 영남의 인구와 유권자는 호남 인구에 충청 인구를 합친 수보다도 훨씬 많다.

신문 독자를 확보해야 할 언론사와 대통령을 꿈꾸는 정치인들이 영남 지역의 인구를 고려하지 않을 수 없는 이유가 여기 있다. 영남의 많은 인구는 그곳 출신 정치인들은 물론, 독자를 확보해야 할 언론사로 하여금 '지역감정 조장'의 유혹에 빠지게 했다.

실제로 대선과 총선에서 특정 지역에 기반을 둔 투표 성향이 또렷하게 나타난 것은 어제 오늘의 일이 아니다. 한국정치를 '대표'하는 정당인 한나라당과 민주당이 각각 영남과 호남에 뿌리를 두고 있고, 선거 때마다 그것이 투표 결과로 입증되면서 많은 사람들이 지역정당 현상에 익숙해져 있다. 지역정치를 '숙명'처럼 받아들이며 도저히 해결할 수 없는 문제라고 체념하거나, 심지어는 지역정치의 현실을 고려하지 않은 채 한국정치를 바라보는 시각은 비현실적일뿐더러 그릇되었다고 단정하는 전문가들이 적지 않다. 더러는 '지역감정'이 신라와 백제 시대로 거슬러 올라간다고 주장하고, 더러는 영남공화국, 호남공화국을 독립시켜 연방제를 만들자고 사뭇 진지하게 제안하기도 한다.

기실 영남 유권자 수가 호남 유권자 수보다 2.5배에 이르는 현상은 결코 허투루 볼 문제가 아니다. 박근혜가 차기 대통령으로 유력한 가장 큰 이유는 그가 한나라당 소속으로 영남 지역에 정치적 기반을 두고 있어서라는 간명한 분석을 아예 무시할 만큼 용기 있는 사람은 없다.

물론, 김대중과 노무현이 대통령에 당선된 사실을 들어 지역정치의 문제를 과대평가하지 말라는 반론도 얼마든지 가능하다. 하지만 좀 더 살펴보면 이 또한 얼마든지 '지역정치'로 설명이 가능하다. 김대중의 당선은 DJP연합으로 호남과 충청도 표를 묶었고, 이인제가 이회창으로 쏠릴 '영남 표'를 잠식했기 때문이라는 분석이 있다. 선거 당시 김영삼 대통령이 이회창보다 이인제를 지지했다는 설명도 그 분석을 뒷받침한다. 노무현 또한 영남 출신의 후보였기 때문에 부산-경남에서 적잖은 표를 얻어 당선이 가능했다고 풀이한다. 결국 김대중-노무현의 당선도 지역정치의 틀로 설명하는 논리는 앞으로도 영남은 대선과 총선에서 결정적 영향을 끼칠 수밖에 없다는 숙명론으로 이어질 수밖에 없다.

하지만 모든 사회 현상에 고정불변의 질서는 없다. 다만 얼마나 시간이 걸리느냐의 문제일 뿐, 언제나 변화해왔고, 지금도, 앞으로도 마찬가지다. 지역정치도 그것이 오늘처럼 기승을 부리는 데엔 원인이 있다.

역대 선거를 되짚어보면 투표에서 지역감정이 결정적 변수가 아니었다는 사실이 객관적 수치로 드러난다. 가장 대표적 보기가 1963년에 치른 대한민국 제5대 대통령선거다. 당시 5·16쿠데타를 주도한 세력은 권력을 장악했지만 아직 선거를 통해 합법성을 갖추지 못한 상황이었다. 여론의 압박을 받던 그들은 쿠데타를 일으킨 지 만 2년이 지나 1963년 7월이 되어서야 민정에 권력을 넘기겠다고 사뭇 생색을 내 발표하면서 그해 10월 대통령선거를 치르고 자신들도 선거에 참여하겠다고 선언했다.

선거 결과 박정희는 총득표 470만 2642표, 42.6퍼센트의 득표율로 당선되었다. 박정희와 맞선 윤보선은 454만 6614표, 41.2퍼센트의 득표율을 기록했다. 두 후보의 표차는 겨우 15만여 표로 1.4퍼센트 차이의 살얼음 승부였다. 지금의 잣대로 미루어본다면 박정희는 영남에서, 윤보선은 호남에서 압도적 득표를 했으리라는 선입견을 갖기 쉽다. 하지만 전혀 아니다. 1963년 대통령선거에서 박정희는 영남은 물론, 호남에서 크게 앞섰다. 윤보선은 서울, 경기, 강원, 충청에서 모두 박정희를 이겼다. 특히 서울과 경기에서 윤보선이 얻은 표는 박정희가 얻은 표의 2배 남짓이었다.

영남과 호남은 지역을 떠나 박정희를 지지했다. 그렇다면 그 원인은 무엇일까?

주목할 것은 선거 과정에서 뜨겁게 달아오른 사상 논쟁이다. 1963년 9월 23일, 박정희는 라디오 연설을 통해 "(이번 대선은) 민족적 이념을 망각한 가식의 자유민주주의 사상과 강력한 민족적 이념을 바탕으로 한 자유민주주의 사상의 대결"이라고 주장했다. 윤보선은 마치 기다렸다는 듯이 다음날 전주 지역 유세에서 "다른 것은 몰라도 사상적으로 나를 몰아대는 데는 도저히 견딜 수 없다"며 다음과 같이 연설했다.

"이번 선거는 민주주의와 이질적 민주주의의 대결이다. 누가 민족주의자이며 누가 비민족주의자라는 것과 누가 민주주의 신봉자며 누가 아니라는 것은 각자의 역사를 캐보면 안다."*

캐보면 안다는 말로 국민의 호기심을 한껏 자극한 뒤 사상공세가 이어졌다. 전주 유세가 있던 다음날 〈박정희 씨에게 묻는다〉 제하의 유인물이 누군가에 의해 대량 살포되었다. 유인물은 '간첩' 황태성과 박정희가 어떤 관계인가를 따져 물었다.** 이어 야

---

* 《동아일보》 1963년 9월 24일자 1면.
** 황태성은 일제강점기에 독립운동으로 옥고를 치른 인물로 해방 공간에서 월북해 조선민주주의인민공화국 외무성 부상까지 지냈지만 1961년 8월 30일 남쪽으로 내려왔다. 5·16쿠데타로 집권한 박정희가 어렸을 때부터 그를 따랐기에, 북쪽의 대표로 남북통일 협상을 하기 위해서였다. 하지만 1961년 12월 20일 체포되었다. 그가 가지고 온 20만 달러가 공화당의 창당 자금으로 쓰였다는 분석도 나온다. 대선에서 사상 논쟁이 벌어지고 미국도 그것에 관심을 보이자, 대통령에 당선된 박정희는 선거 직후인 1963년 12월 14일 황태성을 총살한다. 자신이 존경했던 사람을 보란 듯이 총살한 박정희는 미국과 북에 자신이 확고한 반공주의와 친미주의자라는 명확한 신호를 보낸 셈이다.

권의 다른 유력 후보인 허정이 특별 기자회견을 자청하고 "공화
당의 특수 교육은 민주 사회에서는 흔히 볼 수 없는 것이며 조직
수법도 민주 정당의 상례에 없는 것이다. 이 문제와 관련하여 간
첩 황모 사건을 석연히 밝히기를 요구한다"라며 윤보선의 색깔공
세에 가세했다. 허정은 기자회견 바로 다음날 청주 유세에서 다시
황태성과 박정희의 관계를 추궁했다.

윤보선을 후보로 낸 민정당은 10월 4일에 신문 광고를 내며 적
극적으로 사상공세를 폈다. 신문 광고문은 "박정희 장군은 제1군
참모장을 역임했으나, 그 기간 동안 남로당의 군사부장을 지냈고
여순반란 사건을 계획하여 군사재판에서 사형 언도를 받았다. 그
의 친구인 소장 장교들의 감형 운동이 주효하여 군에 복귀할 수 있
었으나 이때 그의 자백과 증언으로 수천 명의 공산당원들이 처형
되었다는 설이 있다"며 그것이 진실인지 여부를 공개 질의했다.

광고가 나온 다음날 서울 남산 유세에 나선 윤보선은 "박 의
장의 사상을 크게 의심하지 않을 수 없다"고 주장하며 "공산당이
말하는 민족적 민주주의라는 것과 박정희 씨의 소위 강력한 민족
주의를 바탕으로 한 민주주의와는 무엇이 다른가?"라고 물었다.*

윤보선과 허정의 '색깔공세'에 침묵해오던 박정희는 10월 5일

---

* 남산 유세에서 윤보선은 박정희의 사상을 의심하며 "그는 이집트의 나세트를 찬양했고
히틀러도 좋은 사람이라고 했다. 다음에 나올 박정희의 책에는 필연코 레닌, 스탈린, 모
택동도 훌륭한 사람이라고 찬양할 것을 우리는 예견하지 않을 수 없다"고 주장했다. 결
과로 보아 윤보선의 '예견'은 틀렸다. 박정희는 윤보선 못지않게 반공정치로 색깔을 배
제하는 데 앞장섰다. 다만 박정희가 히틀러를 좋은 사람이라고 했다는 윤보선의 비판은
그 뒤 유신체제에서 총통으로 불렸던 박정희를 떠올리며 음미해볼 대목이다.

신문 광고를 통해 "야당의 행동은 매카시적 수법"이라며 정면 승부로 나섰다.

> 첫째, 지금 3권을 쥐고 있는 최고회의 의장을 빨갱이로 모는 구정치인들이 정권을 잡는다면 앞으로 우리나라에는 그들에게 밉게 보이는 사람은 누구를 막론하고 빨갱이로 몰리는 무서운 분위기가 조성될 것이다. 둘째, 만일 박정희가 공산주의자라면 군정 치하 2년여 서릿발 같은 권세를 갖고 왜 김일성과 야합하지 않았겠는가? 셋째, 싸우다 힘이 부족하면 빨갱이라는 모략을 하는 것이 바로 야당이다. 과거에 한민당이 이 따위 수법을 썼는데 오늘도 야당은 이와 똑같은 수법을 쓰고 있다. 과거와 양상이 다르다면 과거는 여당이 야당을 잡았는데 지금은 야당이 여당을 잡으려 하고 있다.

박정희 후보의 항변은 윤보선과 견주어 과연 누가 진보인지조차 판단이 서지 않을 정도다. 윤보선과 민정당은 대선 투표일 이틀을 남겨둔 10월 13일 자신들이 전개한 사상 논쟁의 근거로 '여수순천반란사건 조사자료'를 전격 공개했다. 자료에 따르면 박정희는 1949년 2월 13일 군법회의에서 무기징역을 선고받았다. 공화당은 곧장 "악랄한 인신공격"으로 반박하고 "공화당에 해명의 시간적 여유를 주지 않음으로써 국민의 이목을 현혹시키려는 것"이라고 주장했다.*

---

* 《동아일보》 1963년 10월 13일(석간) 1면.

선거 결과는 우리가 다 알고 있듯이 박정희의 승리였다. 여기서 문제의 핵심은 박정희의 색깔을 물었던 논쟁이 거꾸로 박정희에게 유리하게 작용했다는 사실이다. 당시 여론 형성력이 컸던 《사상계》는 대선 직후 발간한 11월호에서 10월 15일의 대선은 "정권을 쥐고 있는 자가 (빨갱이로 몰려) 약자로 보이고 야당이 강자로 비치는 이상하기 짝이 없는 선거"였다고 분석한 뒤 "공산당 아닌 지를 공산당으로 모는 것처럼 비열하고 악랄한 인간은 없다고 생각하는" 사람들에게 "여당의 입으로 '한민당적 수법'(이라는 말)이 튀어나왔을 땐, 그것이 정말 실감을 갖고 유권자에게 전달되었"다고 진단했다. 야당 내부에서도 "(박정희 지지도가 높은) 대구와 부산에는 빨갱이가 많다"고 주장한 연설로 20~30만 표가 날아갔다며 15만 표 차이의 패배를 아쉬워했다.

대통령선거 때 중앙정보부장으로 권력을 휘둘렀던 김형욱은 회고록에서 "(사상 논쟁을 거치면서) 오히려 좌익 세력의 분포가 많다고 분석되는 지역에서 박정희 후보에 대한 지지가 '깜짝 놀랄 만큼' 상승"했으며 결국 "박정희의 당선은 그 좌익표의 지지 때문"이라고 분석했다.

1963년 대통령선거는 '지역정치'가 그 후에 구조화된 현상임을, 대한민국의 유권자들이 정치인의 사상을 얼마나 중시했는가를 입증해준다. 바로 그렇기에 그 사실은 앞으로 한국정치가 얼마든지 지역정치의 굴레를 벗어날 수 있다는 희망의 근거도 된다.

지역정치가 구조화하기 시작한 계기는 1971년 대통령 선거다. 박정희는 호남 출신인 김대중 후보와 대결하면서 지역감정을 적극 부추겼다. 실제로 이 선거에서 박정희와 김대중은 각각 영남 표와 호남 표를 많이 얻었다.

당시 박정희 후보 쪽은 적극적이고 노골적으로 영남 지역이 뭉쳐야 한다고 주장했다. 지역 대결로 몰아갈 때 자신들이 훨씬 유리하다는 판단이 섰던 것은 두말할 나위가 없다. 망국적인 지역 정치의 출발점으로 대다수 전문가들이 1971년 대선을 꼽는 이유가 여기 있다. 그 점에서 당시 현직 대통령이던 박정희의 책임이 가장 크다.

하지만 그렇다고 해서 지역감정이 한국정치에 구조화된 모든 책임을 박정희에게 돌리는 것은 사실과 다르고 옳지도 않다. 박정희의 경쟁자였던 김대중의 책임도 분명히 있기 때문이다. 1971년 대선에서 김대중 또한 호남의 단결을 요구했던 사실을 두고 하는 말이 아니다. 기실 김대중 후보 쪽이 그 선거에서 호남 표의 결집을 호소했던 데에는 방어적인 이유가 컸다. 물론, 좋은 선거 전략은 아니었다. 앞서도 말했지만, 지역별 유권자 구성비를 보면 호남 지역 정치인이 지역 정서를 강조하며 단결을 호소하는 게 오히려 손해일 수밖에 없기 때문이다.

1971년 선거 못지않게 지역정치가 구조화한 결정적 전환점은 그로부터 16년 만에 다시 대통령 직선제로 치러진 1987년 대선이다. 김대중은 김영삼이 주도하는 신민당에 합류하지 않고 독자적 출마를 결정했다. 결국 후보 단일화 요구를 외면하고 김영삼과 김대중이 모두 선거에 나오면서, 그 전까지 신민당(민주당의 전신) 내부에서 공존하던 상도동계(김영삼 진영)와 동교동계(김대중 진영)는 결별했고, 그에 따라 투표의 지역화 현상은 또렷하게 나타났다.

여기에는 이른바 '4자 필승론'을 내걸었던 김대중 후보의 책임이 크다. 대구-경북은 노태우, 부산-경남은 김영삼, 충청도는 김종필로 나뉘어 투표할 경우 광주-전남-전북의 지지를 받는 김대중이 대통령에 당선될 수 있다는 4자 필승론 자체가 지역적 틀로 한국정치판을 바라본 대표적 보기였다. 하지만 김대중이 당선자 노태우는 물론, 김영삼보다 적은 표를 얻음으로써 4자 필승론은 현실과 동떨어진 분석임이 입증되었다.

대선에 이은 1988년 4월 총선에서 김대중과 평민당은 김영삼과 민주당에 비해 조금 더 나은 득표를 했다. 물론 원내 제1당은 단연 민정당이었다. 노태우가 김영삼-김종필과 더불어 3당 합당으로 민자당을 결성했을 때, 또 민자당의 김영삼 후보와 김대중 후보가 대선에서 겨루었을 때 각각 영남과 호남에 기반을 둔 지역정치가 더욱 굳어졌다.

박근혜가 정계에 복귀한 1998년은 지역감정이 이미 한국정치판을 좌우하는 틀로 확고하게 자리 잡은 시점이었다. 재보선에 나선 박근혜는 아버지 박정희를 강조하며 지역정서를 적극 부추겼고, 쉽게 당선될 수 있었다. 일찍이 아버지 박정희가 김대중을 상대로 활용한 지역감정이 김대중 대통령 출범과 더불어 정계에 복귀한 딸에게 결정적 도움을 준 셈이다.

지금까지 짚어보았듯이 박근혜는 지역적 기반에 더해 제도언론의 도움을 받았고, 그 결과 노동자를 비롯한 민중의 요구를 색깔공세로 배제하여 기득권 세력의 지지를 얻으면서도 마치 '서민

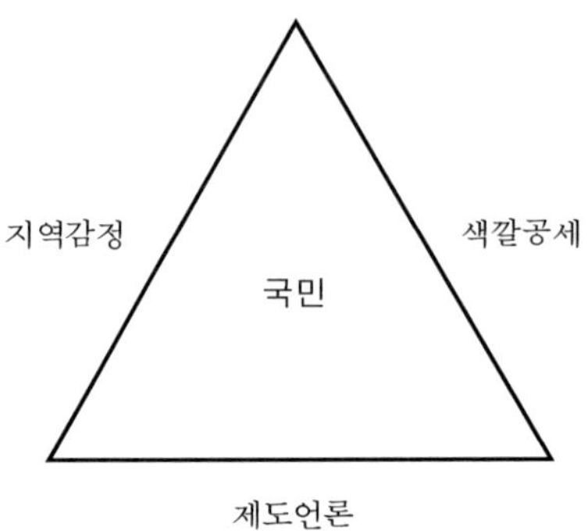

[그림1] 한국정치의 소통 구조

정치'의 상징처럼 자신을 부각할 수 있었다. 지역감정은 물론 제도언론과 색깔공세라는 한국정치의 세 가지 특성이, 그녀가 정치적으로 초고속 성장하여 선거 여왕으로 등극하는 데 '삼총사' 같은 구실을 했다.

기실 세 요인은 [그림 1]처럼 한국정치의 소통 구조를 이루고 있다. 알다시피 정삼각형은 안정적인 구도다. 정립鼎立이란 말이 솥을 받친 세 발에서 연유하는 이치와 같다. 지역감정과 색깔공세를 두 변으로 하고 제도언론을 밑변으로 한 한국정치의 소통 구조는 그 틀 안에 국민의 정치의식을 가두어왔다. 세모꼴의 안정적 정립 구조를 벗어나기는 쉽지 않은 일이다.

가장 부드럽게 표현하더라도 지역감정과 색깔공세는 민주주의의 적이다. 지역 차별과 색깔 배제를 부추겨온 제도언론도 마찬가지다. 국민 대다수는 의식하든 못하든 정치의 그 트라이앵글 구조에 갇혀 있다.

　박근혜가 가장 유력한 대통령후보로 꼽히고 있는 정치판은
한국의 '보수 정치'가 보수의 가치조차 온전히 소통하지 못하고
있다는 진실을 거울처럼 드러내준다.

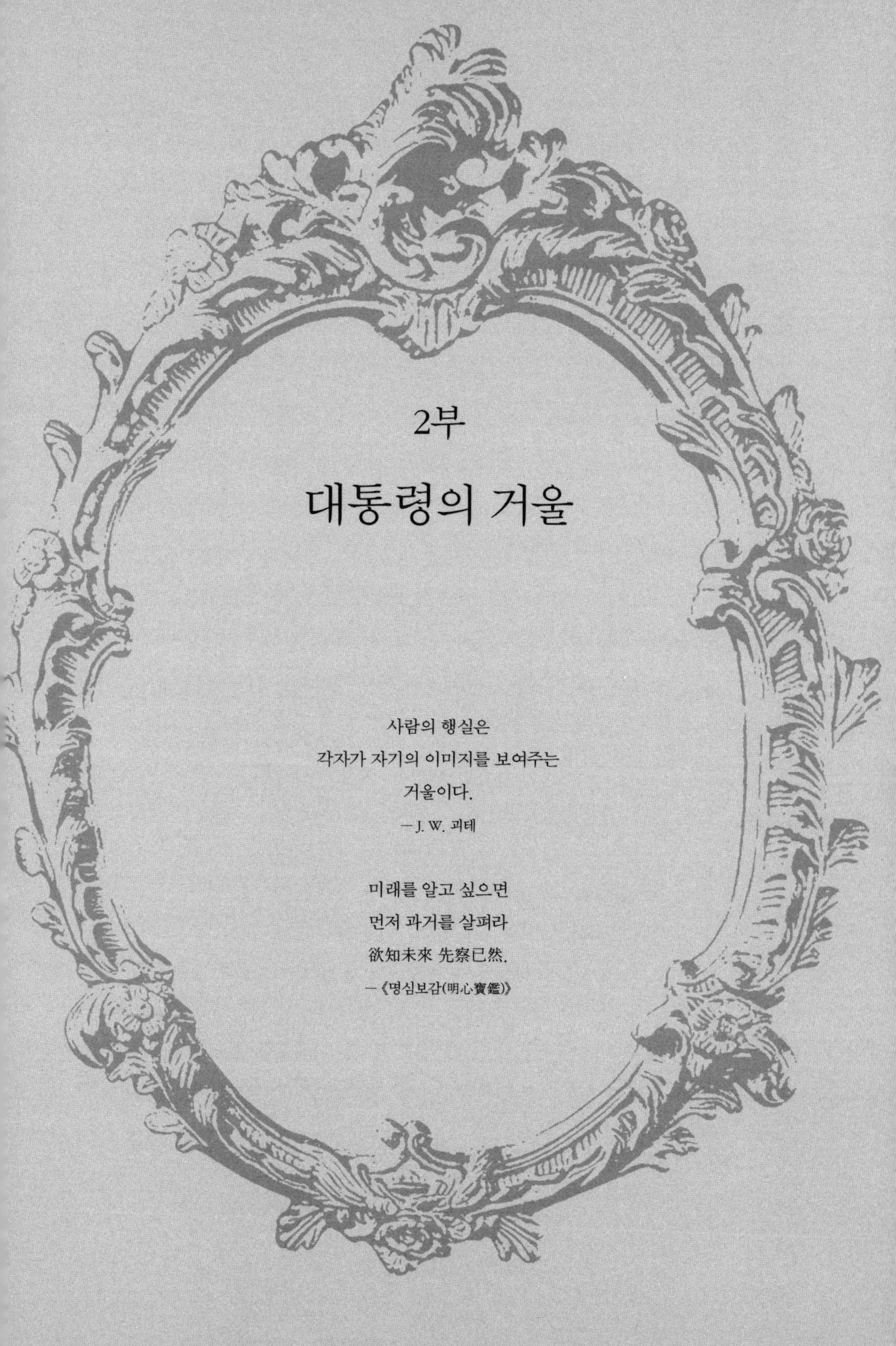

2부

대통령의 거울

사람의 행실은
각자가 자기의 이미지를 보여주는
거울이다.
—J. W. 괴테

미래를 알고 싶으면
먼저 과거를 살펴라
欲知未來 先察已然.
—《명심보감(明心寶鑑)》

4장

한국 보수정치의 계보

무릇 모든 사람의 삶은 특정한 역사와 사회 구조 안에서 펼쳐진다. 사람과 사람의 관계로 이루어지는 정치는 더 그렇다. 1부에서 살펴본 박근혜의 정치적 급성장에도 역사가 있고 구조가 있다. 신문 지면과 방송 화면의 거울에서 벗어나 사람들의 거울로 박근혜를 비춰 보아야 할 이유가 여기 있다. 비유하자면 지면과 화면의 거울이 얼굴만 보여주는 면경이라면 사람들의 거울은 전신을 보여주는 체경이라 할 수 있다. 손거울과 몸거울의 차이다.

2012년 대선에서 대통령 당선이 유력한 박근혜를 정치사의 거울로 들여다보면 그동안 한국정치를 주도해 온 역대 대통령의 모습을 발견할 수 있다.

박근혜 스스로 정치적으로 성장해오는 과정에서 역대 대통령에 대해 발언을 해왔다. 비단 아버지 박정희에 대한 끝없는 숭배만이 아니다. 고 노무현이 대통령으로 재직하고 있을 때 박근혜는 "참 나쁜 대통령"이라고 직격탄을 날렸다.

박근혜를 비추는 역사의 거울에서 우리가 한국정치의 과거를 온전히 짚어야 할 필요성은 다른 데 있지 않다. 과거는 미래의 거울이기 때문이다.

먼저 보수 정치부터 비춰 보자. 흔히 보수와 진보, 좌파와 우파를 놓고 임의적 잣대를 들이대기 쉽지만, 그것을 나누는 보편적 잣대는 있다. 보수 또는 우파가 민족이나 국가를 중시하는 데 비해, 진보 또는 좌파는 민족보다는 계급, 국가보다는 사회를 중시한다. 또 다른 기준도 있다. 보수는 자유를, 진보는 평등을 상대적으로 강조한다.

보수와 진보를 나누는 보편적 기준으로 볼 때, 한국의 보수는 대단히 특별한 정치세력이다. 제 민족보다 다른 민족의 힘에 의존하거나 국가 전체보다 특정 지역에 기반을 두는 정치 행태를 서슴없이 보여왔기 때문이다. 더구나 국가 구성원의 자유를 보장하고 지키기는커녕 오히려 억압하는 반민주적 행위도 서슴지 않았다.

기실 지역감정 정치와 색깔공세 정치, 그리고 그 정치를 뒷받침해온 제도언론 정치는 한국의 보수 정치세력이 앞장서서 구조화해온 배제의 정치문화다. 보수 정치세력의 계보를 찬찬히 톺아보아야 할 이유가 여기 있다. 박근혜 또한 그 연장선에 서 있고, 자신도 '역사 바로 세우기'를 역설하며 정치적으로 성장해왔기 때문이다.

이승만식 '자유' 정치

1948년 8월 15일. 일본 제국주의의 식민지에서 벗어난 지 웅근 3년 만에 '대한민국'이 출범한 기념일이다. 동시에 이 땅에 처음으로 새로운 직업이 선보인 날이기도 하다. 대통령이 그것이다.

대통령. 미국의 정치 제도에서 시작한 'president(프레지던트)'를 옮긴 말이다. 적잖은 사회과학 개념이 그렇듯이 일본이 '대통령'으로 옮긴 한자 번역어가 그대로 한국에 들어왔다. 물론, 번역어 자체가 대통령이라는 실체에 비해 중요한 것은 전혀 아니다. 하지만 언어가 주는 의미는 우리가 통상 생각하는 것보다 크다.

일본에선 '통령'이란 말이 고대부터 통용되어 익숙하다. 사무라이 전통이 강한 일본에서 통령은 '무사들을 통솔하는 우두머리'를 뜻했다. 지금도 통령이란 말을 일본의 '신사神社'에서 발견할 수 있다. 가령 신사를 수호하는 신 다음에 '통령'을 쓴다. 일본인들은 다른 나라 직위를 옮길 때도 통령을 써왔다. 가령 중국《수호지》에 나오는 양산박의 두령이나 로마의 '집정관'을 '통령'으로 옮기는 게 그런 사례다. 바로 그렇기에 일본은 미국의 'president'를 옮기면서 '통령'이란 익숙한 말 앞에 '큰 대大'를 붙여 '대통령'이라는 번역어를 만들었다.

물론, 조선이나 중국에도 '통령'이란 벼슬은 있었다. 조선에선 조운선 10척을 거느리는 벼슬을, 중국 청나라에선 오늘날 여단장급의 무관 벼슬을 뜻했다. 중국과 대만은 현재 미국 대통령을 '총통總統'으로 옮겨 쓴다.

우리 역사에서 대통령이란 말은 19세기 말 일본에 다녀온 수신사의 기록에서 처음으로 나타난다. 일본 신문이 '미국 대통령'이라는 표현을 사용하고 있다는 기록이 그것이다. 더 본격적으로 등장한 시점은 3·1운동 뒤다. 상해 임시정부가 최고 지도자의 직함으로 그 용어를 선택하면서였다.

문제는 미국의 'president'가 지닌 뜻이다. 미국에서 그것은 본디 '회의를 주재하는 사람'을 뜻한다. '회의를 주재하다'라는 뜻인 'preside(프리자이드)'에서 유래한 말이다. 미국이 그 말을 선택한 이유는 유럽의 '황제'나 '왕'과 달리 민주주의 제도에 근거한 직책임을 부각하려는 데 뜻이 있었다. 따라서 그 말과 대통령이라는 번역어는 큰 차이가 있다.

더구나 정부 수립 당시 헌법기초위원회는 몇 달에 걸친 회의를 통해 대통령제가 아닌 의원내각제를 최종 결정했다. 그런데 막판에 이승만이 완강하게 비틀고 나섰다. 결국 대통령제로 바뀌자 헌법기초위원회를 책임지고 있던 유진오가 항의했다. 당시 한민당을 이끌고 있던 김성수는 "대통령으로 모셔야 할 단 하나밖에 없는 후보자가 저렇게 떼를 쓰니 어쩌겠느냐"며 달랬다.

결국 대한민국 정부 수립과 동시에 국민 앞에 등장한 대통령은 'president'의 본뜻과 달리 한국정치사에서 줄곧 강력한 권력을 휘둘러왔다. 초대 대통령 이승만부터 그랬다. 그는 여러 사람이 합의한 의원내각제를 단칼에 거부하며 대통령에 취임했고, 스스로 왕족임을 과시했다.*

물론, 이승만도 대통령에 취임하며 "이날에 동양의 한 고대국인 대한민국 정부가 회복돼서 40여 년을 두고 바라며 꿈꾸며 투쟁해온 결실이 실현되는 것"이라고 밝히며 "이 정부가 대한민국의 처음으로 서서 끝까지 변함없이 민주주의의 모범적 정부임이 세계에 표명되도록 매진할 것"을 선언했다.

하지만 말과 행동은 전혀 달랐다. 장기 집권을 위해 '발췌 개헌'과 '사사오입 개헌'이라는 꼼수와 술수를 서슴지 않았던 그는 결국 1960년 4월혁명 때 민주주의를 요구한 학생과 시민들을 학살하기에 이르렀다. 그 결과 권좌에서 쫓겨났다. 1956년 서울 탑골공원에 세워졌던 이승만의 동상은 1960년 4월 26일 이승만이 하야 성명을 낸 직후에 민주 시민들에 의해 끌어내려졌다. 시민들은 독재자의 동상을 새끼로 묶어 끌고 다녔고 거리에서 지켜보던 사람들은 박수를 보냈다.

기실 이승만(1875년~1965년)이 걸어온 길을 톺아보면 그의 권력 지향적 성격이 또렷하게 드러난다. 3·1운동 뒤 세워진 대한민국 임시정부에서 이미 그는 대통령 자리에 앉아 독단적으로 일을 처리하다가 탄핵당해 쫓겨났다. 그가 미국에 살면서 외교 활동으로 조선의 독립, 또는 미국의 위임통치를 얻으려 했던 일은 대표적 우파 지도자인 도산 안창호의 혹독한 비판을 받았다.

---

*　　이승만은 미국에서 활동할 때 이미 자신을 조선왕조의 '왕자'라고 과대 선전했다. 이승만이 양녕대군의 16대손이었다는 점에서 그가 왕족의 후손이라는 사실은 틀리지 않다. 하지만 양녕대군의 16대손까지 우리가 왕자라 부르지는 않는다. 그럼에도 자신을 왕자라고 선전하며 다녔다는 이승만의 행태는 그의 인격을 가늠할 수 있게 해준다. 대통령이 되어서도 왕족임을 은근히 과시한 이승만의 언사는 집권 내내 왕권에 버금가는 권력을 휘두르는 행태로 이어졌다.

해방이 되어 국내로 들어온 이승만은 미국이 한반도에서 원하는 게 무엇인가를 간파하고, 남쪽만의 단일정부 수립에 앞장서면서 자신의 정치세력을 형성하기 위해 친일 지주들을 적극 중용했다. 그 과정에서 한국전쟁이 발발하기 전에 이미 10만 명에 이르는 민간인이 학살당했다.

그래서다. 1960년 4월혁명의 정치사적 의미는 크다. 젊은이들이 던진 목숨으로 한국정치사에 전환점을 만들었기 때문이다. 문제는 바로 그 사월혁명 50돌을 맞은 2010년에 젊은이들이 피로 몰아낸 독재자 이승만을 '국부'로 모시자는 목소리가 한껏 커진 데 있다.

박근혜와 더불어 한나라당의 대선후보로 꼽히는 김문수 경기도지사는 2010년 7월 19일 국립서울현충원에서 거행된 '이승만 전 대통령 45주기 추모식'에서 우리 국민들이 "역사상 가장 성공한 나라를 세운 이 대통령을 모르고 있다"면서 "대한민국 한복판에 위대한 선각자인 이승만 대통령의 동상을 세워서 모든 국민들이 대한민국의 자랑스러운 역사를 볼 수 있도록 하겠다"고 추모했다.

김문수는 "당신께서 세운 이 나라 대한민국이 세계에서 가장 짧은 기간에 성공한 나라가 되었다. 대한민국은 반만년 우리 역사에서 가장 성공한 나라, 위대한 나라"라고 주장했다. 이어서 "민주주의를 해본 경험도 없는 상황에서 당신께서 앞장서 세운 자유민주주의 대한민국이야말로 진정 탁월한 선택"이었다며 사실까지 왜곡하는 발언을 무람없이 했다.

"국민의 뜻에 따라 권좌에서 물러나는 결단을 내리시어 민주주의의 씨앗을 뿌렸다."*

같은 날《동아일보》논설실장도〈건국 대통령 동상이 없는 나라〉제하의 칼럼(7월 19일)에서 "대한민국의 중심 가도인 광화문광장에는 조선왕조만 건재하다. 경복궁과 광화문을 배경으로 세종대왕상이 앉아 있고 이순신 장군상이 서 있다"며, "광화문광장에 한국 역대 대통령의 동상이 하나도 보이지 않는 현실"을 개탄했다. 칼럼은 마지막에 "건국 대통령의 동상도 세우지 못하는 나라, 세계 10위권 부국의 기틀을 마련한 건국 세력을 평가하지 않는 나라에서 식민지와 가난과 전쟁을 이겨낸 대한민국의 정체성은 흔들릴 수밖에 없다"고 단언했다.

그렇다면 한국 현대사를 바라보는 박근혜의 시각은 어떨까. 김문수와 크게 다르지 않다. 박근혜는 이미 2008년 5월 26일 "청소년들이 왜곡된 역사 평가를 배우고 있다는 것을 생각하면 전율하지 않을 수 없다"고 말한 바 있다.

박근혜의 발언은 그날 서울 세종문화회관에서 열린《대안교과서 한국 근·현대사》출판 기념회에서 나왔다. 축사에 나선 박근혜는 "뜻있는 이들이 현행 교과서의 문제점을 지적하며, 청소년들이 잘못된 역사관을 키우는 것을 크게 걱정했는데 이제 걱정을 덜게 됐다"고 말했다. 박근혜는 "우리 역사를 바로 세우고 선

---

* 곧 자세히 짚어보겠지만, 이승만은 국민의 뜻에 따라 하야한 게 결코 아니다. 경찰의 발포로 숨진 민주 시민과 어린 학생들 앞에서도 이승만은 끝까지 버틸 깜냥이었지만 미국의 강력한 경고를 받고 하와이 망명으로 방향을 바꾸었다.

진 한국을 만드는 데 저도 여러분과 함께하겠다"고 말했다.

《대안교과서 한국 근·현대사》는 다름 아닌 '뉴라이트' 계열의 교과서포럼이 만든 책으로 이승만과 박정희의 반공 독재체제를 높이 평가하는 내용을 담고 있다. 게다가 일본 제국주의자들의 식민지 지배가 근대화에 기여했다는 '식민지 근대화론'을 주장하고, 제주 4·3항쟁은 '좌파 세력의 반란'으로 규정했다. 교과서의 필진은 박효종(서울대 교수/윤리교육), 김일영(성균관대 교수/정치외교학)과 같이 대부분 경제·정치학 전공자들로 근·현대사 전공자는 거의 없다.*

이승만과 박정희를 높이 평가하는 뉴라이트의 시각을 박근혜와 김문수가 공유하지만 자세히 보면 미묘한 차이가 있다. 김문수는 이승만을, 박근혜는 아버지 박정희를 더 숭배한다.

김문수가 이승만을 추모하는 정도는 일반의 상식을 훨씬 '초월'한다. "건국의 아버지 이승만 대통령님! 당신은 이 나라 근현대사의 중심에 계십니다. 당신은 우리 역사의 걸출한 지도자이십니다. 당신이 아니었으면 어찌 대한민국이 있었겠습니까"라고 부르대는 모습은 친아버지 박정희를 기리는 박근혜의 모습과 비슷한 수준이다.

김문수는 "당신의 높은 뜻을 받들어 저희들은 반드시 선진 일류 통일국가를 이룩하겠습니다. 자유와 민주주의가 활짝 핀 부강

하고 정의로운 나라, 문화와 복지 강국을 만들겠습니다. 하늘에서 겨레의 앞날을 비추시고 저희들을 격려하소서. 위대한 선각자이신 우남 이승만 건국 대통령님! 천국에서 편히 쉬소서!"라고 추모사를 마쳤다.

기실 '식민지 근대화론'을 유포한 뉴라이트의 역사 교과서가 찬양하는 이승만과 박정희는 한국정치사에서 대통령의 '상징'이다. 두 사람이 국민에게 대통령의 상징으로 남아 있는 이유는 크게 두 가지로 간추려 설명할 수 있다.

첫째, 대통령으로서의 실체적 존재감이다. 이승만은 한국정치사에 처음 등장한 대통령이고, 박정희는 대통령의 '대명사'다.

한 나라의 초대 대통령은 국민의 기억에 또렷하게 각인될 수밖에 없다. 대통령이 바뀔 때마다 초대 대통령이 누구였는가를 떠올리게 되고 초중고 교과서에서도 초대 대통령을 소개하게 마련이다. 더구나 두 사람이 국민의 기억에 오래 남을 수밖에 없는 실체적 사실이 있다. 역대 대통령 가운데 두 사람은 대통령 자리에 앉아 있었던 시간이 가장 길다. 박정희는 대통령으로 16년, 쿠데타 이후 최고회의 의장 시절까지 더하면 18년 동안 권력을 행사했다. 이승만도 옹근 12년을 대통령으로 활동했다. 김대중, 노무현 대통령의 각각 5년과는 비교할 수 없을 만큼 긴 기간이다. 더구나 재임 중에 그 임기가 언제 끝날지 아무도 몰랐기에 권력은 더 강력할 수밖에 없었다. 12년, 또는 18년은 초등학교에 들어간 어린이가 대학생이 되거나 대학을 졸업하고도 남는 시간으로, 한 사람의 생애에 결정적 영향을 끼친다.

둘째, 제도언론의 여론 형성력이다. 이승만에 대한 긍정적 여론 형성에 가장 앞장서온 신문은 《조선일보》다. 이 신문은 1990년대 중반부터 이승만을 '거대한 나무'로 찬양하는 특집기사를 연재했다. 4월혁명 50주년을 앞두고 낸 '조선데스크' 칼럼은 〈4·19 세대의 이승만 재평가〉 제하에 이승만을 다음과 같이 적극 두둔했다(2010년 4월 16일자).

정치학자 최장집 고려대 명예교수는 최근 김우창 이화여대 석좌교수와 나눈 4·19혁명 50주년 기념 대담에서 4·19로 하야한 이승만 대통령이 '그동안 과도하게 비판받은 측면이 있다'고 했다. 김우창 교수가 자유당 독재는 이승만 대통령 개인이 아니라 체제의 문제가 아니었는가 하는 문제 제기를 한 뒤에 나온 얘기다. 진보 진영의 대표적 정치학자로 꼽히는 최 교수는 내란이나 다름없는 혼란을 겪으며 국가를 세우고, 북한과 대립하면서 치안과 질서를 유지해야 하고, 또 전쟁을 겪은 조건에서 독재는 거의 필연적으로 보인다고 했다. 요즘의 이라크나 아프가니스탄 같은 나라를 보면, 정상적인 질서를 유지하고 법을 적용할 수 없는 곳에서 민주주의를 실현하는 것이 어렵다는 걸 알 수 있다는 지적이다. …… 4·19세대들이 50년이 흐른 뒤, 이승만 시대를 좀 더 객관적으로, 여유 있게 보기 시작한 것이다. 한국사회가 아직도 겪고 있는 갈등의 상당 부분은 한국현대사, 그중에서도 역대 대통령들을 어떻게 평가하는가 하는 문제와 밀접하게 연관돼 있다. 다행스럽게도 지식인 사회에서 부정적 평가가 우세했던 박정희·노태우·김영삼 시대에 대해 보다 유연하게 접근하려는 변화가 일고 있다. 백낙청 창비 편집인이 '지속 불가능한'이란 단서를 붙였지만 박정희 대통령의 경제적 성취를 인정한 데 이어, 조희연 성공회대 교수도 저서 《박정희와 개발독재시대》에서 박정희 체제는 위기를 안고 있었지만 개발을 성공적으로 추진한 모델이었다는 사실은 평가했다. 박정희 시대를 전면 부정하던 이전의 입장과는 달라진 것이다.

4월혁명 50돌을 앞두고 그 혁명으로 권력에서 쫓겨난 대통령 이승만은 물론, 혁명의 진전을 쿠데타로 가로막은 박정희를—명망 있는 진보적 지식인의 말을 의도적으로 인용해—높이 평가하는 '데스크 칼럼'은 《조선일보》가 우리 사회에서 어떤 구실을 하는지 새삼 확인해준다.

바로 그래서다. 대통령 이승만과 박정희의 정치사적 의미를 대한민국 국민이라면 누구나 짚을 필요가 있다. 대통령선거 때마다 그를 둘러싼 논쟁이 벌어지기에 유권자들도 이승만관觀과 박정희관을 정리하고 있어야 한다는 실용적 이유 때문만은 아니다. 작가 밀란 쿤데라가 말했듯이 역사는 '망각에 대한 기억의 투쟁'이기 때문이다. 권력은 정당성이 없는 자신의 기원을 늘 은폐하며 자신이 저지른 잘못도 잊혀버리기를 갈망한다.

먼저 초대 대통령 이승만부터 살펴보자. 1990년대 중반 《조선일보》에서 이승만을 '거대한 나무'로 찬양하는 데 앞장섰고 책으로도 낸 이한우는 당시 칼럼에서 이승만에 대해 다음과 같이 썼다.

사실 이승만 대통령이 남북 분단의 주범이니 반민특위를 해체했느니 김구의 암살을 사주했느니 비판하지만, 그것은 당시를 살았던 사람들에게는 그렇게 비중 있는 일들이 아니었다. 그것은 선거 부정을 감안하더라도 계속 대통령에 당선되고 많은 국민들의 지지를 받은 데서도 확인된다.　　(조선일보 1995년 7월 16일자 2면 〈기자수첩〉)

우리는 이 짧은 칼럼에서 충격적인 사실을 발견할 수 있다. 그것은 이승만 찬양에 앞장선 기획특집을 연재한 기자도 이승만이 "남북 분단의 주범이니 반민특위를 해체했느니 김구의 암살을 사주"한 사실을 '기억'할 뿐만 아니라 인정한다는 점이다.

하지만 더 놀라운 것은 그럼에도 그것이 "당시를 살았던 사람들에게는 그렇게 비중 있는 일들이 아니었다"고 단언한 일이다. 과연 그럴까? 백범 김구 암살이, 친일세력 청산 중단이, 남과 북의 분단이 당시를 살았던 사람들에게 과연 비중 없는 일이었을까? 이한우가 그 근거로 "선거 부정을 감안하더라도 계속 대통령에 당선되고 많은 국민들의 지지를 받은" 사실을 제시한 것은 논리의 비약일 뿐만 아니라 진실 호도다.

망각은 김문수에게서도 발견할 수 있다. 김문수는 "민주주의를 해본 경험도 없는 상황에서 당신께서 앞장서 세운 자유민주주의 대한민국이야말로 진성 탁월한 선택"이었다며 "국민의 뜻에 따라 권좌에서 물러나는 결단을 내리시어 민주주의의 씨앗을 뿌렸"다고 이승만을 기렸다. 하지만 이승만은 아무런 희생 없이 권좌에서 물러난 게 아니었다. 더구나 이승만이 민주주의의 씨앗을 뿌렸다는 평가는 뜬금없다. 민주주의의 씨앗을 뿌린 것은 대통령이 아니라 4월혁명의 민주 시민들 아니던가.

더구나 명백한 사실 왜곡도 있다. 이승만은 결코 "국민의 뜻에 따라 권좌에서 물러나는 결단"을 내린 게 아니다. 1960년 4월 19일 주한 미국대사 매카너기는 이승만 대통령과의 만남을 긴급 요청했다. 이승만과 마주한 대사는 지금은 공산주의자들이 가담하고 있지 않지만 신속한 대응책이 취해지지 않는다면 그들이 아직도 폭발적인 현 상황을 이용할 위험이 있으며, 그때 "안전하고 안정된 작전기지를 유지하는 중대한 (미국의) 이익"이 위험에 빠진다고 추궁했다.

이에 앞서 4월 2일 매카너기 대사가 본국 국무부에 보낸 전문은 여러모로 성찰할 대목이다. 미국대사는 한국을 가리켜 미국의 "피와 돈"이 많이 투자되었을 뿐만 아니라 미국의 평판과 안보가 심각하게 걸려 있는 곳이라고 규정했다. 이어 미국이 세계 다른 어느 곳보다 한국에서 능동적으로 대처해야 한다고 건의했다. 4월 17일 매카너기 대사가 보낸 전문은 더 급박하다. 그는 점점 커져가는 민중의 분노가 공공연한 폭력으로 발전함으로써 공산주의자들에게 이용당할 수 있는 "가장 위험한 추세"로 급변할 수도 있다고 분석했다. 따라서 "더욱 강력한 비상수단을 취해야 한다"고 건의했다.

당시 미국의 기밀문서에는 이승만의 측근이나 이범석과 같은 인물에 의한 쿠데타, 또는 국방부 장관이나 육군참모총장의 비호 아래 군부가 정권을 인수하는 '대안'까지 검토한 기록이 있다. 따라서 이승만으로선 미국의 뒷받침을 받는 쿠데타로 실각하느니 자진해서 하야하는 게 자신의 목숨을 건지는 데 더 유리하다고 판단했을 가능성이 높다. 실제로 그는 하야한 뒤 미국으로 건너가 하와이에서 평생 돈 걱정 없이 호의호식하며 살아갈 수 있었다.

이승만이 12년 동안 집권하면서 자신의 권력을 위협할 만한 정치세력을 잔혹하게 배제한 야만은 그 뒤 한국정치에 깊은 악영향을 끼쳤다. 심지어 그는 친일파를 청산해야 마땅한 상황에서 오히려 그들을 중용하는 잘못을 저질렀다. 민족을 우선시해야 할 우파의 상징적 인물이 되레 반민족행위자들을 비호하고, 그 처벌을 요구하는 사람들을 색깔공세로 탄압하고 학살한 것은 한국의 보수 정치가 첫 단추부터 잘못 꿰어졌음을 의미한다.

한국의 우파를 대표할 만한 백범 김구가 이승만 대통령이 취임한 지 1년도 안 되었을 때 권력의 비호를 받은 장교 손에 암살당한 사건은 그 뒤 전개된 자칭 '우파'들 주도의 보수 정치가 지닌 본질을 여실히 드러내주었다. 김구는 일본이나 미국에 굴종하지 않았던 보수주의자이자 민족주의자였지만, 그 또한 '색깔공세'에 시달렸고 끝내 목숨을 잃었다. 김구를 암살한 현역 육군장교 안두희를 '보호'한 이승만 정부의 파시스트적 야만은 여기서 끝나지 않았다.

자유당 정권은 1956년 대통령선거에서 이승만과 경쟁했던 진보당의 조봉암을 전격 체포했다. 이승만은 직접 사법부에 개입해 사형을 선고케 하고 1959년 7월에 처형했다. 정적에 대한 명백한 '사법 살인'이었다. 바로 그런 행태가 이승만식 '자유' 정치였다.

조봉암은 2011년 1월 대법원 재심에서 무죄를 선고받았다.

아무리 한국의 보수 세력이 이승만의 후예를 자처하며 그를 '국부'로 모시겠다고 운동을 벌여도 그럴수록 그것은 보수의 자가당착으로 귀결될 수밖에 없다. 대한민국 유권자들은 그렇게 만만한 국민이 아니기 때문이다.

문제는 이승만식 '자유' 정치가 다름 아닌 그를 추앙하는 정치인들의 내면에 깊숙이 들어와 있고, 그것이 21세기 한국정치에서도 여전히 '배제정치'로 나타나는 데 있다. 박근혜가 김문수와 더불어 부르대고 있는 '역사 바로 세우기'는 그 생생한 보기다.

박정희식 경제 성장

이승만을 건국의 아버지로 추앙하며 동상 세우기 운동에 나선 정치인들과 그들을 뒷받침하는 이데올로그들인 '뉴라이트' 학자들이 언제나 부르대는 논리가 있다. 이승만이 남쪽만의 단독정부 수립에 나서지 않았다면, 남쪽의 우리도 김일성-김정일 부자 치하에서 살아가고 있을 것이라는 주장이 그것이다.

일면 그럴듯한 논리이고 선동성이 강하다. 그렇기에 보수를 자처하는 언론사의 사설은 물론, 지식인들의 담론에서 핵심적 논리로 등장한다.

어떤가. 이승만의 단정 수립이 아니었다면 정녕 남쪽까지 김일성 체제로 통일되었을까? 그렇게 주장하는 사람들의 논리에는 두 가지 결정적 문제가 있다.

첫째, 그들은 만일 이승만이 남쪽만의 단독정부 수립에 나서지 않았다면, 역동적인 해방 공간에서 지금의 남과 북과는 다른 형태로 민족의 운명이 결정되었을 가능성이 높다는 점을 간과하고 있다. 해방 공간의 여러 가지 정치적 가능성이 이승만 체제와 김일성 체제로 귀결된 것은 결코 필연이 아니었다. 그 사이에는 무수한 대안이 존재하고 있었다.

예컨대 미국과 소련이 모스크바에서 합의한 대로 미소공동위원회가 온전히 구현되어 운영되었다면, 1950년을 맞기 전에 미군과 소련군이 철수하고 통일 국가를 수립했을 가능성이 높다. 그때의 건국 지도자가 이승만 아니면 김일성이라는 예단은 역사적 현실과 걸맞지 않다. 이승만, 김일성 못지않게 해방 공간에서 김구, 여운형, 박헌영이 각각 무시할 수 없는 정치세력을 형성하고 있었기 때문이다.

둘째, 남과 북에 각각 단독정부가 수립되지 않았다면 1950년부터 1953년에 이르는 동족상잔으로 수백만 명이 생명을 잃은 비극도 벌어지지 않았을 터다. 수백만 명이 생명을 빼앗긴 참사는 백범 김구가 예견했던 대로 남과 북에 각각 단독정부가 수립되면서 일어날 수밖에 없었던 필연이었다. 김구는 그것을 막으려고 남북 협상에 나섰고, 끝내 암살당했다. 김구의 1주기를 하루 앞두고, 남과 북을 잿더미로 만든 한국전쟁이 일어났다.

이승만을 건국의 아버지 또는 '국부'로 내세우는 사람들이 이승만 다음으로, 더러는 그 이상으로 높이 평가하는 박정희 대통령도 평가가 크게 엇갈린다. 비단 과거의 문제로 그치는 게 아니다. 대통령선거 정국에서 여전히 논쟁이 되고 앞으로도 불거질 전망이다.

가령 2007년 대선을 앞두고 열린 한나라당 후보 검증 청문회에서 박근혜는 "5·16은 구국혁명이었다. 그때 나라가 혼란스러웠고 남북 대치 상황에서 잘못하면 북한에 흡수될 수 있는 상황이었다"고 강조했다. 그러자 노무현 정부의 대변인은 "제가 알고 있는 우리 교과서에 기록된 혁명은 4·19뿐이다. 교과서에서는 5·16을 쿠데타로 적고 있다"라며 "그 후보가 대통령이 되면 쿠데타가 혁명이 되는 것이고 유신헌법의 평가가 긍정적으로 바뀌는 것인지 의문"이라고 비판했다. 청와대 대변인은 "모두가 알고 있는 사실 및 역사에 대한 심각한 모독"이라고 덧붙였다.

후보 검증 청문회에서 박근혜는 "이성계의 조선 개국에 대한 정몽주 선생과 세종대왕의 평가가 다를 수밖에 없다"면서, "돌아가신 아버지가 5000년 가난을 물리치기 위해 가발과 합판 심지어 다람쥐까지 수출해 100억 달러 수출을 간신히 하고 1000억 달러로 가려면 중화학공업을 육성해야 한다는 전문가 의견을 실천했다"며 "이런 것을 해나가는 데 그 시대에 맞는 정치체제가 뒷받침될 필요가 있었다"고 주장했다.

기실 여론조사를 할 때마다 박정희는 '업적' 면에서 대한민국 대통령 가운데 1위로 나오고 있다. 다만, 여기서도 대통령으로서 업적을 국민에게 또렷하게 각인할 만큼 박정희의 재임 기간이 여느 대통령보다 길었다는 사실은 염두에 둘 필요가 있다.

앞서도 언급했지만, 그가 최고 권력자로 군림한 시기는 18년을 넘는다. 노태우-김영삼-김대중-노무현이 대통령으로 집권한 시기를 모두 합친 세월과 비슷하다. 따라서 18년을 집권한 대통령과 5년을 집권한 대통령의 업적을 동렬에 두고 평가하는 것은 무엇보다 공정하지 않다.

1961년 5월 16일 쿠데타가 일어나 청와대로 무장 군인들이 들어섰을 때, 대통령 윤보선은 "올 것이 왔다"고 말했다. 당시 청와대 대변인 김준하는 윤보선 대통령이 "올 것이 왔다"고 말한 것은 분명하지만 그가 "일부 정치인과 학자의 말처럼 '올 것을 이미 알고 있었다'거나 '장면 국무총리와의 대립 때문에 (군인들을) 반기는 마음에 그런 것'은 절대 아니다"라고 변호한 바 있다. 당시 사회가 "극심한 혼란 상태"였기 때문에 나온 말이었다고 설명했다. 하지만 1961년 봄 이후 시위가 줄어들며 정국이 안정을 찾아가고 있었다는 점에서 "극심한 혼란 상태"라는 말은 그 상황을 설명하는 데 한계가 있다. 그보다는 이승만 정권 말기에 미국이 군부의 정권 인수 가능성을 검토했던 사실을 윤보선도 잘 알고 있었으리라는 데 주목할 필요가 있다.

박정희를 중심으로 한 쿠데타 세력은 이미 이승만 정권 말기인 1960년 2월 구체적으로 쿠데타를 추진한 바 있다. 따라서 4월 혁명으로 등장한 민주당 정부의 혼란에서 쿠데타의 원인을 찾는 것은 명백한 오류다.

물론, 박정희를 중심으로 한 5·16쿠데타 세력은 권력을 잡은 뒤 펴낸 《한국군사혁명사》에서 "용공 사상의 대두, 경제적 위기,

고질화된 정치 풍토, 사회적 혼란과 국민 도의의 피폐, 그리고 한국군의 발전"을 '군사혁명'의 명분으로 내세웠다. 하지만 그들은 이미 이승만 정권 말기에 쿠데타를 계획한 데서 볼 수 있듯이 미국이 한국에서 원하는 게 무엇인지를 간파하고 있었다.

쿠데타 세력 스스로 '한국군의 발전'을 부각해 과시했거니와 당시 한국군은 한국전쟁을 거치며 급속도로 팽창해 있었다. 1950년 10만 병력에서 1956년엔 이미 70만 대군을 이루었다. 그 시기 한국사회에서 단일 직업군으로는 가장 큰 규모였다. 더구나 미국은 한국군 장교들을 장단기로 나누어 본국으로 불러들여서 교육과 훈련을 시켰고, 그 결과 군부는 1961년 시점에서 가장 미국식 가치관으로 근대화한 집단이었다.

언론도, 대학도, 관료들도 아직 군부만큼 미국에 다녀온 경험이 풍부한 인력을 보유하지 못했을 때였다. 비단 한국만이 아니라 그것은 많은 제3세계 국가 일반에 나타난 현상이었다. 근대화의 도정에서 미국의 교육과 훈련을 받은 제3세계 국가의 군부 엘리트들은 민간 정치인들을 불신하며 자신들만이 국가 발전을 이룰 수 있는 주체라고 확신하게 되었다.

박정희와 함께 쿠데타를 주도한 영관급 장교들은 전쟁기에 고속으로 승진한 고위 장성들이 군부에 두텁게 포진한 채 자신들이 진급할 길을 막으며 부패해가는 모습을 목격했고, 그들을 이승만 정권이 정리하기는커녕 야당을 탄압하고 정권을 유지하는 데 이용하는 행태에 나름대로 분노를 느끼고 있었다고 볼 수 있다.

쿠데타 직후에 서울의 주한 미 대사관과 유엔군 사령부는 민주당 정부를 지지하는 모습도 보였지만, 곧 워싱턴의 백악관에서 내려온 지시에 따라 태도를 바꾸었다. 쿠데타를 주도한 세력이 '기대'했던 대로다. 쿠데타를 모의한 박정희와 김종필은 이승만 정부가 세워질 때도 그랬듯이 미국의 일관된 일차적 관심이 휴전 선 남쪽에 안정적으로 친미 반공국가를 확보하고 유지하는 데 있음을 꿰뚫고 있었다.*

무엇보다 박정희는 대한민국 군대가 창설될 때부터 군에 몸 담아 오면서 한반도에서 미국이 바라는 게 무엇인가를 파악했다. 정보장교로 활동했기에 더욱 그랬다.

쿠데타를 일으키기까지 박정희가 걸어온 길은 이승만의 그것 과 마찬가지로 권력 지향적이었다. 1917년 11월 경상북도 선산에 서 태어난 박정희는 1937년 대구사범학교를 졸업하고, 3년 동안 문경소학교에서 교사로 근무했다. 하지만 그는 교사 생활을 접고 일본제국의 군인이 되길 결심한다. 당시 제국주의 일본이 강점하 고 있던 시기의 교사라면 남부럽지 않게 살 수 있는 직업이었다. 하지만 박정희는 만족하지 않았다. 일본군의 장교가 되기 위해 온 갖 노력을 기울였다. 더러는 그가 일본인 교장의 조선인 차별에 민족적 분노를 느껴 군인의 길을 결심했다고 '정당화'하지만 그러 한 설명은 오히려 하지 않는 것만 못하다. 만일 그렇다면 이미 중

국을 무대로 벌어지던 독립운동에 투신하거나 확산되고 있던 국내 지하조직에 가담했어야 옳았다.

박정희는 교사로 재직하며 제국주의 일본이 세운 만주국의 군관학교에 지원서를 냈다. 하지만 연령 제한에 걸려 1차에서 탈락했다. 교사 박정희는 포기하지 않았다. "한 번 죽음으로써 충성함"이라는 뜻인 '一死以テ御奉公 朴正熙(일사이테어봉공 박정희, 일본어로는 '잇시이테오호우코우 박정희'라 읽는다)'를 붉은 혈서로 써서 편지와 함께 1939년 다시 지원했다.

조선의 한 젊은 교사가 혈서를 써가며 지원한 사실은《만주신문》에 기사화될 정도로 유례가 없는 일이었다. 일본어로 발행되던 이 신문에 실린 〈혈서血書 군관 지원, 반도의 젊은 훈도訓導로부터〉 제하의 기사(1939년 3월 11일자)에 따르면, 혈서와 동봉한 편지에서 박정희는 다음과 같이 썼다.

일본인으로서 수치스럽지 않을 만큼의 정신과 기백으로 일사봉공의 굳건한 결심입니다. 확실히 하겠습니다. 목숨을 다해 충성을 다할 각오입니다. 한 명의 만주국군으로서 만주국을 위해, 나아가 조국을 위해 어떠한 일신의 영달을 바라지 않겠습니다. 멸사봉공, 견마의 충성을 다할 결심입니다.

결국 박정희는 세 차례나 지원한 끝에 1940년 4월 신경(오늘의 장춘) 군관학교에 입학했다. 1942년 성적 우수자로서 일본 육군사관학교 본과 3학년에 편입했고, 1944년 일본육사 제57기로 졸업했다. 졸업과 동시에 만주군 보병소위로 임관했다. 만주 보병8단 단장의 부관실에서 작전참모로 활동하던 박정희는 이듬해 7월 만주군 중위로 진급했다. 하지만 진급 한 달 만에 그가 충성을 맹세한 일본 제국주의가 무너졌다.

1945년 8월 15일, 만주군 중위 박정희로선 일본의 항복이 앞길을 가로막는 날벼락처럼 다가왔을 가능성이 높다. 하지만 박정희의 야망은 꺾이지 않았다. 중국군에 무장 해제당한 박정희는 재빠르게 광복군에 합류해 1946년 귀국했다. 이어 조선경비사관학교(육군사관학교 전신)에 들어가 졸업하면서 대위로 임관했다. 만주군 복무 경력을 인정받은 셈이다. 광복군 출신 언론인으로 1975년 의문의 죽음을 당한 장준하가 박정희는 결코 대한민국의 대통령이 되어선 안 될 인물이라고 반대했던 이유가 무엇인지 상식을 갖춘 사람이라면 충분히 짐작할 수 있는 일이다.

박정희의 '어두운 과거'는 여기서 그치지 않는다. 그는 대한민국 정부 수립 직후인 1948년 10월 여수·순천 사건 관련 조사에서 남로당에 가입한 혐의를 받고 군법회의에 회부되었다. 남로당에 가입했다는 증언만으로 대상자들이 모두 처형당하는 상황이었지만 그는 살아남았다. 잘 알려져 있듯이 그가 수사에 적극 협조했기 때문이다. 그는 자신이 직접 포섭한 동료들의 명단까지 수사당국에 알려주어 그들을 모두 처형대에 보낸 '공로'로 살아남았다. 군에서 강제 예편당했지만, 육군본부에서 군무원으로 일할 수 있었다.* 박정희에게 1950년 6월 25일에 일어난 한국전쟁은 '기회'였다. 그는 전쟁 발발 직후 군무원 신분에서 현역 육군소령으로 군에 복귀했다. 그 뒤 육영수를 만나고 한국전쟁 시기에 고속 승진한 사실은 앞서 살펴본 대로다.

쿠데타로 권력을 쥔 박정희는 정치적 정통성을 확보하기 위해서라도 경제 성장에 눈을 돌렸다. 또한 그것은 1961년 당시에 휴전선 남쪽인 대한민국에 비해 북쪽의 조선민주주의인민공화국의 경제 발전이 두드러짐에 따라, 소련과의 체제 경쟁에서 다급해진 미국이 적극 권유하고 의도했던 일이기도 했다. 아시아, 아프리카, 아메리카 대륙에서 신생 국가들이 줄을 이어 독립하던 시기였기에, 휴전선을 경계선으로 각각 미국식 정치경제 체제와 소련식 정치경제 체제를 형성하고 있던 남과 북은 체제 경쟁의 전시장(쇼윈도)이었다. 미국이 휴전선 남쪽의 경제 성장에 관심을 가진 이유다.

박근혜는 2007년 한나라당 후보 검증 청문회에서 아버지 박정희가 "5000년 가난을 물리치기 위해" 수출 중심의 경제 정책을 펴나가려면 "그 시대에 맞는 정치체제가 뒷받침될 필요가 있었다"며 독재체제를 정당화했지만, 박정희와 쿠데타 주도 세력이 수출 중심의 경제 성장에 '신념'을 가지고 있었던 것은 아니다. 쿠데타 초기에 군사정부는 '자주경제 건설'을 내세우며 자립화 정책을 추구했다.

---

* 당시 일본군 출신들이 대거 포진된 한국군의 지도부도 일본육사 출신인 박정희 구명 운동에 나섰다. 남로당의 군사 부문 주요 간부였던 박정희가 제공한 명단으로 체포된 군인들은 모두 총살되었다.

쿠데타 주도 세력의 경제에 대한 구상은 1961년 5월 16일 바로 그날 새벽에 발표된 '혁명 공약'에서 확연히 드러난다. 육군소장 박정희를 중심으로 한 쿠데타 세력은 한강다리를 넘어와 새벽 4시에 당시 남산에 있던 KBS를 점령했다. 총을 든 군인들은 방송사에 들어가 아나운서를 찾았다. 박정희 소장이 당황하는 아나운서에게 다가가 직접 '혁명 공약'을 방송하라고 요구했다. 새벽에 전파를 탄 '혁명 공약'은 다음과 같이 6개항이었다.

첫째, 반공을 국시의 제1의로 삼고 지금까지 형식적이고 구호에만 그친 반공 태세를 재정비 강화한다.

둘째, UN헌장을 준수하고 국제협약을 충실히 이행할 것이며 미국을 위시한 자유 우방국과의 유대를 더욱 공고히 한다.

셋째, 이 나라 사회의 모든 부패와 구악을 일소하고 퇴폐한 국민 도의와 민족정기를 바로잡기 위하여 청신한 기풍을 진작시킨다.

넷째, 절망과 기아선상에서 허덕이는 민생고를 시급히 해결하고 국가 자주경제 재건에 총력을 기울인다.

다섯째, 민족의 숙원인 국토 통일을 위하여 공산주의와 대결할 수 있는 실력 배양에 전력을 집중한다.

여섯째, 이와 같은 우리의 과업이 성취되면 참신하고도 양심적인 정치인들에게 언제든지 정권을 이양하고 우리들 본연의 업무로 복귀할 준비를 갖춘다.

그날 이후 뉴스 시간마다 반복해 방송된 '혁명 공약'은 '반공 태세 강화'를 전면에 내세우면서 네 번째에 '자주경제 재건'을 제시했다. 실제로 그들은 경제개발 계획을 입안하고 추진했다. 여기서 경제개발 계획은 쿠데타 주도자들이 처음 세운 게 아니었다. 이미 4월혁명 뒤 민주당 정부도 세우고 있었다.

군사정부 시절이던 1962년 1월 제1차 경제개발5개년계획을 시행할 때에는 스스로 표방한 바와 같이 자주경제 재건을 위해 '자립화 정책'을 추구했다. 국회를 해산하고 만든 '국가재건최고회의'는 '내포적 공업화 전략'을 마련했다.

그러나 기업인들과 관료들이 반대하면서 자립경제 전략은 벽에 부닥쳤다. 개발에 필요한 자금을 확보하려고 1962년 6월 통화개혁을 전격 단행했지만, 미국이 노골적으로 반대하고 나섰다. 결국 초기의 자립경제 구상은 포기되고, 대외 개방적 공업화를 추구하게 되었다.

미국은 자신들의 동아시아 전략 연장선에서 박정희 정부에 일본과의 국교 정상화를 '권고'했다. 박정희 정부도 경제개발에 필요한 자본을 확보해야 할 필요성이 있었기에 서둘러 국교 정상화 협정을 맺었다. 마침 일본도 그 시기에 고속 경제 성장을 하고 있었기에 후방기지로서 한국이 필요했다. 결국 세계 경제의 분업 구조 속에 편입되면서 외국 자본에 의존하며 수출을 중심에 두는 경제성장 정책이 확고하게 자리 잡았다.

수출 중심 경제성장 정책의 성과는 곧 나타났다. 경제 정책이라는 게 아예 없었다고 해도 과언이 아닌 1950년대 후반에 2000만 달러 선을 맴돌던 수출 총액이 쿠데타 이듬해인 1962년에 5700만 달러로 늘어났다. 다음해인 1963년에는 8300만 달러에 이르렀다. 수출액이 늘어나면서 수출품 비중도 달라지기 시작했다. 1963년 상반기부터 1차 산업 생산물의 수출이 둔해지고 공산품 수출이 늘어나면서 그해 전체 수출액의 32.4퍼센트를 차지했다. 최대 수출품은 단순 가공품인 합판이었다.

수출이 성과를 거두면서 박정희 정부는 수출 산업에 한해 외국 자본 도입의 세한을 모두 풀었다. 수출액이 양적 수치로 나타남으로써 국민을 동원하는 데 효과가 크다는 사실을 확인한 박정희 정부는 1964년 후반기 이후 '수출입국'을 강조하기 시작했다. 그해 6월 수출진흥종합시책을 마련한 박정희 대통령은 10월 들어 자립경제의 기초를 확립하는 제1과제가 수출 진흥을 통한 외화 획득이며, 경제 시책의 중요한 목표를 '수출제일주의'로 삼아야 한다고 주장했다. 수출이 처음 1억 달러를 달성한 1964년 12월 5일을 '수출의 날'로 제정하고, '수출만이 살 길'이라며 국가 자원을 수출 진흥에 집중했다.

박정희의 수출입국 정책은 당시 휴전선 북쪽의 조선민주주의인민공화국에 비해 경제력이 현저히 떨어져 있었던 대한민국을 자본주의 발전의 본보기로 만들려는 미국의 의도와 일치해 가속도를 낼 수 있었다. 섬유, 식료품, 의료를 비롯한 수입 대체 산업에서 서서히 벗어나 화학비료 공장과 시멘트 공장, 정유 공장들이 세워지기 시작했다. 일본과 국교를 정상화하면서 행사한 대일 청구권과 베트남전 참전으로 확보한 자본이 밑절미가 되었다. 그 과정에서 미국의 영향력이 컸던 것은 물론이다.

물론, 여기서 모든 걸 미국의 도움으로 돌려야 한다고 주장할 생각은 전혀 없다. 실체 이상으로 미국의 힘을 과대평가하거나 우리의 힘을 과소평가하는 것은 큰 오류다. 있는 그대로 현실을 바라볼 필요가 있다. 이승만 정부가 대대적 부정선거를 획책한 1960년 2월부터 1965년 한일 국교 정상화에 이르는 시기에 대한민국은 혁명과 쿠데타, 시위로 격동의 세월을 보냈다. 미국은 그 주요 국면마다 직·간접적으로 개입한 게 엄연한 사실이다. 군부 쿠데타가 뿌리내리고 박정희 정부가 수출입국으로 방향을 정하는 과정에서 미국은 틀을 만드는 '빅 브라더'였다.

이후 한국 경제와 사회가 '수출지상주의'로 달려간 것은 두루 아는 사실이다. 박정희의 수출 중심 정책을 흔히 '한국 모델'로 개념화해 경제 발전의 성공 사례로 거론하지만 경제의 양적 팽창에는 어두운 그림자가 짙게 드리워졌다.

'수출제일주의'로 수출품을 생산하는 노동자들은 저임금과 열악한 노동조건에 시달려야 했다. 1970년 11월 13일 "내 죽음을 헛되이 하지 말라"며 스스로 몸을 불사른 전태일은 노동자들이 얼마나 억압받고 있었는가를 웅변해준다. 더구나 대통령 4년 중임에 만족하지 않은 박정희가 무리하게 3선 개헌을 강행하면서 시민과 학생들 사이에 민주주의에 대한 갈망과 요구가 커지고 있었다.

하지만 박정희 정부는 더 강력한 억압 체제를 선택했다. 3선도 모자라 아예 대통령 직선제를 폐지하는 유신 개헌을 단행했다. 그것은 노동자의 희생을 바탕으로 한 박정희식 경제 성장이 불러올 수밖에 없는 정치적 귀결이었다.

유신체제에서 정치는 유명무실화하고 정치권력은 박정희 개인에게, 경제는 재벌로 집중되어갔다. 중앙정보부의 권력은 비대해져 초법적 보안기구로 군림했다. 박정희에 대한 개인 숭배가 퍼져갔다. 앞서 민청학련과 인혁당재건위 조작 사건을 살펴보았듯이, 박정희 대통령은 민주주의를 요구하는 민주 시민 8명을 처형하는 만행을 서슴지 않았다. 박정희 대통령이 민주주의를 요구한 시민들을 기침없이 처형하는 모습에서, 우리는 일본이 파시즘으로 치닫던 시기에 충성을 다짐하는 혈서를 쓰고 일본 육군사관학교를 졸업한 장교를 떠올리지 않을 수 없다. 처형된 8명 모두 박정희와 고향이 같은 대구·경북 출신으로, 박정희는 그들의 처형을 통해 자신의 '권력 의지'를 강력하게 과시하는 동시에 민주화운동에 경고를 보냈다.

'박정희식 경제 성장'과 동전의 양면인 정치체제의 특성은 세 가지로 간추려진다.

첫째, 박정희 대통령이 제시한 방향에 동의하지 않는 모든 세력을 철저히 배제했다. 배제의 명분은 어김없이 '붉은 색깔'(빨갱이) 공세였다. 비단 학생운동이나 노동운동만 겨냥해 '살인적 탄압'에 나선 게 아니었다. 자신과 맞서 대통령선거에 나섰던 야당 정치인 김대중이 일본에서 유신체제를 비판했다는 이유로 그를 전격 납치해 살해하려던 사건은 유신체제의 광기가 드러난 대표적 보기다. 대학가에서 박정희 대통령을 비판하는 집회는 물론 말조차 자유롭게 이루어질 수 없었다.

박정희 체제에 조금이라도 어긋나는 사람들의 운명은 참혹했다. 인혁당재건위만이 아니다. 박정희는 이미 쿠데타 직후에《민족일보》를 폐간하고 그것도 모자라 발행인 조용수를 처형시킬 만큼 잔혹했다. 재야 지식인으로 박정희 체제를 강력하게 비판했던 장준하는 등산길에 의문의 추락사를 당했고, 서울법대 교수 최종길은 중앙정보부에서 조사를 받던 중 죽음을 당했다. 쿠데타 당시 그의 심복으로 중앙정보부장을 역임했던 김형욱도 프랑스 파리에서 실종되었다. 그가 암살당하기 직전에 당시 야당인 신민당사에서 농성하던 YH 여성 노동자 김경숙은 경찰 병력이 투입되는 과정에서 추락해 숨졌다. 김재규 중앙정보부장이 박정희를 권총으로 쏜 이유로 밝힌 대목―부마항쟁에 나선 민주 시민들에게 박정희 자신이 직접 발포 명령을 내리겠다고 했다거나 경호실장 차지철이 탱크로 깔아뭉개겠다고 호언했다는 증언―은 섬뜩하다. 만일 김재규가 박정희를 쏘지 않았다면, 광주가 아니라 부산과 마산에서 수백여 민주 시민이 학살당하는 참극이 벌어졌을 가능성이 높다.

둘째, 1971년 대통령선거 뒤 구조화하기 시작한 지역감정 정치다. 박정희는 대구-경북 출신 인사들을 대거 정권 요직에 중용했다. 대통령을 가까운 거리에서 보좌하던 그들은 대구-경북 출신 사람들을 정치권은 물론, 대기업을 비롯해 경제구조의 핵심 자리에 포진시켰다. 그의 권력 기반인 군부 또한 대구-경북 인맥이 틀어쥐고 있었다. 박정희가 암살당한 뒤, 그 체제를 재구성한 전두환-노태우-김복동-정호용을 비롯한 '정치장군'들은 모두 대구-경북 출신이었다. 아니, 더 정확히 말하자면, 그들이 대구-경북 출신이었기 때문에 육군 내부에서 '하나회'를 형성할 수 있었고* 박정희 체제를 재구성하는 주역이 될 수 있었다. 박정희부터 시작한다면 대구–경북 출신 군인들이 1993년 2월까지 30년 넘도록 최고 권력자의 자리를 차지했던 셈이다.

셋째, 유신체제의 정치권력은 언론을 철저히 통제했다. 유신의 서슬이 시퍼렇던 1974년 10월 24일 《동아일보》 기자들이 권력의 검열을 거부하는 '자유언론 실천 선언'에 앞장섰을 때, 박정희 정부는 기업인들을 상대로 《동아일보》에 더는 광고를 내지 말라는 압력을 넣는 희대의 언론 탄압을 자행했다. 그것도 모자라 마침내 이듬해 3월 《동아일보》 사주와 공모해, 언론 자유를 주창해온 기자들을 대량 해직했다. 박정희 정권은 해직당한 기자들이 생계를 위해 취업한 곳까지 압력을 넣는 비열한 짓도 서슴지 않았다. 그 결과다. 그나마 올곧은 목소리를 내던 《동아일보》는 대량 해직 사태 이후 단 한 건도 비판 기사를 내지 못했다. 모든 신문, 모든 방송이 박정희 찬가를 불러대며 '제도언론'으로 전락한 게 이 시점이다.

세 가지로 간추려본 유신체제의 특성, 박정희 시대의 정치경제적 특성은 바로 앞서 살펴본 색깔공세 정치, 지역감정 정치, 제도언론 정치로 고스란히 이어진다.** 박정희가 비명에 간 뒤에도

---

* 하나회는 육군사관학교가 정규 4년제로 전환한 뒤 첫 입학생(11기)인 전두환과 노태우가 주도해, 박정희 집권 시기인 1963년에 육사 출신 가운데 두각을 나타내는 후배들을 포섭해 조직한 장교 모임이다.

** 김대중을 '전라도 빨갱이'라고 생각하는 사람이 지금도 영남 지역에 적지 않은 것은 색깔정치와 지역정치, 언론정치의 '완결판'이다. 그가 '빨갱이'가 아니라는 사실이 김대중 집권 5년 동안의 경험으로 확연하게 드러났음에도 그 '세뇌 효과'는 위력을 떨치고 있다.

그가 구조화한 한국의 정치경제적 특성은 온전히 이어져갔다. 다름 아닌 그의 자식들이 아버지의 길을 충실하게 걸어갔기 때문이다. 비단 박근혜를 두고 하는 말이 아니다. 그의 '정치적 자식'인 전두환-노태우만 이르는 말도 아니다.

지금도 박정희를 존경하는 수많은 사람들 속에 그가 한국정치에 남긴 유산은 그대로 살아 있다. 누군가를 색깔로 들씌워 살천스레 배제하는 살풍경, 지역감정으로 '무장'한 채 모든 일에 '파당'을 꾀하는 모습, 언론이 그 색깔공세와 지역감정을 조장하는 행태에서 우리는 박정희의 자식들을 발견할 수 있다. 비단 박근혜만 그의 자식이 아니다.

전두환식 사회 정화

부산-마산 민주 시민들과 학생들의 민주화투쟁 여파로 유신체제 내부의 갈등이 불거지면서 박정희가 암살당한 직후에 자유롭게 열린 정치 공간을 당시 사람들은 '서울의 봄'이라고 불렀다. 유신체제라는 '겨울 공화국'에 봄이 찾아왔다는 소박한 소망이 담겨 있었다.

말이 씨가 된다는 이야기가 주효한 걸까. '프라하의 봄'에서 따온 그 말은 프라하의 비극처럼 참극을 불러왔다. 다만 그것이 서울이 아니라 광주에서 일어났을 뿐이다. 광주의 참극으로 서울의 봄 또한 순식간에 사라졌음은 물론이다.

한국정치에 봄은 순탄하게 올 수 없었다. 이승만 정부를 특징 지은 색깔공세 정치가 박정희 정부를 거치면서 더 강화되었을 뿐만 아니라 언론정치와 지역감정 정치가 더해졌기 때문이다. 국민 대다수는 배제당하지만, 정치적-경제적 특권을 거머쥔 사람들은 제도언론을 이용하며 지역감정을 부추겨 자신들의 기득권을 한껏 향유하는 정치경제 체제를 견고하게 세워왔다.

그 특권 체세의 징점에 있던 박정희가 부마민중항쟁으로 지배세력 내부 분열이 일어나 총에 맞아 죽었을 때, 위기의식을 느낀 사람은 하나둘이 아니었다. 박정희 체제의 기반이었던 군부가 특히 민감하게 반응했다.

1979년 10·26정변 이후 군부의 수뇌부들은 계엄사령관으로 임명된 정승화 육군참모총장을 구심점으로 '국가 보위'를 위해 단결하기로 결의했다. 정변 시점에 국군보안사령관으로 자연스럽게 합동수사본부장을 맡은 전두환 소장은 11월 6일에 박정희 시해는 김재규 중앙정보부장의 단독 범행이라는 수사 결과를 발표했다. 전두환은 "정승화 총장이 육군본부 벙커에 도착 후 신속한 조치를 취함으로써 문제가 확대되지 않고 질서 정연히 사태를 수습했다"고 밝혔다. 전두환은 이어 10월 26일 밤에 "정승화 총장이 김재규의 말을 듣고 중앙정보부로 갔으면 큰 혼란이 초래되었을 것이다. 정 총장이 육군본부로 가자고 하였다"고 발표했다.

정국이 상대적 안정을 찾아가자 정승화 계엄사령관은 그동안 박정희 대통령의 '총애'를 받으며 주요 보직을 독점해온 '정치군인'들이 위험하다고 본능적으로 직감했다. 그들을 수도권에서 멀리 보내는 인사를 구상한 이유다. 대표적으로 전두환을 보안사령관에서 '동해안 경비사령관'으로 발령할 예정이었다.

하지만 정승화는 방심했다. 보안사령관 자리에 있었기에 자신이 곧 전보될 것이라는 정보를 입수할 수 있었던 전두환은 '정치군인'들과 모의해 '선수'를 쳤다. 정승화 계엄사령관이 김재규의 '대통령 시해'에 간접적으로 연루되어 있다는 혐의를 조사한다는 명분을 내걸었다. 1979년 12월 12일, 전두환과 노태우를 중심으로 한 하나회 구성원들은 최규하 대통령이 계엄사령관 연행을 재가하지 않았는데도 불법으로 정승화 체포에 나섰다. 명백한 '하극상'이요, '군사반란'이었다. 그에 동조하지 않은 정병주 특전사령관과 장태완 수도방위사령관에겐 거침없이 권총을 꺼내 들었다. 그 과정에서 총격전으로 영관급 장교가 목숨을 잃었다.

군 내부의 유혈 사태를 빚으며 군의 실권을 장악한 전두환은 이듬해인 1980년 5월 17일에 마침내 정권을 장악할 야욕으로 쿠데타에 나선다. 5월 17일 오전 10시 국방부 제1회의실에서 주영복 국방부 장관의 주재로 열린 전군 지휘관 회의는 10·26 직후 선포된 비상계엄을 제주도를 포함한 전국으로 확대해 군이 실권을 갖자는 결의를 했다. 전두환 보안사령관 겸 중앙정보부장서리는 그날 오후 최규하 대통령을 찾아가 전군 지휘관 회의 내용을 보고하면서 비상계엄의 전국 확대와 대통령 긴급조치에 의한 국회 해산, 국가보위부 설립을 건의했다.

그날 밤 9시 42분 무장 군인들이 야전 전투복을 입고 총에 착검한 상태로 복도 양쪽에 도열한 중앙청에서 회의장에 들어선 국무위원들은 비상계엄의 전국 확대를 의결했다. 최규하 대통령과 국무총리, 장차관들은 정치군인들의 '무력 시위'에 굴복했다. 하지만 대한민국 국민은 갑작스런 군부의 정치 개입에 동의하지 않았다. 특히 광주에서 민주 시민들은 계엄군에 맞서 일어났다.

전두환은 광주의 민주 시민 수백 여 명을 학살하며 되레 그것을 '명분'으로 정치의 전면에 나섰다. 결국 그해 8월 22일에 초고속 승진해 육군대장으로 예편한 전두환은 1980년 9월 1일 대한민국 제11대 대통령에 취임했다.

전두환(1931년~). 그는 대구공업고등학교를 졸업하고, 한국전쟁이 한창이던 1951년에 육군사관학교 11기로 입학했다. 5·16쿠데타가 일어났을 때, 한낱 대위였던 전두환은 쿠데타 본거지인 육군본부로 찾아가 "이 군사혁명을 지지할지 반대할지 직접 판단하기 위해 찾아왔다"며 박정희를 만나겠다고 나설 정도로 정치적이었다. 그때부터 그는 박정희의 총애를 받아 승승장구하며 군부 안에서 출세 가도를 달렸다.

1980년 5월 17일—박정희가 쿠데타를 일으킨 5월 16일 다음 날—을 '거사일'로 잡은 전두환과 그의 '친구'들은 박정희가 적극적으로 키워온 '박정희의 자식들'이었다. 박정희가 구조화한 색깔 배제정치와 지역정치, 언론정치를 고스란히 답습했다. 아니 더 강화해나갔다. 박근혜가 아무리 전두환을 미워하더라도 그가 박정희를 빼닮은 후계자였던 것은 명백한 사실이다.

박정희가 쿠데타 뒤 그랬듯이 전두환은 주요 야당 정치인들을 '부패 정치' 또는 '색깔'로 몰아 단죄해 정치에서 배제하고, 학생운동을 가혹하게 탄압했다. 수출 중심의 경제성장 수치가 권력의 정통성 확보에 도움이 된다고 판단해 대기업을 직·간접적으로 도와주었고, 그 모든 의사 결정 과정에서 생산 현장의 노동자들을 원천적으로 배제하고 억압했다. 광주 시민들을 학살한 폭압은 지역감정을 교묘하게 이용해 의미를 축소시켰다. 신문과 방송사들을 통폐합하며 비판적 언론인들을 대량 해직했다. 바로 그것이 전두환식 '사회 정화'다. 정치와 언론의 다양한 색깔을 흑백만 남기는 폭력적 배제를 '정화'라는 우아한 낱말로 포장했다.

사회 정화를 내세워 자신을 비판하는 세력을 철저히 탄압한 전두환 정부는 정작 대통령 자신부터 대기업에서 천문학적 '정치자금'을 챙기며 부패로 치달았다. 7대 재벌로 손꼽히던 국제그룹의 파산은 재벌들에게 '경각심'을 주었고, 그들은 앞다투어 대통령 전두환에게 정치자금을 건넸다. 그가 대통령 자리에서 물러난 뒤 재임 시에 7000억 원에 이르는 비자금을 조성한 사실이 밝혀지면서 전두환은 '부패 대통령'의 대명사가 되었다.

전두환 정부 아래서 국회는 행정부의 시녀였다. 제도적으로 전국구 의원을 제1당이 사실상 독식할 수 있게 했기 때문에, 공화당을 재구성한 민정당(민주정의당)이 국회를 지배했다.

무엇보다 주시할 대목은 언론이다. 전두환 정부는 언론사 강제 통폐합에 이어 1000명에 가까운 비판적 언론인을 강제 해직해 언론을 길들였다. 억압 또는 탄압만 한 게 결코 아니다. 1970년대 기자들이 저항적이었던 이유는 그들이 상대적 저임금 상태에 놓여 있었기 때문에 잃을 것이 없어서였다는 판단 아래, 기자들의

임금을 높여주고 아파트 분양 따위의 특혜를 주었다. 1980년대부
터 가파르게 치솟은 언론사의 임금은 중반에 이르러 대기업 초임
과 비슷해지거나 앞질렀다. 언론이 적극적으로 자발적으로 '전두
환식 사회 정화'에 동조한 이유가 여기 있다. 전두환 정부는 물러
갔지만, 또 그들이 제정한 언론 탄압의 법과 제도는 바뀌었지만,
언론인들을 고임금으로 체제 안에 포섭한 전두환 정부의 전략은
'성공'했다. 전두환 정부가 물러난 이후에도 언론은 색깔정치, 지
역정치의 이데올로그로 활약하며 '전두환식 사회 정화'를 주도하
는 권력을 지금까지 행사해오고 있다.* 고임금 구조의 한국 언론
은 그 점에서 '전두환의 아우들'임에 틀림없다.

　강압적인 전두환식 사회 '정화'는 1987년 들어서면서 위기를
맞았다. 박종철 고문치사 사건으로 야당과 학생, 재야 세력이 힘
을 모아 민주화투쟁에 나섰다. 당시 전두환은 "정치란 힘 가진 사
람이 하고 싶은 대로 하는 게 원리"라고 거침없이 말했다. 그가 정
치를 바라보는 시각이 극명하게 드러난 셈이다. 하지만 그는 결국
민주주의를 요구하는 시민의 힘에 밀렸다.

　전두환의 뒤를 이은 노태우 정부는 군부 집권의 연장이었다.
다만 6월대항쟁으로 어쩔 수 없이 '순화'될 수밖에 없었다. 노태
우 정부는 그 뒤 김영삼 정부로 이어지는 과도기적 성격을 지니고

---

* 가령 그 자신 대기업으로 성장한 신문들은 2009년 서울 용산에서 철거민들이 경찰의 진
  압으로 5명이나 참혹하게 숨졌을 때, 과잉 진압을 비판하기는커녕 전국철거민연합에 색
  깔을 칠해 비난하는 보도와 논평을 일삼았다. 이에 대한 실증적 분석은 손석춘의 《신문
  읽기의 혁명 2》(개마고원, 2009)를 참고.

있다.

여기서 중요한 것은 이승만-박정희-전두환으로 이어지면서 색깔정치와 지역정치, 언론정치가 구조화했다는 사실, 그 '전통'에서 한국의 보수 정치는 보수가 지녀야 할 최소한의 민주주의 상식조차 지니지 못한 채 지역감정을 앞세우고 마녀사냥을 일삼았다는 사실이다.

무엇보다 이승만, 박정희, 전두환 모두 아래로부터 범국민적인 민주화투쟁에 직면했다는 사실을 기억할 필요가 있다. 특히 전두환과 노태우가 수천억 원의 천문학적인 정치자금을 불법으로 자기 호주머니에 챙긴 사실은 보수 정치가 얼마나 부패할 수 있는가를 입증해주었다. 박정희도 대통령으로 재직할 때는 물론, 퇴임한 이후에도 거의 모든 신문과 방송이 그의 청렴성과 서민성을 수십 년 동안 부각해왔지만, 자녀들이 '실권'을 행사할 수 있도록 남겨놓은 정수장학회와 육영재단, 영남대 재단의 재산 규모만 짚더라도 청렴과 서민의 허울은 단숨에 벗겨진다.

박근혜를 좋아하든 싫어하든 그녀의 정치적 급성장은 이승만-박정희-전두환이 견고하게 구조화해놓은 지역감정-색깔공세-제도언론 정치를 배경으로 하고 있다는 사실, 박근혜 또한 정치적 성장 과정에서 한국정치의 그 특성을 고스란히 지니고서 그것을 적극 '활용'해왔다는 사실, 아버지 박정희가 남긴 정치적 유산만이 아니라 튼튼한 물적 기반으로부터도 큰 도움을 받았다는 사실을 제대로 평가해야 옳다.

바로 그 점에서 박근혜의 정치적 급성장은 한국 보수 정치의 실패라고 단언할 수 있다. 한국의 보수 정치가 반민족 부일 행위와 군사독재의 유산을 옳게 청산하지 못하고 지역감정과 색깔공세에 의존할 때, 과연 보수가 대한민국의 내일을 개척해나갈 수 있을까를 냉철하게 짚을 필요가 있다. 이명박 정부의 '실험'은 그 물음에 답하려는 사람들에게 생생한 학습 기회다.

5장

개혁 정치의 성과와 한계

박근혜의 거울에는 스스로 보수를 내세운 이승만-박정희-전두환/노태우 대통령만 나타나지 않는다. 김영삼-김대중-노무현으로 이어지는 또 다른 흐름이 보인다. 김영삼, 김대중, 노무현 세 대통령은 정책 방향과 무게의 차이는 있었지만 각각 개혁을 내세우며 임기 내내 그것의 실현을 강조했다는 점에서 박근혜가 걸어온 길과는 분명 다르다.

물론, 세 대통령이 집권한 15년은 이승만-박정희-전두환/노태우의 집권 기간이 42년이라는 사실에 비춰 본다면 짧다. 하지만 국민 개개인에게 15년의 세월은 결코 가볍게 볼 시간이 아니다.

우리가 알다시피 이승만-박정희-전두환 대통령은 모두 독재 정권으로 민중의 저항을 받았다. 집권 말기에 각각 4월혁명, 부마항쟁, 6월대항쟁을 직면했다. 그 결과다. 그들은 하야에 이은 미국

망명, 심복의 총에 피살, 은둔과 칩거로 끝을 보았다.

대통령 김영삼-김대중-노무현은 그 점에서 달랐다. 이승만-박정희-전두환이 권력의 자리에 오를 때와 달리 김영삼-김대중-노무현은 자유롭게 치러진 대통령 직선제 아래 국민의 손으로 선출되어 직무를 수행했다. 하지만 세 대통령도 임기 말에 국민적 지지도는 추락할 대로 추락했다. 제6공화국 헌법은 대통령 5년 단임제를 명시했기 때문에 제도적으로도 불가능했지만 세 대통령이 각각 임기를 마칠 때 그의 연임을 갈망하는 국민의 요구나 여론은 전혀 없었다.

민주화 투사로 불리던 두 김 씨는 임기 말에 각각 아들을 감옥에 보내야 했다. 노무현은 임기를 마친 뒤 부인이 청와대에서 기업인으로부터 돈을 받은 사실이 드러났다. 김영삼 대통령은 정권 말기에 국제통화기금의 구제금융을 받는 처지로 내몰렸고, 김대중-노무현 정부 아래서 부익부 빈익빈은 심화되었다.

바로 그래서였다. 김영삼 정부 말기에 정계에 복귀한 박근혜가 김대중-노무현 정부를 거치면서 경제성장 정치로, 또 서민정치로, 원칙정치로 정치적 성장을 이룬 데는 개혁 정치를 내건 정치인들의 '반사 효과'가 있었다. 박근혜의 거울에서 개혁 정치의 실패를 읽을 수 있고 또 읽어야 할 이유가 여기 있다.

김영삼식 민주정치

한국정치사에서 김영삼 정부(1993년 2월~1998년 2월)의 성격은 독특하다. 정치사뿐 아니라 정치 현실을 보아도 그렇다.

무엇보다 김영삼 정부를 개혁 정치의 틀로 바라보는 시각에 동의하지 않을 사람도 많다. 김대중-노무현과 김영삼을 같은 흐름으로 보는 것은 언어도단이라고 결연히 반박할 수도 있다. 대통령으로 재임할 때 현재의 한나라당 전신인 신한국당의 총재를 지냈다는 점에서 김영삼은 확실히 보수 정치인이다. 실제 정치 구도에서도 쉽게 확인할 수 있다. 예컨대 2010년 6월 18일, 경상남도 거제에서 열린 '김영삼 대통령 기록전시관' 준공식에 참석한 이명박 대통령은 "말로야 누구나 나라를 사랑한다고 떠들 수 있지만 진정 목숨을 걸고 나라를 사랑하는 것은 아무나 할 수 없다"면서 "역사가 김영삼 전 대통령을 높이 평가할 것이라고 믿는다"고 연설했다. 기록전시관 준공식에는 이 대통령과 김영삼 전 대통령 부부, 박희태 국회의장, 정몽준 한나라당 전 대표, 김무성 한나라당 원내대표 등 700여 명이 참석했다.

하지만 그는 박정희-전두환 군부독재 체제에 맞서 오랜 세월 민주화투쟁을 벌여온 '투사'였다. 대통령에 당선되어서도 '개혁'을 부르짖고 추진했던 사실에 무게중심을 둔다면, 그를 김대중, 노무현과 함께 개혁 정치인으로 분류하는 게 타당하다. 노태우 정부가 군부독재에서 민주화로 가는 과도기였다면, 김영삼 정부는 여야 사이의 평화적 정권교체로 가는 과도기였다.

한국의 정치 현실로 볼 때, 김영삼(1927년~)은 앞서 분석한 이승만-박정희-전두환과는 분명 다른 데가 있기 때문에 그를 개혁정치의 틀로 분석하는 게 더 현실성을 얻는다. 김영삼 스스로 당당하게 그들과의 차이를 밝힌 바 있다. '김영삼 대통령 기록전시관' 준공식 자리에서 그는 "내 손으로 문민 민주화를 이뤄냈다는 자부심을 갖고 있다"며 "역사는 언제나 정의롭게 흐른다는 것이 내 일생을 통해 얻은 교훈"이라고 밝혔다.

여기서 "내 손으로 문민 민주화를 이뤄냈다는 자부심을 갖고 있다"는 김영삼의 말은 범국민적인 민주화투쟁을 과소평가하고 자신이 한 일을 과대평가한 말이다. 하지만 그가 군부독재에 맞서 오랜 세월 동안 민주화투쟁을 벌인 것은 사실이다. 더구나 김영삼은 대통령에 취임해서 군부독재의 물리적 기반으로 사실상 군부에서 '정치 조직'을 이루고 있던 '하나회'를 전격적으로 뿌리 뽑았다.

누가 보더라도 그것은 한국정치사에 한 획을 그은 김영삼의 업적이다. 실제로 그는 틈날 때마다 "내가 하나회를 척결하지 않았다면, 김대중이나 노무현은 대통령이 안 되었을 것이다. 하나회를 척결하기 전에는 우리나라 민주주의가 안 된다고 생각했다"고 자부해왔다.

박정희는 군부 내 사조직인 하나회를 짐짓 눈감아주면서 적절히 키워주고 견제하며 군부 관리의 한 방법으로 활용했다. 하나회는 회원인 전두환과 노태우가 잇따라 대통령 자리에 앉으면서 1980년 이후 구성원들이 군부 내 핵심 자리는 물론, 국가기구 곳곳으로 진출해 사실상 국가권력을 장악하고 있었다.

1993년 2월에 대통령에 취임한 김영삼은 곧바로 육군참모총장, 특전사령관, 수도방위사령관을 비롯해 하나회 핵심 구성원들을 전격적으로 해임하고 예편시켰다. 육군 지도부에 포진한 하나회 구성원들을 해임한 동시에 곧바로 후임을 임명함으로써 '전광석화'처럼 척결했다. 하나회에 대한 전격 숙청은 김영삼이었기에 가능했다는 평가가 지배적이다. 김영삼 정부에서 내내 정책기획위원장을 한 서진영(고려대 교수)은 "우스운 얘기이지만 YS가 아니었으면 군 개혁을 그런 식으로 무지막지하게 단기간에 해치울 수 없었다. DJ처럼 조심스러운 사람은 절대로 그렇게 못 했을 거라고 본다. YS가 그렇게 함으로써 군이 다시 정치 개입을 하려면 앞으로 20~30년 동안 사조직을 다시 만들어야 하게 되었다. 그런 점에서 YS의 공로는 상당히 크다"고 평가했다.

30년에 걸쳐 깊숙이 뿌리내린 '정치군인'들을 뽑아내고 군정을 실질적으로 종언시킨 일은 대통령 김영삼의 치적이 틀림없다.

바로 그 점에서 김영삼의 '3당 합당'을 부정적으로만 평가하는 분석은 현실의 변화를 설명하는 데 한계를 갖는다. 1990년 1월 22일 김영삼이 노태우 대통령과 손잡고 김종필과 함께 3당 합당으로 민주자유당 창당을 발표했을 때, 그것을 '변절'이라고 단죄하기는 쉬운 일이었다. 하지만 만일 그때 김영삼이 3당 합당을 하지 않았다면 한국정치가 어떻게 전개되었을까를 냉철하게 검토할 필요가 있다.

물론, 이상적으로는 김영삼-김대중 세칭 '두 김 씨'가 다시 힘을 모아 통합 정당을 만드는 길이 있었다. 하지만 대통령선거에 동시 출마하면서 두 김 씨 사이의 골은 깊어질 대로 깊어졌다. 6월 대항쟁으로 일궈낸 대통령 직선제에서 단일화에 실패하는 바람에 정권이 노태우에게 넘어간 상황이었는데도, 두 김 씨는 자숙하지 않고 이듬해 총선에서도 각각 별개의 정당으로 경쟁했다. 김영삼이 군부독재의 정당인 민주정의당과 합당하면서 내놓고 '호랑이 굴'론을 강조한 사실은 단순하게 넘길 문제는 아니다. 호랑이를 잡으려면 호랑이 굴로 들어가야 한다는 말은 그 뒤 김영삼이 민자당 내에서 민정계의 온갖 견제를 이겨내며 대통령후보가 되었을 때, 마침내 당선되어 하나회를 깨끗하게 숙청했을 때, 실현되었다고 볼 수 있다.

김영삼의 정치개혁은 여기서 그치지 않았다. 고위 공직자들의 재산 공개를 도입한 그는 지난 시기 대통령들이 조성해온 정치자금의 고리도 과감하게 끊었다. 박정희, 전두환, 노태우는 모두 '필요'할 때마다 대기업 회장들을 청와대로 불러들였다.

박정희는 자신이 꿈에도 상상할 수 없었던 순간에 갑작스런 죽음을 맞아 사실 관계가 명확히 드러나지 않았지만, 전두환과 노태우가 '대통령의 통치자금'이라는 이름으로 수천억 원을 모은 사실은 확연하게 탄로 났다.

분명한 사실은 박정희와 전두환, 노태우 모두 청와대 대통령 집무실에 대형 금고를 설치해두고 애용했다는 점이다. 전두환이 자신을 따르는 군부의 장성들과 장차관들은 물론, 청와대 출입 기자들에게도 일반인이 상상할 수 없는 액수의 돈 봉투를 선심 쓰듯

나눠주었다는 증언들은 그 대형 금고가 30여 년 지속된 군부독재 시대에 어떤 구실을 했는지 짐작케 한다. '각하'에 대한 '충성'의 이면에는 수천억 원의 정치자금이 자리하고 있었던 셈이다.

김영삼은 국회 심의를 거쳐 청와대에 합법적으로 배정되는 예산이 있으므로 다른 돈은 필요 없다며 문제의 대형 금고를 철거했다. 버리기 쉽지 않은 유혹이었을 터이기에 의미도 그만큼 크다.

김영삼 정부가 금융 실명제를 전격 단행한 데 이어 '역사 바로 세우기'를 내걸고 전두환-노태우를 전격 구속한 일* 또한 그를 한국 정치판에서 '보수 정치인'으로 분류할 수 없게 한다. 보수를 자처한 군부독재 세력 내지는 수구 정치세력의 행태와 그의 행보는 달랐기 때문이다.

김영삼 정부가 1995년 11월 말에 전두환-노태우를 구속 수감하고 이어 국회가 12월 21일 5·18민주화운동의 명예 회복을 위해 5·18특별법을 제정했을 때, 대통령으로서 김영삼은 전성기를 누리고 있었다.

기실 3당 합당 이전에 그는 "닭의 모가지를 비틀어도 새벽은 온다"며 유신체제에 맞서 민주화투쟁을 벌인 야당 정치인의 상징이었다. 김대중과 더불어 '두 김 씨' 또는 '양 김'이라는 시사용어가 신문 지면과 방송 화면에 자리 잡을 정도였다.

---

*　전두환과 노태우는 결국 구속되어 대법원의 최종 판결로 법의 심판을 받았다. 하지만 그들이 복역 중이던 1997년 12월 20일 김대중 대통령당선자와 김영삼 대통령은 전두환-노태우에 대한 사면을 합의해 발표했다.

김영삼은 대학을 졸업하고 국무총리 장택상의 비서로 한국 정계에 '입문'했다. 한국전쟁 직후인 만 26세 때 국회의원에 당선돼 9선 의원이라는 '대기록'을 세우고 대통령에 당선된 만큼 한국 의회정치사의 살아 있는 박물관이라 할 수 있다. 야당 총재로 박정희 정부 때 국회에서 제명당했고, 1980년 전두환이 정권을 잡으면서 2년 동안 가택 연금을 당하기도 했다. 1983년 5월 18일, 5월 항쟁 세 돌을 맞아서는 학살극의 진상 규명과 민주화를 요구하며 무기한 단식 투쟁에 들어가 직선제 개헌 투쟁의 구심점이 되었다.

하지만 김영삼도 색깔정치, 배제정치의 '전통'에서 자유로울 수 없었다. 그가 주창해온 민주주의에서 노동자의 자리는 전혀 없었다. 김영삼식 민주정치는 대통령을 국민이 직접선거로 뽑는 일, 군부가 권력을 넘보아서는 안 된다는 데 한정되었다. 그가 자신의 정부를 '문민정부'라고 내걸었을 때, 그에게 한국 민주주의는 완성된 체제였다. 민주주의를 선거에 한정해서 생각하고, 민주주의의 성숙을 위해 노동운동이나 시민운동에 나서는 사람들을 불온시하거나 색깔을 칠해 배제하는 정치인은 기실 그만이 아니다. 그가 '상징'하고 있을 뿐이다.

민주주의에 대한 김영삼의 초보적 인식은 대통령으로서 그가 세상을 바라보는 눈에서 그대로 나타난다. 한국통신노동조합이 파업에 돌입했을 때 김영삼은 무람없이 "그들은 국가 전복 세력"이라고 단정했다. 노동운동 자체를 부정하며 원천적으로 배제하는 '김영삼식 민주정치'는 한계가 또렷했다.

게다가 업적주의에 매몰되고 언론에 부각되는 걸 즐겼던 김영삼 정부는 '선진국' 진입을 무리하게 시도했다. 1996년 아시아에서 일본에 이어 두 번째로 OECD(경제협력개발기구) 회원국이 되었다. 그때까지만 하더라도 김영삼은 자신의 임기에 어떤 일이 기다리고 있을지 상상할 수 없었다.

1997년에 접어들면서 김영삼 대통령의 아들 김현철이 국정에 개입한 사실이 드러나 여론의 뭇매를 맞는다. 결국 김현철은 구속되었다.* 각별히 사랑했던 아들 김현철의 구속은 그나마 개인적 불행일 수도 있다.

더 큰 문제는 김영삼 대통령이 전혀 예상하지 못했던 국가적 불행이 시시각각 다가왔다는 데 있다. OECD 회원국이 되면서 서두른 금융 개방으로 한국경제의 자금 흐름이 위기로 흘러갔기 때문이다. 그의 임기 말인 1997년 12월 5일 외환위기를 벗어나기 위해 IMF(국제통화기금)에 자금 지원을 신청하면서 '한강의 기적'을 구가하던 한국경제는 구제금융을 받는 나락으로 떨어졌다.

구제금융 사태는 김영삼이 이룬 하나회 척결, 금융 실명제, 지

---

* 김영삼 대통령은 아들 현철을 감옥에 보내면서 "자식의 잘못은 그 아비의 허물"이라고 비통한 심정으로 국민에게 용서를 비는 사죄의 글을 낭독했다. 이를 두고 당시 김영삼 대통령의 측근은 "우리나라 최고 권력자가 사랑하는 아들의 잘못을 수사기관에 조사하게 한 것도, 혐의를 있는 그대로 밝힌 것도, 더구나 아들을 감옥에 보내 죗값을 치르게 한 것도 YS가 처음"이라고 평가했다. 그는 이어 "부모의 뜻대로 되는 자식은 드물다. 남의 말이라고 하기는 쉽지만 누가, 어떤 부모가 자식에 대하여 장담할 수 있는가? 또 현철은 아버지를 이용하거나 그 권력을 업고 부당한 돈을 받거나 갈취한 것이 아니라는 것이 사법적으로 판명되었다. YS가 대통령이 되기 전이나 되는 과정에서부터 가지고 있던 돈 몇 십억을 굴리다가 문제가 된 것이다. 경우에 따라서는 감옥에 보내지 않을 수도 있지만, 이것까지도 부정부패 없는 깨끗한 민주정치 구현을 위해 있어서는 안 된다고 대통령이 직접 국민 앞에 나서서 비통한 심정으로 사과하면서 본을 보였다"고 설명했다.

방자치제도 도입과 같은 업적들을 모두 묻어버릴 만큼 엄청난 국가적 재난이었다. 국민 대다수의 삶을 실업과 고통 속으로 몰아넣었기 때문이다. 김영삼이 현직 대통령으로서 국가기구를 총동원해 집요하게 방해했지만, 김대중이 그의 뒤를 이어 대통령에 당선된 큰 이유도 경제가 구제금융을 받을 정도로 위기를 맞았기 때문이다.

기실 IMF 사태는 그의 임기 중에 일어난 항공기 추락, 서해페리호 침몰, 구포역 열차 전복, 성수대교 붕괴, 아현동 도시가스 폭발, 대구 지하철 1호선 가스 폭발 참사, 삼풍백화점 붕괴 참사와 마찬가지로 오랜 세월에 걸쳐 뿌리내린 박정희식 '경제성장 제일주의'가 빚어낸 문제점의 연장선에 있었다.

수출 중심의 양적 성장만 추구함으로써 부실화한 경제구조에 더해 미국이 주도하는 세계 경제 질서에 아무런 대책 없이 전면 개방하고 들어간 정치적 선택이 파국을 불러왔다. 박정희식 경제성장의 문제점을 안고 있던 중에 폭발한 사건이라는 점에 주목한다면, 과연 한국의 많은 정치인들이 구제금융 사태에서 얼마나 교훈을 얻었을까라는 물음에 회의적인 답을 내놓을 수밖에 없다.

무엇보다 IMF 구제금융 시기에 국가의 경제위기를 구하기 위해 정치에 입문했다고 주장하는 박근혜가 박정희식 경제 성장을 미화하거나 심지어 '대안'으로 부르대며 정치적으로 급성장한 모습은 개인적 희극이자 국가적 비극이다.

김대중식 대중경제

김대중(1924년~2009년). 대한민국 대통령을 지내며 한국인 최초로 노벨상을 받은 정치인이다. 더러는 지역정치의 감정으로, 더러는 배제정치의 색깔로, 언제나 부정적 담론을 양산해온 제도언론의 영향을 받아 김대중을 불온시하는 국민이 적잖은 상황에서 그가 걸어온 정치 역정을 톺아보는 일은 의미가 있다.

다름 아닌 김대중이 남긴 일기가 그의 긴 정치 역정을 간명하게 정리해준다. 그는 2009년 1월 일기에 다음과 같이 썼다.

오늘은 나의 85회 생일이다. 돌아보면 파란만장의 일생이었다. 그러나 민주주의를 위해 목숨을 바치고 투쟁한 일생이었고, 경제를 살리고 남북 화해의 길을 여는 혼신의 노력을 기울인 일생이었다. 내가 살아온 길에 미흡한 점은 있으나 후회는 없다.

김대중이 그 일기를 쓸 때 과연 그날이 지상에서 맞은 마지막 생일임을 짐작이라도 했을까.* 2009년 5월 노무현의 비극적 자살로 건강이 급속 악화돼 결국 8월에 운명함으로써 김대중 시대는 막을 내렸다.

---

* 2009년 1월 15일 일기에 김대중은 다음과 같이 썼다. "긴 인생이었다. 나는 일생을 예수님의 눌린 자들을 위해 헌신하라는 교훈을 받들고 살아왔다. 납치, 사형 언도, 투옥, 감시, 도청 등 수없는 박해 속에서도 역사와 국민을 믿고 살아왔다. 앞으로도 생이 있는 한 길을 갈 것이다."

한국정치사에서 '김대중 시대'는 넓다. 상식적인 정치 잣대로 본다면 김대중 시대는 대통령 재임 기간(1998년 2월~2003년 2월)이다. 가령 그의 전임자인 박정희, 전두환, 노태우, 김영삼의 이름 뒤에 '시대'를 붙여 쓰는 담론을 기준으로 볼 때 그렇다.

하지만 갑작스레 군부 쿠데타로 권력을 거머쥔 대통령들과 김대중이 걸어온 정치 역정은 확연히 다르다. 김대중은 대통령이 되기 전 정치인으로서 이미 자신의 비전vision과 정책을 또렷하게 제시—곧 자세히 짚어보겠지만 대중경제론이 대표적이다—했고, 그것으로 국민적 지지를 받았으며 그로 인해 자신의 목숨마저 위협받았다. 바로 그 점에서 김대중은 김영삼과도 다르다.

1971년 대선 이후 그는 박정희 군부독재에 맞선 민주 시민들의 결집과 투쟁에 상징적 존재가 되었다. 그 시기 이후 한국의 정치사적 전개에 김대중은 어떤 형태로든 늘 영향을 끼쳐왔다. 심지어 그가 대통령 자리에서 물러난 뒤에도 김대중 시대는 끝나지 않았다. 노무현 정부는 김대중 정부의 노선을 답습했다. 이명박 정부가 들어선 뒤, 김대중은 민주주의·민생경제·남북 관계의 3대 위기를 제시하며 야당인 민주당을 독려했다. 그 점에서도 아무런 개념 없이 색깔공세로 배제정치의 언행을 일삼고 있는 김영삼과 다르다.*

---

* 가령 김대중은 2009년 4월 27일 일기에 다음과 같이 다짐했다. "나는 많은 고생도 했지만 여러 가지 남다른 성공도 했다. 나이도 85세. 이 세상 바랄 것이 무엇 있는가. 끝까지 건강 유지하여 지금의 3대 위기—민주주의 위기, 중소서민 경제 위기, 남북문제 위기 해결을 위해 필요한 조언과 노력을 하겠다."

김대중은 1971년 신민당 대선후보 경선에서 김영삼을 제치고 대통령후보로 선출된 사실만으로 '김대중'이 된 게 아니다. 1971년 제7대 대통령선거를 앞두고 그해 3월 출간된《김대중 씨의 대중경제—100문 100답》은 김대중이 단순히 박정희 정권에 대한 정치적 반대자가 아니라 대중경제라는 새로운 정치경제 체제를 대안으로 지닌 정치인임을 나라 안팎에 선언한 책이다.

김대중은 머리말에서 "대중에 의한, 대중을 위한, 대중의 경제체제"라는 새로운 비전을 제시했다. 대중경제연구소가 편집한 형식으로 펴낸 이 책은 선거 정국에만 10만 부가 인쇄되어 유세 현장을 중심으로 뿌려졌다. 국민들, 특히 진보적 성향의 유권자와 지식인들의 호응이 컸다.*

김대중을 김대중이게 만든 게 바로 대중경제론이었다. 김대중은 훗날 대중경제론에 대해 다음과 같이 회고했다(《역사비평》 2008년 7월호 인터뷰).

박정희 정권의 경제 발전 추진을 들여다보니…… 재벌에 독점적 이윤을 주는 방식이었다. 그래서 대중이 참여하고 대중이 공동 운영하고 같이 분배받는 경제가 되어야 한다고 생각했다. 대중이, 노동자가 주식을 소유하고, 감사도 노동자들이 직접 선출한 사람들이 해서……. 대중경제의 목표는 중산층을 지원하고 하위 계층을 중산층화하는 것이다. 당시 내 주장은 '중소기업 중심의 경제체제'였다.

---

* 김대중에 대한 비판적 지지론의 뿌리를 대중경제론에 두는 논자들의 근거도 여기에 있다.

……당시 대중경제론을 만들면서 박현채 교수와 함께했다.

김대중이 밝혔듯이 대중경제론을 논리화할 때 박현채(1934년 ~1995년)가 깊숙이 관여했다. 박현채를 중심으로 경제학자와 사회운동가들이 모여 10여 일 동안 합숙하며 공동 집필을 했고, 이를 바탕으로 김대중이 알기 쉽게 정리했다는 게 지금까지 알려진 사실이다.

눈여겨볼 대목은 박현채가 빨치산 출신임을 당시 김대중이 몰랐을 리 없었다는 점이다. 그럼에도 박정희의 반공주의가 극성을 부리던 시기에 김대중이 박현채와 함께 대중경제론을 체계화한 사실은 적잖은 진보 지식인들에게 김대중의 정치 노선에 믿음을 갖게 했다. 이에 앞서 김대중은 1966년 1월 박순천 민중당 대표의 연두 기조 연설문 작성을 주도하며 '대중자본주의 경제체제'라는 개념을 제시했다. 1969년에도 김대중은 《신동아》에 〈대중경제론을 주창한다〉라는 글을 기고했다.*

하지만 대중경제론은 몇 차례 수정을 거친다. 1980년 5월에 전두환의 쿠데타 세력에게 체포당해 사형 선고를 받고 가까스로 구명돼 미국으로 망명한 김대중은 1983~1984년 하버드대 국제문제연구소 초청 연구원으로 있으면서 장문의 영문 리포트를 제출했

---

* 1969년 김대중은 경희대대학원에서 〈대중경제의 한국적 전개를 위한 연구: 한국경제의 구조개혁을 위한 서설〉 제하의 석사논문을 썼다. 이 논문에도 박현채가 깊숙이 관여했다는 증언이 있다.

다. 1985년에 출간된 영문판 《대중참여경제론Mass-Participatory Economy》이 그것이다. 이 책의 출간에는 박현채가 아닌 유종근(당시 뉴저지 주 경제연구소 근무)이 관여했다. 이 책을 국내에서 옮긴 번역서가 《대중경제론》(도서출판 청사, 1986)이다. 여기서 김대중은 "기업가, 노동자, 농민, 소비자 등 모든 집단이 민주 정부하에서 경제적 의사결정 과정의 여러 국면에 충분히 참여할 수 있도록 보장되어야 한다"고 강조했다.

1997년 대선을 앞두고 대중경제론은 다시 수정을 거친다. 이강래 특보를 중심으로 내용을 대폭 수정해 발간한 《대중참여경제론》은 '민주적 시장경제론'을 제안했다. 박현채를 연구한 경제학자 박승옥은 "대중경제론의 마지막 수정(?)은 김대중 집권 뒤의 실제 경제 운용이었다. 국제통화기금IMF 경제위기를 극복하고 새로운 경제체제를 시행할 수 있는 절호의 기회 앞에서 김대중은 그 자신이 그렇게도 주장했던 바대로 대중의 삶을 개선하기는커녕 양극화를 더욱 심화한 장본인으로 비판받고 있다. 1997년 이후의 김대중은 1971년의 대중경제론을 수정 증보한 것이 결코 아니라 철저하게 배신했다고 볼 수 있다"고 분석했다.

대중경제론의 핵심 논리는 시간이 흐르면서 보수적으로 변했지만, 1971년 대선에서 대중경제론과 함께 김대중이 제기한 남북대화 정책은 전혀 흔들림 없이 3단계 통일론으로 일관성 있게 이어졌다.* 남북 교류와 통일에 대한 그의 의지는 마침내 6·15남북

---

* 김대중의 통일론이 압축된 3단계 통일론의 제1단계는 1민족, 2국가, 2체제, 2독립정부, 1

공동선언으로 열매 맺었다. 2000년 6월 13일 평양의 국제공항에서 이루어진 김대중과 김정일의 포옹에 국민 대다수가 감동했다. 남과 북의 두 정상이 합의한 6·15공동선언은 남북 현대사의 새로운 이정표가 되었다. 김대중의 남북 교류와 통일에 대한 열정은 그에게 노벨 평화상의 영예를 안겨주었다. 공동선언으로 명시된 남과 북의 통일 방안 합의는 대통령 김대중이 남긴 가장 큰 정치적 업적이다.

문제는 '대중경제'다. 경제에 국한해 볼 때 그의 시대는 집권 전과 후가 또렷하게 나뉜다. 대통령 시절 김대중이 실행한 경제 정책은 누가 보더라도 대중경제론과 차이가 크다. 그 차이를 설명하는 시각은 크게 두 가지로 나뉜다.

먼저 1997년 외환위기 이전에 김대중의 대중경제론은 시나브로 후퇴해왔다는 분석이다. 대중경제론 구성에 주도적으로 참여했던 박현채는 이미 1992년 대선을 거치면서 김대중의 변화에 실망해 관계가 소원해졌다. 대중경제론의 변화를 뒷받침하는 증언은 유종근의 인터뷰다. 《경향신문》 인터뷰(2008년 1월 24일자)에서

연합의 남북연합(남북공화국연합)이다. 남북한 독립국가가 서로 다른 체제를 그대로 유지한 채 국가연합을 형성한다. 남과 북은 각각 기존의 주권을 그대로 보유한다. 10년 정도 지속될 이 기간에 남과 북은 상호 화해와 협력을 통해 평화와 번영을 추구하는 가운데 민족의 동질성 회복을 위해 전력을 다하게 된다. 제2단계는 연방제다. 1민족, 1국가, 1체제, 1연방정부, 2지역자치정부로 구성된다. 이 단계에서는 한 체제 아래 외교·국방과 주요 내정을 중앙정부가 관장하고, 그 밖의 내정은 2개 지역자치정부가 담당한다. 통일헌법에 따라 연방대통령을 선출하고 연방의회를 구성한다. 제3단계는 완전 통일 단계로서 중앙집권제 또는 여러 지역자치정부를 아우르는 연방제를 채택하는 단계다. 연방으로부터 중앙집권적 체제로 나갈 것인지 아니면 여러 개로 세분된 연방제로 갈 것인지(곧 미국식이나 독일식 연방) 여부는 그때 가서 국민 의사로 결정한다.

유종근이 기자의 질문에 답한 대목을 보자.

─김대중 전 대통령의 경제철학에 깊숙이 관여한 것으로 압니다. 일각에선 박현채 선생의 '민족경제론'이 당초 김 전 대통령의 '대중경제론'의 골간이었는데, 유 전 지사가 그 색채를 지워버렸다고 분석하던데 사실인가요.

"김 전 대통령께서 82년 말 미국으로 오셔서 자문을 해달라고 했어요. 71년에 나왔던 '대중경제 100문 100답'이라는 책을 보니까 상당히 진보적이던데, 정책 현실에서 맞지 않는 부분이 많았어요. 김 전 대통령과 직접 만나 대화하면 그분이 그렇게 좌파는 아니에요. 통일 정책에서는 앞서가는 부분이 있지만 경제 문제에서는 당신이 사업을 해보셨기 때문에 시장에 대한 이해가 있으세요. 그래서 이러한 잘못된 인식을 바로잡을 필요가 있겠다고 건의했습니다. '그거 참 옳은 말이다. 근데 구슬이 서 말이라도 꿰어야 보배인데, 어떻게 하면 되겠느냐'고 물으셔서, 저술과 강연 활동을 하시라고 건의했지요. 그랬더니 '책을 쓰는데 도와달라'고 하셨고, 제가 제안하는 것에 거의 100퍼센트에 가까울 정도로 받아들이시더라고요. 의견이 거의 일치되니까 책 쓰는 작업이 수월했죠. 그래서 83년 하버드대학에서 영문으로 책이 나왔고, 귀국하신 직후 85년인지 86년인지 국역해가지고 '대중경제론'이 나온 겁니다. 거기 서문에 보면 제 이름이 나와 있습니다. 그래서 그때부터 (김 전 대통령의 경제가) 달라진 거예요. 92년 대선 때는 한 차례 보강했고, 그것을 또다시 보완해서 97년 선거 때 썼지요."

유종근은 1997년 대선 때 조지 소로스와 마이클 잭슨을 비롯한 외국 투자자들과 김대중의 만남을 주선했다. 김대중의 당선자 시절에 경제비상대책회의의 12인 가운데 한 사람으로 활동하며 외채 만기 연장을 위해 수시로 해외를 드나들었다. 김대중 정부 초기에 대통령 경제고문을 맡아 손꼽히는 실세로도 활동했다.

이와 다른 분석도 있다. 김대중이 외환위기를 맞아 어쩔 수 없이 'IMF 관리 체제'에 적응힐 수밖에 없었다는 설명이다. 이를 뒷받침하는 근거는 김대중 정부에서 첫 청와대 경제수석을 지낸 김태동의 증언에서 찾을 수 있다. 김태동은 외환위기 직후 대선 과정에서 IMF가 김대중 당선자에게 넣은 압력을 다음과 같이 밝힌 바 있다.

"IMF의 개방 요구에 대한 수위 조절은 김대중 전 대통령이 할 수 있는 부분이 아니었다. IMF에 구제금융 신청을 97년 11월 하순에 하고 12월 3일에 합의를 봤다. 합의 직전에 IMF 측이 요구한 것은 당선 가능성이 있는 이회창, 김대중, 이인제 세 후보가 모두 협정의 내용을 지키겠다는 약속을 하라는 것이었다. 이 IMF 요구안이 김대중 캠프에 전달되었을 때 조금 유보적인 입장을 취했다. 그러자 김대중 후보 때문에 IMF 구제금융을 받지 못하게 되었다는 식의 왜곡 보도가 나왔고, 어쩔 수 없이 당선 전에 협정을 맺어야 하니까 IMF와 협정 내용을 따르겠다고 약속할 수밖에 없었다. 또 IMF 자금으로 외환위기의 급한 불이 다 꺼진 것도 아니었다. 12월 초에 IMF 자금이 일부 들어왔는데도 김대중 당선자가 당선 직후에 보니까 가용 외환 보유액이 1~2일치밖에 남지 않았다고 한다. 결국 미국의 데이비드 립턴 재무부 차관보가 와서 당선자를 면접했다.* 대통령당선자가 일개 차관보에게 면접을 당하는 수모를 겪은 셈이다. 그해 12월 24일 미 재무부에서 우리나라에 1600억 달러에 달하는 스탠바이 크레디트(stand-by credit: IMF가 외화 사정이 악화된 나라에 포괄적인 신용장을 공여하고 그 범위 내에서 언제든지 자금 인출을 하게 하는 제도)를 제공하기로 하면서 위기를 넘길 수 있었다."**

요컨대 정리해고나 파견근로제 도입 따위의 신자유주의적 '노동유연성' 확대와 주요 기업과 금융기관의 해외 매각은 김대중의 뜻이 아니라 IMF의 요구 조건이었다는 분석이다.*** 따라

---

*   당시 휴버트 나이스 IMF 단장은 사실상 미국 립턴 차관보의 지휘를 받았다. 실제로 채무국과 IMF 사이 협상을 지휘하는 주체는 재무부를 중심으로 한 미국 관료들과 미국 금융기관이다. 언론이 표현한 대로 '면접'에서 김대중 당선자는 "새 정부는 IMF와 협의한 내용을 100퍼센트 준수하겠다"고 약속했다. 이에 대해 립턴은 "한번 금이 간 신뢰를 다시 회복하는 일은 대단히 어렵다"고 강조하고 "새 정부가 많은 사람들의 일자리에 목표를 둔다면 결과는 심각해질 수 있을 것"이라고 충고했다.

**   전홍기혜, 〈IMF는 어떻게 '대중경제'의 꿈을 훼손시켰나〉, 《프레시안》, 2009년 8월 19일.

*** 당시 미국의 간섭을 확인할 수 있는 다른 증언도 있다. 김대중이 김기환 경제특사와 마주한 것은 대선에서 승리한 지 나흘째 되던 12월 22일이었다고 한다. 미국 재무부와 금융기관들의 의향을 파악하는 임무를 맡은 김기환은, 그날 김 당선자에게 로렌스 서머스 미 재무부 차관과 접촉한 내용을 보고했다. 김기환의 회고에 따르면 김 전 대통령은 먼저 연말 외환 보유액이 -6억에서 +9억 달러로 예상된다는 자료를 받아 보고는 "이게 맞는 숫자냐"고 나지막이 물었다. "표를 한참 들여다보며 암산을 하는 것 같았다. 무슨 약속이 있는지 연신 시계를 들여다보면서도 설명을 조목조목 놓치지 않고 들었다. 미심쩍은 내용은 바로 되물었다. 'IMF플러스'를 하면 미국이 도와주겠다고 하더냐고 물어서 그렇다고 했더니 '구체적으로 어떤 거요' 하고 다시 물었다. 설명을 다 듣고 난 당선자는 예스도 노도 아닌 무표정한 얼굴이었다." 이틀 뒤 'IMF플러스' 협상이 타결된다. 3주 전인 12월 3일에 IMF 협상이 타결되었는데도 외환 상황이 다시 위험해짐에 따라 한국이 미국에 도움을 요청한 게 발단이었다. 한국은 그 대가로 외환관리법

서 김대중은 정작 대통령이 되었을 때 자신이 오랜 세월에 걸쳐 주창해온 대중경제론을 실현할 수 없었다. 게다가 당면한 위기 극복을 위해 기존 관료들에게 의존하면서 상황은 더 어려워졌다.

이는 앞서 살펴본 유종근의 인터뷰에서도 확인된다. 유종근은 김대중 정부 시절 '경제 실세'로서 각료로 입각하고 싶지 않았는가라는 질문에 다음과 같이 답했다.

"내통령 당신되시고 취임하실 때까지 (경제 실세로 통하고) 그랬습니다. 취임하시고 (경제)팀을 꾸리는 과정에서 보니가 DJP 연합으로 경제 부처를 자민련 김종필 전 총재(JP)한테 약속해버렸어요. 김태동 씨 다음에 강봉균 씨가 청와대 경제수석으로 들어갔습니다. 강봉균 씨가 들어가니까 이규성 재경부 장관하고 둘 다 정통 경제관료 출신이어서 아무래도 역할이 많이 줄어들었죠."

대중경제론을 '후퇴'시킨 유종근조차 DJP 연합으로 인해 막상 정부 출범 뒤에는 '역할'이 줄어들고 관료가 경제 정책의 중심이 되었다는 증언이다.

물론, 김대중 정부는 외환위기 3년 반 만인 2001년 8월 23일 IMF 구제금융 195억 달러 전액을 상환하면서 IMF 관리 체제에서 '조기 졸업' 하는 데 성공했다. 김영삼 정권 마지막 해 7355달러였던 1인당 국민소득이 1만 2626달러로 늘어났고, 5년 동안 1200억 달러의 외환 보유고를 쌓았다는 점에서 그의 경제 정책을 성

공했다고 평가할 수도 있다. 김대중 정부 마지막 해인 2002년에 경제 성장률이 7.0퍼센트를 기록한 사실도 그런 평가에 무게를 실어준다.

하지만 외환위기를 서둘러 벗어나는 과정에서 대폭 수용한 신자유주의 경제질서는 김대중 정부 5년은 물론, 노무현 정부까지 '민주정부 10년' 동안 한국사회에 구조화했다. 국내 대기업과 금융기관은 물론, 우량 공기업까지 외국 자본이 깊숙이 침투해 들어왔다.

외환위기를 불러온 원인 가운데 하나로 꼽힌 재벌 문제도 해결하지 못했다. 집권 초기에는 소수주주권 행사 요건을 완화하고 사외이사제도 도입, 결합재무제표* 의무화에서 볼 수 있듯이 재벌 경영의 투명성을 높이는 정책을 펴기도 했다. 김대중 스스로 1999년 8·15 경축사에서 "한국 역사상 처음으로 재벌을 개혁한 대통령이 될 것"이라고 공언하기도 했다.

그러나 현실은 달랐다. 출자총액제한제도는 사실상 폐기되고, 재벌 계열 금융·보험회사의 의결권**은 부활했다. 재벌의 은

---

* 2개 이상의 기업이 특정인에 의해 지배되고 있는 경우 해당 기업들을 한 회사로 보고 회사 간 내부거래를 제거한 다음 개별 재무제표를 수평적으로 결합한 재무제표를 말한다. 과거에는 계열사끼리 통합해 단일 대차대조표와 손익계산서로 만든 연결재무제표 방식을 써왔으나 대상 기업의 범위가 작고 누락되는 계열사가 있어 그룹 전체의 재무 상태나 경영 성과를 제대로 알 수 없었다.─매일경제 경제용어사전, 두산백과 참조.

** 금융·보험회사의 자산은 본래 금융·보험 상품 가입자(고객)가 맡긴 돈이다. 재벌 그룹에 속한 금융·보험사가 계열 기업의 주식 지분을 소유하고 주주로서 의결권을 행사할 경우, 고객 재산이 그룹 지배에 이용되는 셈이다. 재벌 계열 금융·보험회사의 의결권은 1986년 전면 금지되었으나 금융·보험사 지분이 많은 삼성의 강력한 로비로 말미암아

행주식 보유 한도 또한 높아졌다. 재벌의 경제력 집중을 막으려던 벤처 정책도 거품으로 귀결되었다.

김대중 정부의 경제 정책에서 평가할 수 있는 대목은 사회복지 정책이다. 기초생활보장제도 도입이나 통합의료보험제도 출범이 그것이다. 또 고용보험제도와 산업재해보상보험제도의 적용을 확대하고, 전 국민을 포괄하는 국민연금제도를 정착시켰다. 복지예산도 크게 늘었다. 가령 김대중이 취임하기 전해인 1997년에 보건복지부 예산이 2조 8510억 원으로 전체 예산의 4.2퍼센트였던 반면, 그의 임기 마지막 해인 2002년에는 7조 7750억 원, 전체 예산 비중 7.3퍼센트로 늘어났다.

문제는 사회복지 정책의 확대보다 신자유주의 경제의 구조화로 빚어지는 부익부 빈익빈의 양극화 '힘'이 훨씬 컸다는 데 있다. 도시노동자 가구 기준으로 1997년 1분기 소득계층 상위 20퍼센트와 하위 20퍼센트의 소득 차이는 4.81배였는데 2002년 1분기엔 5.4배로 벌어졌다. 한국의 주요 금융기관과 핵심 기업들이 매각되거나 외국인 투자자들의 지배 아래 들어갔고, 구조 조정과 노동시장 유연화로 비정규직 비율은 가파르게 상승했다.

지금까지 보았듯이 김대중 집권 뒤 대중경제론의 변화에는 집권 전의 논리적 재구성 요인도 있었지만, 외환위기와 미국의 압력이라는 외부적 요인도 컸다. 이유가 어니에 있든 구체적 현실은

2002년 1월 30퍼센트까지 허용되었다.(김우찬, 〈삼성공화국으로 가는 길목〉, 《머니투데이》 2005년 5월 26일자.)

명백하다. 외환위기를 벗어나면서 IMF로부터 '조기 졸업'은 했지만, IMF 체제는 한국경제에 깊숙이 내면화되었다. 그것은 김대중을 김대중으로 만든 대중경제론의 지향점과는 전혀 다른 결과였다. '김대중식 대중경제'에 많은 사람들이 실망한 이유다.

노무현 정부를 거쳐 신자유주의 정책을 노골적으로 펼쳐가는 이명박 정부에 들어와 대중경제론의 의미는 더욱 크다. 김대중 정부가 남긴 과제를 경제, 통일, 그리고 정치 순으로 짚어보자.

먼저 경제적 과제다. 앞서 보았듯이 대중경제론의 고갱이는 대중이 주체가 되는 경제다. 유종근이 재구성에 참여해 1985년 미국 하버드대에서 출간한 《대중참여경제론》조차 결론을 읽어보면 박정희식 경제성장주의는 물론 신자유주의 경제체제와도 확연하게 다르다. 김대중은 결론의 들머리에서 한국경제가 나아갈 길을 다음과 같이 제시한다.

앞에서 한국경제의 현황을 체계적으로 고찰하고 제반 개선책을 제시했다. 이 같은 개선책의 기본 원칙은 성장과 균등 분배와 가격 안정이라는 3대 목표 간에 적정한 균형을 유지한다는 것이다. 성장이라는 목표는 경제의 제반 부문 간의 그리고 지역 간의 균형된 발전을 통해 달성해야 한다. 그러기 위해서는 기업가, 노동자, 농민, 소비자 등의 모든 집단이 민주 정부하에서 경제적 의사 결정 과정의 여러 국면에 충분히 참여할 수 있도록 보장되어야 한다.

김대중은 결론의 마지막 대목에서 박정희와 전두환을 거명하며 그들의 "통치하에서 경제 성장의 열매는 이들과 결탁한 소수 특권층에 의해 거의 독점되어왔으며 노동자 농민들은 성장의 결실 배분에 참여하는 것으로부터 배제되어왔다"고 다시 한 번 노동자와 농민의 참여를 강조했다.* 이어 "본인의 계획안은 모든 집단의 권익을 옹호함으로써 이 같은 불공평을 시정하고 나아가 모든 집단에게 균등한 기회를 보장함으로써 균형적이고 견실한 경제 발전을 추구하고자 하는 것"이라고 밝혔다. 바로 그 점에서 대중경제론은 단순한 경제 차원을 넘어 민주주의의 문제다.**

하지만 김대중은 집권 이후에 국제통화기금과 미국의 압력으로 대중경제론과 반대되는 신자유주의 노선을 걸어갔다. 그 결과다. 부익부 빈익빈이 심화되고 대중경제론은 자리 잡지 못했다. 한마디로 간추리면 '김대중식 대중경제'의 실패였다.

1997년 경제위기를 맞아 '준비된 대통령'으로 김대중 정부가 대중경제론을 구현하리라고 믿었지만, 현실은 그렇지 못했다. 2002년에 접어들면서 아들들이 비리 혐의로 잇따라 구속되면서 김대중 대통령은 큰 타격을 받았다. 김대중 대통령의 서민성과 더불어 청렴성까지 근본적으로 의문시될 수밖에 없었다.

바로 그래서다. 김대중의 아들들이 2002년 봄에 구속되면서

---

* 이 대목에서 김대중의 대중경제론이 변화한 모습을 '배신'이라고만 단언하기보다는 대통령선거에서 이기기 위한 전략적 차원으로 분석할 수도 있다. 물론, 집권 이후의 모습은 전략적 차원으로만 설명하는 데 한계가 있다.

** 실제로 김대중은 대중경제를 대중민주주의의 기반으로 제시했다.(《김대중 씨의 대중경제—100문 100답》).

그해 12월에 치를 대선에서는 보나마나 한나라당 이회창 후보가
당선되리라고 많은 정치 전문가들과 시민사회 진영이 전망했다.
하지만 대한민국의 유권자들은 분배를 강조하며 서민성과 청렴
성이 돋보이는 정치인을 선택했다. 2002년 대선 정국에서 노무현
은 분배를 통한 성장 정치, 서민-청렴정치, 원칙과 신뢰의 정치인
을 상징하고 있었다. 지금 박근혜가 누리고 있는 그 상징과 거의
비슷하다.

노무현식 참여사회

참 나쁜 대통령.

노무현 대통령 시절에 한나라당을 이끌던 박근혜가 살천스레
던진 말이다. 노무현 전 대통령이 비극적 죽음을 맞은 뒤에도 서
울 강남 지역의 일부 주민들은 버릇 나쁜 아이들을 꾸짖을 때 '이
게 다 노무현 탓'이라고 둘러대고 있다.

하지만 노무현만큼 사랑을 받은 정치인도 한국정치사에서 찾
기 어렵다. 그는 정치에 입문한 뒤 오랫동안 '바보 노무현'으로 불
려왔다. 물론, 여기서 '바보'는 경멸이 아니다. 노무현을 아끼는
'애칭'이다. 노무현이 지역감정이라는 한국정치의 고질적 병폐를
해결하려고 눈앞의 손해를 감수하며 원칙을 지켜나갈 때, 누가 뭐
랄 것도 없이 국민은 그를 '바보 노무현'이라고 불렀다. 대다수 정
치인들이 수구 언론의 눈치를 살필 때, '바보 노무현'은 수구 언론

과 각을 세워가며 서민의 마음에 더 가까이 다가갔다.

민주당 대통령후보 경선에 나선 노무현은 여론시장을 독과점한 신문들이 일방적으로 퍼뜨려온 경제성장 우선론과 달리 분배의 중요성을 역설해 더 큰 기대를 모았다. 그것은 김대중식 대중경제가 부익부 빈익빈 심화라는 현상으로 나타났을 때 국민 사이에 퍼져가던 실망감을 이겨내고 다시 희망을 키울 수 있는 선거 공약이었다.

2002년 4월, 경기지역 후보 경선 연설에서 노무현은 "소득이 골고루 분배되지 않는 사회는 어느 때 불황이 올지 모른다"면서 "빈부 격차가 작고 서민의 소비가 활발한 나라가 경제적으로 안정된 나라"라고 강조했다. 그는 또 "복지는 목적이고 시장은 수단"이라며 "복지 정책을 통해 소득 분배를 하고, 이 소득 분배를 통해 건강한 소비를 늘리고 일자리를 만드는 새로운 정책이 추진되어야 한다"고 밝혀 대통령후보로서 신선한 충격을 주었다.

여느 정치인과 달리 언론 개혁에 적극적 의지를 표현해온 정치인이 경제에 대해서도 제도언론이 유포하는 고정관념을 벗어나 복지와 분배 정책을 공약하는 모습은 적잖은 사람들에게 감동으로 다가왔다. 동시에 바로 같은 이유에서 정치인 노무현은 제도언론으로부터 집중적인 비판을 받았다. 과거 제도언론의 '김대중 숙이기'에 빗대 '노무현 죽이기'라는 말이 언론학계와 시민사회에서 나돌기도 했다. 학벌 중심 사회에서 상고 출신의 비주류라는 사실 때문에 보수층과 언론에게서는 냉대받았지만, 바로 그 이유 때문에 노무현 바람은 더 커져갔다. 노무현 바람은 호남의 중심인 광주 경선에서 결정적 승기를 잡으며 세를 몰아갔다.

기실 "소득 분배를 통해 건강한 소비를 늘리고 일자리를 만드는 새로운 정책"은 바로 김대중의 대중경제론이 지닌 고갱이 가운데 하나였다. 한국경제가 구제금융을 받는 위기에서 벗어난 상황에서, 이제 제대로 된 분배 중심의 복지 정책을 기대했던 게 당시 호호 입술을 모아 불어 거대한 노무현 바람을 일으킨 한국 유권자들의 간절한 마음이었다.

마침내 정치 전문가들의 예상을 깨고 민주당 대선후보로 노무현이 선출되었다. 수락 연설에서 노무현은 "골고루 잘사는 나라, 중산층과 서민도 잘사는 나라를 만들어야 한다. 경제 성장과 분배의 정의를 조화시켜야 한다. 일자리를 많이 만들고 빈부 격차를 완화하겠다"고 시원하게 다짐했다.

집권당의 대통령후보로서 노무현은 2002년 9월에 "나의 경제 정책 기조는 지속적인 성장을 하는 것이며, 더불어 사는 사회를 건설하자는 것"이고 성장을 외면하는 게 아님을 강조하면서 "고용 창출의 효과가 없는 경제 성장은 의미 없다"고 단언했다. 이어 "내가 집권하면 직장에 공권력이 투입되는 상황 자체를 만들지 않을 것이며 노사가 대화와 참여로 상생하는 노사 풍토를 만들 것"이라고 약속해 노동자들의 기대감을 부풀렸다.

그 다음달에 열린 선거대책위원회 출범식(2002년 10월 1일)에서는 "소득 재분배 정책을 강력히 시행하겠다"라고 밝혔다. 경실련 주최로 열린 대선후보 정책 검증 토론회(2002년 10월 8일)에서 노무현은 "재분배와 경제 성장 7퍼센트 공약은 장밋빛 공약이 아닌가"라는 질문에 다음과 같이 답했다.

"우리 사회의 복지예산이 경제협력개발기구OECD 국가의 3분의 1 수준인 만큼 분배를 강조하는 것이 성장에 영향을 준다고 보진 않는다. 분배가 잘된다고 해서 경제에 부담을 준다는 얘기를 들은 적이 없다. 분배가 왜곡돼 있을 때 소비 생활이 왜곡되고 빈부 격차, 사회적 갈등이 심해져 오히려 많은 누수가 생긴다."

이어 제도언론과 '내신주자 릴레이 인터뷰'를 하면서 노무현은 자신의 정책이 '하향 평준화나 국가경쟁력 저하를 초래할 것이란 우려'를 묻는 질문에 "그렇지 않다"며 단호하게 말했다.

"지속 가능한 성장 정책은 분배와 함께 가야 한다. 빈부 격차가 크면 수요 기반이 무너져 결국은 경제가 붕괴된다. 남미 경제가 바로 그런 것이다. 지속 가능한 성장을 위해 일자리를 많이 만들고, 임금 격차를 최대한 줄여 건강한 소비 구조의 경제 형태를 만들어야 한다. 그 다음에 부동산 안정, 주택가격 안정, 물가 안정, 사교육비 부담 완화, 공정한 조세를 실시해야 한다."

그래서다. 당시 한 일간지의 정책평가단은 노무현 정책을 "재벌 개혁 → 공정한 시장질서 확립 → 고도성장의 고리와, 적극적 일자리 창출 → 빈부격차 해소 → 중산층 확대 → 고도성장으로 이어지는 고리가 함께 맞물린 방향"이라고 분석했다.

노무현은 선거 직전(2002년 12월 9일) 신문 인터뷰에서도 기자가 '부익부 빈익빈 심화 해소방안'을 묻자 자신 있게 말했다.

"빈부격차 해소는 시대적 과업이다. 지속 가능한 성장 정책은 분배와 함께 가야 한다. 5년 안에 전 국민의 70퍼센트가 건강한 중산충이 되도록 하겠다. 이를 위해 연평균 7퍼센트 성장 전략을 추진할 것이다. 부동산 투기만큼은 반드시 뿌리 뽑겠다.”

여기서 새삼 확인할 수 있듯이 노무현 바람이 뜨겁게 불어온 데는 이유가 있었다. 지금 보더라도 그의 공약은 신선하다. 그런데 그가 대통령에 당선된 뒤 그의 발언은 급속도로 변질되어갔다.

대통령 노무현은 국정 연설(2003년 4월 2일)에서 ‘분배 문제’를 “집값 안정과 사교육비 부담 경감”으로 대폭 좁혔다. 분배를 외면한 경제 성장의 틀을 바꾸겠다는 공약과 달리 두 가지 문제만 집중적으로 해결하겠다는 뜻으로 받아들여졌다.

하지만 그 두 가지조차 실패했다. 현실이 생생하게 보여주었듯이 노무현 정부 5년 동안 집값은 하늘 높은 줄 모르게 치솟았고―종합부동산세는 아파트 분양가 공개를 거부한 노무현 정부가 뒤늦게 ‘소 잃고 외양간 고치기’로 입법했다―사교육비도 급팽창했다.

그뿐 아니다. 대통령 노무현은 ‘국민소득 2만 달러 시대’를 국정 목표로 제시했다. 2003년 7월 들어 노무현은 ‘2만 달러 시대 위한 CEO 간담회’를 열었다. 경선 때의 ‘분배 중심’에서 대통령 당선 뒤 ‘성장 중심’으로 ‘변질’되는 데는 채 6개월이 걸리지 않았다.

노무현 대통령이 2만 달러를 주창하던 바로 그 시점에, 수도권의 30대 주부가 생활고에 시달리다가 어린 세 자녀와 함께 고층 아파트에서 투신자살한 참극이 벌어진 것은 시사적이다.

노무현 정부 임기 마지막 해인 2007년에 한국의 1인당 국민소득은 환율 효과에 힘입어 2만 15달러로 ‘2만 달러 시대’를 가까스로 여는 데는 ‘성공’했다. 하지만 그해 10월이다. 신문 한구석에서 우리는 슬픈 사건기사를 읽었다.

경기도 고양에서 마흔여덟 살인 '붕어빵 노점상'이 스스로 목을 맸다. 동갑내기 아내와 더불어 10년 넘게 지하철역 주변에서 먹을거리 노점을 하던 그는 폭력배들이 노점상을 단속한 다음날, 공원 나무에 목을 매 목숨을 끊었다. 집을 나서기 전에, 전날 함께 노점을 하다 단속반에게 구타당한 중년의 아내에게 미안하다는 말만을 남겼다고 한다.

국민소득 2만 달러 시대는 왔지만, 부익부 빈익빈은 심화되었다. 대통령후보 시절 그가 내세운 공약과 정반대의 결과를 빚은 셈이다.

실제로 경제 목표를 국민소득의 수치로 설정하는 것 자체가 '박정희식 경제 성장'의 틀이다. 그게 얼마나 허망한가는 1인당 국민소득이 1995년 1만 달러를 돌파한 뒤 외환위기에 직면한 1997년에 7300달러까지 하락한 사실, 2007년 2만 달러를 넘어섰지만 2008년에 다시 환율 효과로 주저앉은 사실에서도 쉽게 확인할 수 있다.

애초에 삼성그룹 회장 이건희가 제기한 '국민소득 2만 달러 시대'라는 의제(어젠다)가 신문 대기업들의 여론화에 힘입어 끝내는 '참여정부'의 정책으로 채택되는 과정은 깊이 성찰해볼 대목이다.*

---

* 노무현의 제도언론 비판이 결국 제도언론의 틀 속에 갇혀버린 현상에 대한 더 상세한 분석은 《신문읽기의 혁명 2》(2009)를 참조.

노무현 정부 5년을 톺아보면 출범 때부터 삼성과 긴밀한 관계를 맺었다는 사실을 새삼 확인할 수 있다. 집권 첫 해에 진대제 삼성전자 사장을 정보통신부 장관에 '발탁'했고, 2005년에는 삼성경제연구소 전무를 국가정보원 최고정보책임자로 '영입'했다. 홍석현《중앙일보》회장은 주미대사로 기용했다.

노무현과 삼성을 연결하는 인적 고리로는 삼성의 2인자 이학수 전략기획실장이 꼽힌다. 이학수는 노무현의 부산상고 1년 선배다. 노무현 정부가 공식 출범하기 직전인 2003년 2월에 대통령직 인수위원회에 삼성경제연구소의《국정과제와 국가운영에 관한 어젠다》라는 400여 쪽의 방대한 보고서가 제출되었고, 그것이 국정 방향에 큰 영향을 끼쳤다. 노무현은 그의 임기 중에 터진 이른바 'X파일 사건'에 대해 이건희 회장을 소환조차 하지 않은 채 "역사의 교훈으로 삼자"며 묻어버렸다.

반면에 노사 관계는 선거 과정의 약속과 전혀 다르게 전개되었다. 대통령 당선자 시절만 하더라도 그의 개혁 목표가 또렷했다. 가령 2003년 2월 13일에 당선자 노무현은 민주노총과 한국노총을 방문했다. 대통령당선자가 두 노총을 직접 방문해 각각 두 시간여에 걸쳐 노동계 지도부와 간담을 나눈 것은 처음 있는 일이었다. 당시 간담회는 노 당선자가 잇따라 재계 인사들을 면담하자 노동계에서도 면담을 요청해 이루어졌다.

두 노총을 방문한 당선자는 자신의 임기 5년 동안 적어도 노사 사이 힘의 불균형을 시정하겠다고 밝혔다. "기대 반, 우려 반"이라는 노동계의 우려에 대해 당선자는 "기대해도 좋다. 상당한 변화가 있을 것"이라고 장담했다. 당시 한국노총은 들머리에 "노무현 대통령당선자의 방문을 환영한다"는 펼침막까지 걸었고 27개 산업별노조 대표자 전원이 참석했다. 당선자는 이어 민주노총과 만나 "민주노총과 지속적인 정책 협의가 가능하도록 하겠다"고 약속했다.

우리는 지금 그 결과를 다 알고 있다. 그 원인이 어디에 있든, 분명한 사실은 노사 사이 힘의 불균형이 노무현 정부 5년 동안 전혀 해소되지 않았다는 점이다. 참여정부도 "노동자 임금 격차는 대기업 노동자 이기주의 때문"이라거나 "노조가 힘이 너무 세다"라는 생각에서 자유롭지 못했다. 결국 제도언론과 검찰의 이데올로기적-폭력적 공세로 노사 사이 힘의 불균형은 오히려 더 커지는 결과를 빚었다.

노무현 정부가 한나라당에게 '대연정'을 제안했을 때 '노무현 바람'을 일으킨 사람들은 허탈감에 사로잡혔다. 더구나 국정홍보처를 통해 한미 자유무역협정FTA의 당위성을 대대적으로 선전하는 데 국민 혈세를 썼다. 미국과의 자유무역협정에 보인 집착은 이미 집권 초기에 드러났다. 대통령이 된 뒤 미국을 방문한 노무현은 조지 부시 대통령과 회담하기 전에 "미군 아니었으면 지금쯤 수용소에 있었을 것"이란 말을 서슴지 않았다. 그리고 부시의 이라크 침략 전쟁에 한국군 파병을 결정했다.

그 모든 게 겹쳐 노무현 지지도는 집권 6개월 만에 50퍼센트 미만으로 떨어졌고, 집권 말기에는 10퍼센트 선으로 추락했다. 집권 초기에 이미 그의 세상 읽기가 보수 세력의 세상 읽기와 어금

버금해지면서 상당수 민주 시민들이 실망을 표명하며 떨어져 나갔기 때문이다.

바보 노무현이 꿈꾸던 사회, 그리고 그를 열정적으로 지지했던 사람들이 기대했던 사회는 대통령 선거 직전에 노무현이 한 연설에서 확인할 수 있다.

"오늘 밤이 지나면 우리는 새로운 대한민국을 만납니다. 성별 학력 지역의 차별 없이 모두가 자신의 꿈을 이뤄가는 세상. 어느 꿈은 이미 현실이 되었고 어느 꿈은 아직 땀을 더 쏟아야 할 것입니다. 정치가 썩었다고 고개를 돌리지 마십시오. 낡은 정치를 새로운 정치로 바꾸는 힘은 국민 여러분에게 있습니다. ……우리 아이들이 커서 살아가야 할 세상을 그려보세요. 행복한 변화가 시작됩니다."

기실 그는 대통령 선거 기간 내내 꿈을 밝혔다. "제가 생각하는 이상적인 사회는 더불어 사는 사람 모두가 먹는 것 입는 것 이런 걱정 좀 안 하고, 적어도 살기가 힘이 들어서 아니면 분하고 서러워서 스스로 목숨을 끊는 일은 좀 없는 세상"이라고 강조했다.

그로부터 6년 6개월이 흐른 2009년 5월, 노무현 전 대통령은 영남의 고향 마을 뒷산 부엉이바위에서 몸을 던졌다. "스스로 목숨을 끊는 일은 좀 없는 세상"을 꿈꾸며 대통령에 당선된 정치인이 스스로 목숨을 끊는 비극을 우리는 목도해야 했다.

대통령을 지낸 정치인의 비극적 자살은 노무현의 정치적 역정을 새삼 톺아보게 한다. 그의 자살을 몰고 온 검찰 수사와 언론의 조롱을 짚어보면 더욱 그렇다. 알다시피 노무현은 대통령 당선전은 물론, 재임 시에도 검찰과 언론 개혁을 중요한 정치적 과제로 제기했었다.

하지만 대통령으로서 의지를 보였던 검찰과 언론 개혁에 성과를 내지 못함으로써, 퇴임 후에 검찰과 제도언론으로부터 집중 보복을 당했다. 노무현의 비극적 자살 앞에서도 검찰과 제도언론은 전혀 성찰하는 자세를 보이지 않았다. 노무현 전 대통령의 가족과 친인척들이 연루된 비리가 엄연한 실체라며 그것을 '방패'로 부각하고 나섰다. 문제의 핵심이 청와대 시절 가족과 친인척에게 돈이 오갔느냐에 있던 게 아니라, 대통령의 직접 개입이라는 확인되지 않은 의혹으로 전직 대통령을 마구 조롱한 데 있었다는 점을 짐짓 외면하는 태도였다.

제도언론이 갈등 관계에 있던 노무현을 겨냥해 퇴임 뒤 검찰과 손잡고 정치적 매장과 인격적 살인에 나선 사실 앞에서 우리는 새삼 제도언론 정치의 폐단을 확인할 수 있다.

분배 중심의 정책이 바뀌고 노사 관계에서 힘의 균형을 추구하는 걸 포기하면서 한미 자유무역협정에 올인한 정책은 대통령 노무현이 제도언론과 검찰을 개혁하는 데 '지지 세력'을 잃는 원인이 되기도 했다. 그것은 '노무현식 참여사회'의 한계였다. 참여를 강조하고 내세웠지만 그는 국민의 참여를 적극 조직하거나 제도화하지 못했다.

주목할 것은 현직 대통령이 언론 개혁과 검찰 개혁, 노사관계 개혁에 강력한 의지를 공공연하게 드러냈는데도 그것이 구현되지 못한 이유다. 특히 참여정부 시절에 각각 그 부문을 맡았던

장·차관이나 대통령의 참모들은 스스로 무엇을 잘못했는가를 냉철하게 짚어볼 필요가 있다. 언론 개혁과 검찰 개혁, 노사관계 개혁 측면에서 참여정부의 주요 정책 당국자들은 국민과 더불어 국민적 동의 구조를 형성해 문제를 풀어가려는 전략을 세우고 그것을 실행에 옮기는 데 실패했다.

노무현 대통령 자신은 임기 말과 퇴임 뒤에 국민적 동의 구조를 형성하는 게 개혁 성공에 필수라는 사실을 강조했다. 가령 시민 주권 운동을 강조한 게 그 보기다.

대통령 임기가 끝나갈 무렵 저는 임기를 마치면 이제 한 사람의 시민으로 돌아가서 '시민 주권 운동'에 한몫을 해보고 싶다는 생각을 가졌습니다.

민권 변론, 시민운동, 야당 정치, 그리고 정권의 운영, 이런 경험을 하는 동안, 저는 모두가 다 중요하지만, '민주주의든, 진보주의든, 궁극적으로는 시민들이 생각하고 행동하는 만큼만 간다'는 이치를 거듭 확인했기 때문입니다. 그래서 처음에는 민주주의 이야기를 해보려고 했습니다. 그것도 민주주의 2.0이라는 사이트를 열어서 해보려고 했습니다. 그러나 이것은 성공하지 못했습니다. 성공하지 못한 이유는 여러 가지일 것입니다. 이 점은 좀 더 분석하고 준비를 한 다음에 다시 시작하려고 합니다. 시간이 좀 걸릴 것입니다.

한편으로는 생가 마당에서 만나는 사람들과 대화를 하게 되었습니다. 처음에는 제 고향 내력, 제 고향에서 앞으로 하고자 하는 일, 이런 이야기를 했습니다. 그런데 사람들은 먹고사는 이야기를 하라고 합니다. 먹고사는 이야기도 여러 종류일 것입니다. 사업 이야기, 직장 이야기, 투자 이야기, 끝도 없겠지만 제가 할 수 있는 이야기는 '국민들의 행복한 삶을 위하여 국가는 무엇을 해야 하는가?' 하는 것밖에 없습니다.(노무현, 〈주제를 진보주의 연구로 가는 것이 좋겠습니다〉, 2009년 3월 26일)

퇴임 뒤 쓴 글에서 스스로 밝혔듯이 노무현은 대통령 임기 마지막 해에 들어서면서 시민 주권을 강조하기 시작했다.

"성숙한 민주주의 사회, 국민이 주인인 사회로 가자면 책임 있는 정부, 책임 있는 언론, 책임 있는 국민이 돼야 합니다. 시민 주권의 시대, 소비자 주권의 시대, 주권을 행사할 만한 의지와 역량 있는 시민이 돼야 합니다."(2007년 1월 23일)

"주권자로서 시민이 지도자에 가까운 역량을 갖추어나갈 때 우리 민주주의는 성숙한 민주주의가 될 수 있는 것입니다."(2007년 4월 8일)

"지금은 주권자가 똑똑해야 나라가 편하지 않겠습니까? 추종하는 시민에서 참여하는 시민으로 스스로의 위상을 바꿉시다. 선택을 잘하는 시민, 그래서 지도자를 만들고 지도자를 이끌고 가는 시민이 되어야 합니다. 자, 이제 한 걸음 더 나아갑시다. 지도자와 시민은 따로 있는 것이 아닙니다. 크고 작은 단위에서 많은 지도자가 있을 수 있습니다. 우리 모두 지도자가 됩시다."(2007년 6월 2일)

이해할 수 없는 것은 정작 대통령 임기 내내 '참여'를 배제해 온 그가 임기 말에 시민 주권을 강조한 사실이다. 자신이 대통령으로서 마땅히 실천했어야 할 공약을 이행하지 못한 책임을 시민의 잘못으로 넘기는 변명이라는 비판을 받을 수 있다.

찬찬히 따져보자. 대통령이 임기 초에 '참여정부'를 내걸어 놓고, 정작 임기 내내 참여를 배제하고는 임기 말에 시민 참여가 부족하다는 주장을 편다면, 그것을 어떻게 설명할 수 있을까.

조지 부시의 이라크 침략 전쟁에 파병하지 말라는 요구, 한미 자유무역협정을 체결하지 말라는 요구, 비정규직 노동자들을 위한 입법에 실제 노동자들의 의견을 반영하라는 시민사회의 요구를 국정에 반영하기는커녕 철저하게 외면하고 배제했던 게 '노무현식 참여사회'의 실질적 모습이었다. 자신보다 조금이라도 왼쪽이면 배제한 개혁 정치세력의 행태는 '온건한 색깔공세 정치'였다. 결국 참여정부의 외연을 넓히지 못하고 스스로 소수 세력이 된 데에는 노무현 대통령과 그의 참모들이 자신들의 '권력'을 나누지 않으려 한 편협함도 한 요인으로 자리하고 있었다.*

민주 세력의 모든 힘을 모아내 신자유주의 경제체제를 바꿔가야 대통령이 공약한 대로 분배를 통한 성장 정책을 펼 수 있었을 시기에, 정작 미국과의 자유무역협정에 노무현 자신이 전력투구하고 나섰다. 한미 자유무역협정 체결이 결정적 요인이 되어 민주 세력은 분열되었다. '노무현식 참여사회'의 참담한 결과였다. 보수 정치세력이 그토록 갈망하던 한미 자유무역협정을 체결했

---

* 퇴임 뒤 노무현이 재임 시기에 비정규직 문제를 더 적극적으로 해결하지 못한 점, 복지 예산을 더 늘리지 못한 점을 후회한 대목은 그의 참모들이 진솔하게 반성할 대목이다.

지만 그들로부터 돌아온 것은 냉소와 조롱이었다. 박근혜의 "참 나쁜 대통령"이 대표적 보기다.

개혁을 지지하던 사람들이 떨어져 나가고 결국 2007년 대선에서 민주당이 참패한 데에는 말과 행동이 다른 데서 온 국민의 피로 감이 강하게 작용했다. 2002년 대선에서 서민을 위한 경제 성장, 신뢰와 원칙의 정치를 상징하던 노무현은 안타깝게도 집권 5년 동안 그 상징성을 시나브로 잃어갔다. 그 '빈 자리'에 박근혜가 들어선 현실은 한국정치의 역설이다.

하나 더 유념할 것은 그가 대통령에서 물러난 뒤 2008년 세계 경제위기와 버락 오바마 정권의 등장을 보며 신자유주의 체제를 다시 인식한 사실이다. 퇴임 뒤 한미 자유무역협정에 대해 재임 때와 다른 생각을 보여준 것도 같은 맥락으로 이해할 수 있다. 검찰 수사에 몰리고 제도언론의 조롱을 받아 2009년 5월에 비극적 자살로 삶을 마감하지 않았다면, 노무현이 한국정치의 발전을 위해 할 수 있는 일이 많았으리라는 아쉬움을 지울 수 없다.

6장

진보 대통령은 왜 없었을까

박근혜의 거울에서 진보 정치의 실패를 읽기는 쉽지 않다. 박근혜의 정치적 성장에 진보 정치의 책임을 묻기가, 보수 정치나 개혁 정치를 따지는 분석에 견주어 아무래도 공평하지 않기 때문이다. 이승만·박정희·전두환과 김영삼·김대중·노무현으로 이어온 보수와 개혁의 두 흐름에 비해 진보 정치는 대통령으로 집권한 경험이 전혀 없다.

더러는 김대중과 노무현을 진보 정치로 분류한다. 반대 세력인 한나라당과 그에 친화적인 언론 대기업들은 심지어 두 대통령을 '친북좌파'로 몰아쳐왔다. 하지만 두 대통령 스스로 재임 시절 '진보'를 자처하지 않았다. 두 대통령의 측근들 또한 진보 세력의 국정 비판에 "우리는 진보가 아니니 진보 정책을 기대하지 말라"고 공공연하게 반응했다.

더러는 한국적 상황에서 그들을 진보로 부를 수 있다고 주장한다. 하지만 그렇게만 보기에는 그들과 또렷하게 구별되는 진보 정치세력이 존재해왔다. 노동운동과 농민운동, 도시빈민운동, 학생-청년운동을 헌신적으로 벌여온 사람들이 있고, 그들은 민주당이나 열린우리당, 국민참여당의 노선과 확연하게 다른 정당을 만들어 활동해왔다.

이명박 대통령이 집권한 뒤 노무현 정부에 참여했던 사람들이 진보 세력을 자임하는 것은 물론 자유다. 하지만 옳은 것은 아니다. 한미 자유무역협정을 체결하고 신자유주의 정책을 펴나갔던 그들이 아무런 성찰 없이 자신을 '진보'라고 강변하면, 그 정책에 반대했던 많은 사람들은 무엇으로 불러야 옳은가. 민주노동당이나 진보신당은 어떤 정당인가. 이 책에서 김대중-노무현 정부 참여자들을 '개혁 세력'으로 분류한 이유다.

진보 세력은 대통령을 세우거나 국정을 책임진 경험도 없지만, 그렇다고 해서 박근혜의 정치적 급성장과 무관한 것은 아니다. 한국정치사의 거울로 박근혜를 볼 때 진보 정치의 그림자를 찾아볼 수 있기 때문이다. 따라서 박근혜의 거울로 진보 정치세력을 비추되 짧게 분석하는 게 균형 있는 접근일 법하다.*

진보 정치세력이 박근혜의 거울 앞에서 가장 먼저 성찰할 문제는 명쾌하나. 왜 내통령을 세우지 못했는가라는 물음이 그것이

---

* 진보 정치세력을 짧게 다룬다고 해서 한국정치사에서 그들이 차지하는 비중이 작다는 뜻은 전혀 아니다. 다만 유력한 대통령후보인 박근혜를 한국 대통령 정치사의 거울로 비추는 2부에서 대통령을 배출하지 못한 진보 정치세력의 비중은 상대적으로 작다는 뜻이다.

다. 박근혜가 대통령후보로 2007년에 확고하게 자리 잡은 데 이어 2012년 선거를 앞두고도 '백설공주와 일곱 난쟁이'라는 말이 나돌 만큼 유력한 후보로 활동하고 있는 상황은 그동안 진보 정치세력은 무엇을 했는가를 거울에 비춰 보게 한다.

박근혜의 이른바 '잃어버린 18년' 동안, 군부독재와 내내 목숨 걸고 싸우며 개인적 안일이나 가족의 행복을 접어둔 채 새로운 사회를 이루려고 헌신해온 사람들이 오늘날 지닌 정치적 지위와 박근혜의 그것을 비교해보라. 박근혜의 거울을 들여다보아야 할 이유가 저절로 드러난다.

물론, 새로운 사회를 이루는 데 모든 걸 바쳐온 사람들이 어떤 정치적 지위를 노린 것은 아니었다. 고통 받는 사람들과 더불어 살며 희망을 심고 새로운 사회의 전망을 나눠가지려는 사람들의 꿈은 적어도 권력에 대한 탐욕으로 움직이는 사람들과 구분해야 옳다.

그럼에도 중요한 것은 엄연한 정치 현실이다. 더 자유롭고 더 평등하고 더 우애로운 사회를 꿈꾸는 사람들이 노동운동과 언론운동, 시민운동에 헌신해온 한국사회에서 오히려 민주주의가 후퇴하고 있지 않은가. 이명박 정부가 들어선 뒤 김대중-노무현 정부가 이룬 형식적 민주주의조차 뒷걸음치고 있는 데도 다음 대선에서 '박근혜 정부'가 들어서며 한나라당이 재집권할 가능성이 높은 오늘을 진보 세력은 어떻게 보아야 옳은가.

무엇보다 1997년 12월 박근혜가 정치에 복귀하기 이전부터 진보 세력은 정당을 만들고 정치판에 뛰어들어 활동해오지 않았던가. 1997년 12월 바로 그 선거에 이미 권영길 후보가 출마하지 않았던가. 그러나 보라, 2012년을 앞둔 박근혜와 권영길의 정치적 위상을.* 진보가 박근혜의 거울 앞에 겸허하게 자신을 톺아보아야 할 이유다.

민주화와 통일운동에 나선 사람들이 온몸을 던져 싸운 1980년대 내내 박근혜는 대학재단과 육영재단, 정수장학회의 이사장으로 살았으면시도 '잃어버린 18년'을 들머이며 정치적으로 급성장했다. 진보 정치세력으로선 자신들이 박근혜보다 국민적 지지를 얻지 못하는 원인이 무엇인지 깊이 성찰할 필요가 있다.

물론, 그 원인을 우리 모두 알고 있다. 진보 정치세력은 한국 정치의 결정적 요인인 제도언론과 지역감정의 도움을 전혀 받을 수 없었고, 되레 색깔공세의 대상으로 목숨을 빼앗기는 가혹한 탄압을 40년 넘게 받았기 때문이다. 색깔공세의 농도는 약해졌지만 지금도 이어지고 있다.

따라서 진보 정치의 실패를 분석하며 제도언론과 지역감정, 색깔공세를 거론하지 않는 담론은 사실과 다르고 도덕적으로도 옳지 않다. 앞서 살펴본 한국정치의 소통 구조가 진보 정치의 성장을 가로막는 원천적 조건으로 작동해온 게 사실이기 때문이다.

살갗에 와 닿게 예를 들어보자. 진보 정당 정치인 가운데 박근혜만큼 지역적 기반을 갖추고 제도언론의 조명을 받으면, 박근혜

---

* 권영길은 진보 정치의 척박한 땅에서 진보 정당의 길을 열어왔다. 권영길과 박근혜의 비교는 객관적 조건이 다르기 때문에 공정하지 못하다. 그럼에도 두 사람을 비교한 이유는 진보 정치세력이 정치 현실을 냉엄하게 볼 필요가 있기 때문이다.

이상의 대중적 정치인으로 커나갈 사람은 하나둘이 아니다.* 정당명부식 비례대표제로 2004년 국회에 진출한 심상정과 노회찬은 물론, 2008년에 들어온 이정희는 그 가능성을 여실하게 보여주었다.

기실 진보 정당이나 정치인들은 박근혜와 달리 제도언론의 조명을 거의 받지 못해왔다. 진보 정당에 관한 기사가 신문과 방송의 머리기사로 오를 때는 정당 내부에 분당과 같은 '사건 사고'가 불거졌을 때다. 민주노동당 분당 과정에서 대대적으로 '종북주의 논란'을 부각해 보도하고 사설과 칼럼까지 동원해 논평했던 《조선일보》가 대표적 보기다.

진보 정당은 지역적 기반도 사실상 없다. 아니, 지역적 연고는 진보 정당에 당연히 없어야 옳다. 새삼스런 지적이지만 한나라당은 영남에, 민주당은 호남에, 자유선진당은 충청에 각각 근거지를 두고 있다. 그들이 선거 때마다 지역감정을 때로는 자극적으로 때로는 은근하게 호소하며 표를 챙겨 가는 구도에서 진보 정당이 설 땅은 그만큼 좁을 수밖에 없다. 지역과 지역 사이에 소통이 원활하게 이루어지지 않기 때문에 더 그렇다.

게다가 박근혜와 다른 한나라당 정치인들이 색깔공세의 가해자인 반면에 진보 정당과 그 정치인들은 언제나 피해자였다. 심지어 2010년 6월 지방선거에서는 민주당조차 민주노동당을 겨냥해

---

* 지역감정과 색깔공세, 제도언론 정치라는 한국정치의 왜곡된 소통 구조에선 보수 세력이 언제나 중시하는 가치인 '경쟁'조차 온전히 이루어지지 않는다. 보수의 논리로 보아도 그것은 큰 문제다. 정치 발전을 이룰 수 없기 때문이다.

색깔공세를 폈다. 그것도 광주에서 벌어진 일이다.

그러나 진보 정치의 실패 이유를 모두 외적인 요인으로 돌리는 것은 온당치 않다. 그 말은 진보 정치가 실패한 객관적 조건인 소통 구조를 무시하거나 경시하자는 뜻이 전혀 아니다. 객관적 조건만 강조할 때, 진보 정치는 영원히 실패할 수밖에 없다는 숙명론에 빠지게 되기 때문이다. 진보 정당의 주체들에게도 실패의 이유가 있지는 않았는지 짚어야 할 이유가 여기 있다.

주체의 측면에서, 진보 정치세력이 보수나 개혁 세력과 달리 집권 경험이 없고 국회 원내교섭단체도 구성하지 못하는 요인은 무엇보다 분열에서 찾을 수 있다.

1987년 6월대항쟁 이후 열린 정치 공간에서 진보 정치세력의 다수는 김대중-김영삼 두 김 씨의 정치적 자장 아래 놓였다. 독자적 정치세력화에 힘을 모으지 못했고, 가까스로 2000년 1월에 결성한 민주노동당마저 2008년 총선을 앞두고 분당되었다. 물론, 2004년 총선에서 민주노동당이 국회의원 10석을 확보한 것은 큰 의미가 있다. 하지만 그 가능성을 충분히 살려오지 못했다. 당이 분열되면서 2008년 총선에서 의석수는 절반으로 줄어들었다.

다행히 2010년 6월 지방선거 이후 진보 정당 대통합 움직임이 본격화하고 있다. 그해 '복지국가와 진보 대통합을 위한 시민회의'가 창립되고 2011년 1월에는 두 진보 정당을 포함해 시민사회운동, 노동운동 진영이 결합한 진보 대통합 연석회의가 열려 새로운 진보 정당을 만들려는 움직임이 표면화되었다.

진보 대통합은 신자유주의와 분단체제로 고통 받는 민중의 절박한 요구이자 한국정치의 질적 성숙을 위해 절실한 과제다. 새로운 진보 정당은 이상주의적 정치구호 수준의 담론을 넘어서서 지금의 현실과는 다른 사회를 제안하고, 현재의 정치경제 체제와 다르게 국정을 만들어갈 수 있는 구체적 정책을 제시해야 옳다.

실사구시가 필요한 이유다. 기실 이상주의적 모호한 비전은 그들 스스로 뼈아픈 경험에서 확인했듯이 진보 정치세력 내부에 분열을 낳을 수밖에 없다. 민중의 삶, 민중의 고통이 엄중한데, 경직된 사상에 기초해서 주자학적 논쟁에 치중하면 반목하거나 갈라질 수밖에 없다. 자신들이 권력을 지녔을 때 책임지고 실현할 수 있는 새로운 사회상을 과학적으로 제시하고, 국민 대다수인 민중의 이해관계에 기초해 실제 '경제 살리기' 정책을 마련해 국민 대다수와 소통해나가야 옳다.

물론, 진보 정치세력의 대통합을 아무런 원칙도 없이 추진할 수는 없다. 반反신자유주의, 분단체제 극복, 국정대안 제시는 3항 18자로 진보 대통합의 원칙이 될 수 있다. 만일 촛불항쟁이 상징하는 시민사회의 진보적 흐름까지 정당으로 담아내 진보적 국민정당을 건설할 수 있다면, 그 정당은 박근혜의 정치 신화를 무력화하는 데 큰 몫을 담당할 터다. 바로 그 점에서 진보정치 대통합과 새로운 진보정당 건설은 시대적 과제다.

진보 세력이 하나로 거듭날 수 있을 때, 한국의 정치 현실에서 그들의 집권은 먼 미래의 일이 아니다. 우리가 예상하는 시점보다 진보 대통령의 출현은 훨씬 빨리 올 수 있다. 국민 대다수인 민중이 새로운 사회, 새로운 정치를 갈망하고 있기 때문이다. 진보 세력이 대통합 정당을 이루는 데 성공한다면, 2012년 총선과 대통령 선거는 사뭇 다른 양상을 보일 수 있다. 진보 대통합 정당이 2012년 4월 총선에서 국회 원내교섭단체를 구성하는 의석수(20석)를 확보할 때, 한국정치에 지각 변동이 이루어질 수 있다.

진보 대통합 정당이 원내 교섭단체로 국회에서 활동하며 신선한 바람을 일으키고 12월 대선 정국에서 아래로부터 진보 대통령후보가 등상하면 민주당을 견인하는 선거연합은 물론, 역동적인 선거혁명도 얼마든지 가능하다.

진보 대통합 정당의 출현은 단순히 진보 내부의 문제가 아니다. 개혁 정치는 물론 보수 정치가 거듭나는 데 큰 영향을 끼칠 게 분명하다. 그것은 한국정치의 발전, 민주주의 성숙으로 이어질 수밖에 없다. 주권을 지닌 민주 시민들이 진보 대통합과 시민정치운동에 눈길을 보낼수록 바로 그만큼 정치의 새로운 지평이 열릴 수 있다.

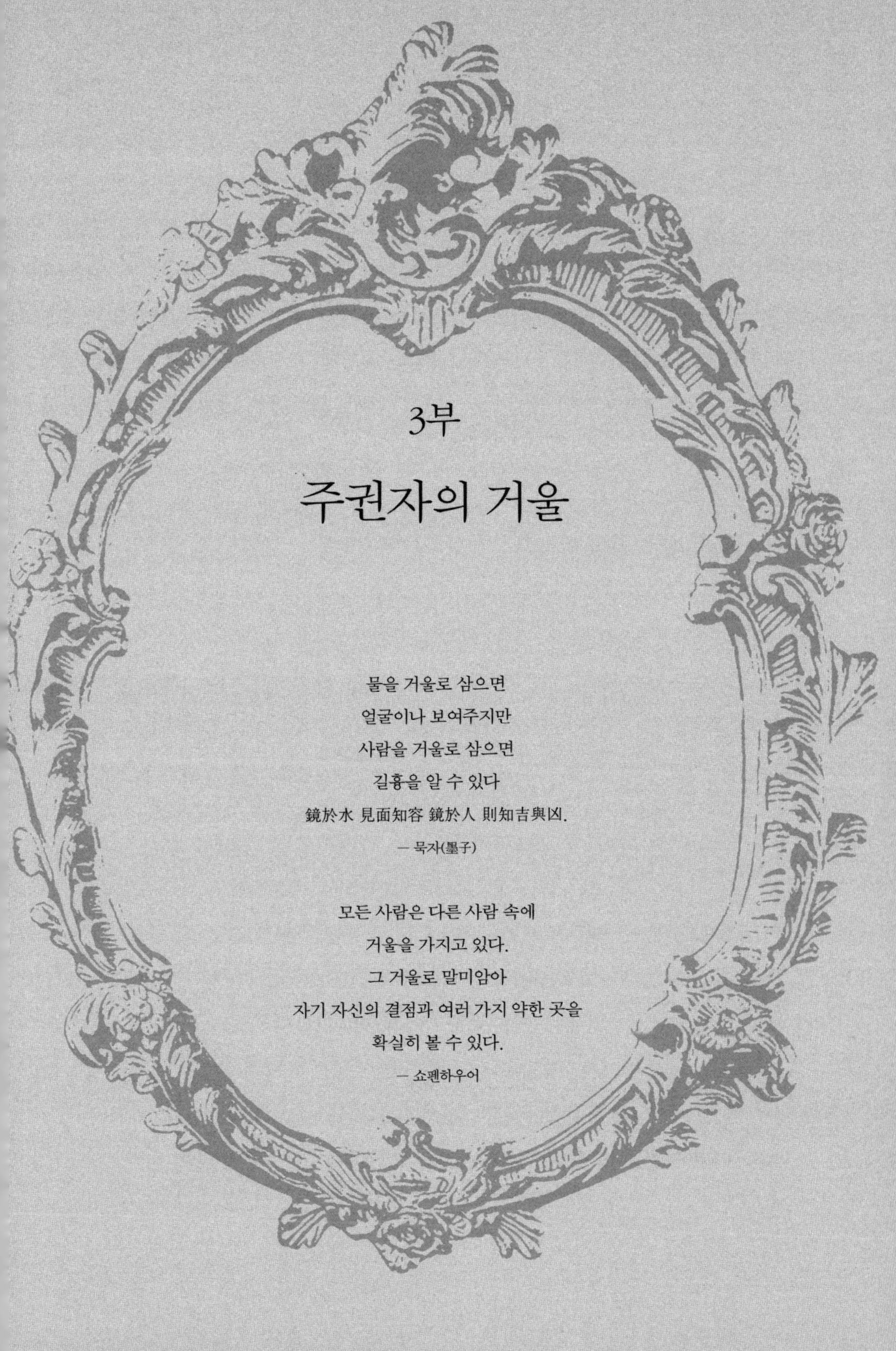

3부

주권자의 거울

물을 거울로 삼으면
얼굴이나 보여주지만
사람을 거울로 삼으면
길흉을 알 수 있다
鏡於水 見面知容 鏡於人 則知吉與凶.

— 묵자(墨子)

모든 사람은 다른 사람 속에
거울을 가지고 있다.
그 거울로 말미암아
자기 자신의 결점과 여러 가지 약한 곳을
확실히 볼 수 있다.

— 쇼펜하우어

7장

'이명박 학습 효과'와 박근혜

뜻있는 선인들이 중시했던 "물로 거울을 삼지 말라. 사람을 거울로 삼으라〔不鏡於水 而鏡於人〕"는 말은 중국 춘추전국시대 사상가 묵자墨子의 글을 엮은 《묵자》에 나온다. "물을 거울로 삼으면 얼굴 모습이나 보여주지만 사람을 거울로 삼으면 길흉을 알 수 있다〔鏡於水 見面知容 鏡於人 則知吉與凶〕"는 말이 이어진다.

우리는 2부에서 한국정치사를 형성해온 대통령들을 비춰 보았다. 무릇 과거는 현재의 거울이다. 그렇다면 이제 지금 여기를 살고 있는 사람들에 비추어 미래를 내다볼 때다. 2012년 대선에 가장 유력한 대통령후보로 꼽히는 박근혜의 정치적 현실은 우리 정치의 과거와 동시에 미래를 보여주는 거울이다.

더러는 이 책이 박근혜의 정치적 성공을 설명하기 위하여 한국정치사를 과도하게 실패의 거울로만 들여다본 게 아닌지 의문을 제기할 수 있다. 한국 현대사가 산업화와 민주화를 이루고 선진화로 가는 중이라고 믿는 보수적인 사람들은 물론, 김대중-노무현 대통령에 짙은 향수를 지니고 있는 사람이라면 더욱 그럴 성싶다.

하지만 차분히 생각해볼 일이다. 가령 루이스 이나시우 룰라 다 시우바를 보라. 긴 이름을 줄여 애칭 '룰라'로 불린 브라질 대통령은 한국의 역대 대통령들과 대조적이다. 고등학교도 졸업하지 못한 노동자 룰라는 대통령을 연임한 뒤 2010년 12월 퇴임할 때 지지도가 87퍼센트에 이를 만큼 민중의 사랑을 받았다. 재임 8년 동안 빈곤과 불평등 해소에 최선을 다한 결과다. 2003년 정권이 출범할 당시에 룰라의 노동자당은 상원에선 제3당이었고, 하원에선 의석 점유율이 겨우 18퍼센트였다. 그렇기에 진보적 정책을 펴는 데 한계가 뚜렷했다. 그러나 룰라는 가난한 사람들의 경제생활에 실질적 도움을 주면서 변화에 대한 확신을 심어주었다.

퇴임할 때의 지지율 87퍼센트는 한국의 역대 대통령들과 얼마나 대조적인가. 한국의 그 어떤 대통령도 임기 말에 그와 비슷한 수준의 국민적 지지를 받지 못했다. 대통령 개개인은 물론, 국민의 불행이다. 지금 이 순간도 정치인은 한국에서 가장 불신받는 직업으로 단연 손꼽힌다. 박근혜가 정치적 고속도로를 질주해온 배경이다.

여기서 주목할 점은 박근혜와 이명박이다. 이명박도 박근혜처럼 한국정치의 실패에서 '반사 이익'을 만끽한 정치인이다. 두 사람은 경제 정책도 거의 비슷하다.

　김대중-노무현 정부에서도 빈부 격차가 해소되기는커녕 더 벌어지면서 서민들은 해마다 성장을 거듭했던 박정희 시대에 향수를 느꼈고, 2007년 대선에서 그것은 박정희를 따르는 두 정치인 이명박과 박근혜에 대한 지지로 나타났다. 더구나 두 정치인 모두 경제 살리기와 더불어 선진국을 비전으로 내걸었다.

　두 정치인이 대선 경선 과정에서 앞다투어 제시한 경제 성장과 선진국이라는 구호에 대해, 그것을 보수의 '프레임(frame: 인식의 틀)'이라며 무시하거나 가볍게 넘기기는 쉽다. 게다가 어떤 이는 그 말을 의제로 부각하는 것 자체가 보수의 프레임에 말려들어 그들을 도와주는 꼴이라며 진보나 민주 세력은 전략적으로 그것을 배제해야 옳다고 주장한다.

　하지만 과연 그럴까? 한국정치를 그렇게 읽는 게 '새로운 프레임'은 아니다. 국가 구성원들, 곧 국민의 삶을 나아지게 하는 일은 정치가 풀어야 할 맨 첫 번째 과제이기 때문이다. 부익부 빈익빈의 굴레에서 국민 대다수의 삶이 어려워지고 있기에 더 그렇다. 흔히 경제 살리기나 경제 성장으로 거론되는 '경제 발전'은 보수와 진보의 갈등을 떠나 한국정치가 풀어야 할 보편적 숙제다. 실제로 박근혜는 2007년 대선 이후에도 경제 살리기와 선진국에 대한 담론을 언제나 강조해왔다. 그것이 그녀가 난쟁이 속의 백설공주가 된 중요한 이유였다.

　대통령선거 때마다 경제 살리기가 쟁점이 되는 이유는 일부 개혁적 지식인들이 개탄하듯이 국민이 민주주의에 대한 관심을 잃어서가 아니다. 그만큼 살아가기가 힘들어졌기 때문이다. 바로 그 점에서 경제는 민주주의가 풀어야 할 핵심적인 정책 의제다. 보수는 물론, 개혁이든 진보든 경제 발전과 선진국은 집권했을 때 구현해야 할 정치적 과제다. 거기에 분단체제를 벗어나는 평화 통일을 더하여 세 가지 과제는 한국정치에 주어진 오래되고 보편적인 숙제다.

보수-진보의 이념적 구분을 넘어 현실에 기초한 실사구시의 태도로 세 가지 과제를 냉철하게 성찰해야 옳다. 먼저 이명박 정부가 그 시대적 과제들에 어떻게 접근했고, 왜 실패했는지, 이명박의 정치적 실천이 박근혜와 한국정치의 미래에 주는 '학습 효과'는 무엇인지를 촘촘하게 비춰 보자.

경제 발전 : '성장 포퓰리즘' 넘어야

2007년 대선 과정에서 '실천하는 경제대통령'을 내건 이명박은 대한민국 최초로 대기업 경영자CEO 출신 대통령이다. 이명박은 서민의 경제적 어려움을 해결할 정치인에 대한 열망이 높아지는 상황을 가장 효과적으로 선거 전략에 담아냈다. 찢어지게 가난한 서민의 집에서 태어나 고학으로 대학을 졸업해 대기업 '샐러리맨'이 되고, 마침내 대기업 회장에 오른 '능력 있는 경제인'으로 자신의 정치적 '브랜드'를 적극 부각했다. 한나라당 대선 경선 과정에서 이명박 후보가 내건 슬로건은 "경제 확실히 살리겠습니다"였다.

박근혜가 혈육으로서 박정희식 경제 성장의 상징이었다면, 이명박은 자수성가형 '성공 신화'로서 박정희식 경제 성장의 상징이었다. 박근혜가 박정희의 육체적 딸이라면, 이명박은 박정희의 경제적 아들로 적잖은 유권자들에게 다가왔다.

실제 이명박의 성공 신화를 톺아보면 박정희의 그림자가 짙게 배어 있다. 박정희식 경제 성장이 본격화하던 시점에 대기업으로 들어가 한국경제의 고속 성장과 더불어 개인적 '성공'을 거머쥐었기 때문만은 아니다. 성공 과정에서 박정희와 직접적 관련을 발견할 수 있다. 고려대 재학 때 학생회 간부였던 이명박은 한일 국교 정상화에 반대하는 6·3항쟁에 동참했다. 학생운동 경력 때문에 취업 원서를 내는 곳마다 떨어지자, 20대의 이명박은 청와대에 '항의 편지'를 보냈다. 학생운동에 앞장섰던 젊은이가 취업을 하고 싶다며 보내온 편지에 청와대 비서실은 정치적으로 관심을 보였다. 결국 이명박은 현대건설에 입사할 수 있었다.*

대다수 기업인들이 그랬듯이 현대건설 창업주 정주영도 군부 쿠데타로 집권한 대통령 박정희 앞에 머리를 조아리던 시절이었다. 기업의 확장은 물론이고 기업 자체의 생사여탈권을 정권이 쥐고 있었기 때문이다. 정주영으로서는 청와대가 주선한 신입사원 이명박에 관심을 갖지 않을 수 없었다. 신입사원 이명박도 회사에 가장 먼저 출근하는 부지런함으로 정주영의 눈길에 적극 '화답'했

---

* 이명박과 그의 측근들은 당시 현대건설이 중소기업 수준이었다고 주장한다. 마치 이명박이 입사해 대기업으로 키워낸 것처럼 과시하지만, 사실과 전혀 다르다. 이명박이 신입사원으로 들어가던 시절 이미 현대건설은 국내 5대 건설업체로 튼실하게 크고 있었다.

다. 이명박이 파격적인 승진을 거듭해 현대건설 사장 자리에 앉기까지는 박정희의 청와대를 의식한 정주영의 '키워주기'가 있었다. 요컨대 박정희가 없었다면, 이명박의 신화는 불가능했다. 1960년대와 70년대에 이명박보다 더 유능하고 부지런한 사람은 대기업에 하나둘이 아니었다. 단지 청와대와 '연결'된 고리가 없었을 뿐이다.

이명박의 '샐러리맨' 신화는 그가 현대건설 회장 자리에 앉아 있던 1990년에 한국방송(KBS)이 방영한 드라마 〈야망의 세월〉을 통해 일반 국민에게 널리 퍼졌다. KBS 드라마를 통해 이명박은 중소기업의 온갖 어려움을 극복하며 대기업을 일궈낸 성공한 경제인으로 부각되었다. 모든 드라마가 그렇듯이 주인공 이명박이 한 일이 실체 이상으로 부풀려지면서, 다른 현대건설 임원들은 물론 정주영까지 불편한 심기를 공공연하게 드러냈을 정도였다. 그 드라마에서 주인공으로 이명박 배역을 맡았던 탤런트 유인촌은 이명박 정부가 들어선 뒤 곧장 문화관광부 장관으로 '발탁'되었다.*

공영방송의 텔레비전 드라마로 국민에게 폭넓게 이름이 알려진 이명박은 1992년 14대 총선을 앞두고 민자당 김영삼 대표의 주선으로 전국구를 배정받아 정계에 들어왔다. 그 시점에 국민당을 창당한 정주영으로선 이명박이 자신의 선택을 도와야 할 상황에서 승낙을 지키기는커녕 민자당을 신뢰했기에 깊은 배신감을 느

---

* 그 발탁도 희극이지만 유인촌은 장관 자리에 앉자마자 '친이명박 사람'들로 산하기관 책임자들을 바꾸는 데 안하무인으로 나서 '완장'을 찼다는 비판을 받았다.

껐을 터다.

이명박은 전국구 의원으로 정계에 손쉽게 들어왔지만, 곧이어 된통 시련을 겪었다. 재산을 신고하기 직전에 아파트 소유권을 이전하고, 부동산 가격도 성실하게 적지 않았기 때문이다. 1995년 지방선거를 맞아 당내 서울시장후보 경선에 나섰지만 패배했다. 이듬해 15대 총선에서는 서울 종로에 출마해 당선되었으나 선거 과정에서 저지른 불법 행위가 드러나고, 혐의를 받은 선거 참모를 도피시킨 혐의로 검찰 수사를 받았다. 결국 스스로 의원직을 사퇴할 수밖에 없었다.

정치적 위기를 겪었지만 이명박은 2002년 지방선거에서 서울시장에 당선돼 재기에 성공했다. 서울 도심의 청계천을 인공으로 복원하고 대중교통인 시내버스 운영을 준공영으로 전환하면서 그는 유능한 경제인에 이어 '능력 있는 정치인'으로 부각되었다. 드라마 〈야망의 세월〉에서 실체 이상으로 부풀려진 '샐러리맨 신화'와 성공 이야기는 그가 서울시장을 역임하며 적극적인 '홍보'에 힘입어 증폭되었다. 그는 자신만이 한국경제를 살릴 수 있다고 적극 주장하기 시작했고, 서민경제를 책임질 최고 적임자라고 알려갔다.

이명박이 2007년 5월 10일 발표한 〈제17대 대통령선거 출마 선언문〉을 보면 그의 선거 전략이 확연하게 드러난다. 이 후보는 자신의 출마 선언을 사뭇 감성에 호소해 서민을 중심에 두고 작성했다.

서민은 지금 고통스런 삶에 희망을 달라고 하고 있습니다. 이 절박한 요구를 외면할 수 없습니다. 저는 대한민국을 사랑합니다. 대한민국이 자랑스럽습니다. 끼니를 잇기도 힘들었던 가난한 청년이 대기업의 CEO와 서울시장을 거쳐 오늘 나라를 이끄는 자리에 나설 수 있게 한 나라가 바로 대한민국입니다. 하지만 지난 10년 우리는 발전의 위기를 겪고 있습니다. 국민들은 자신감을 잃고 있습니다. 스스로를 중산층이라고 생각하는 사람들이 10년 동안 절반으로 줄었습니다. 미래에 대해 낙관하는 사람보다 비관하는 사람이 더 많아졌습니다.

서민과 중산층의 위기를 강조한 이명박은 그 책임이 "무능한 이념세력"에 있다고 단호하게 비판했다.

그 책임은 리더십에 있습니다. 무능한 이념세력이 나라를 제대로 이끌지 못했습니다. 미래로 나아가기보다는 과거에 묶여 있었습니다. 경제에 활력을 넣기보다는 발목을 잡았습니다. 투자 부진, 일자리 부족, 소비 부진의 악순환이 자리 잡았습니다. 양극화는 더욱 심화되고 있습니다. 지난 몇 달 각계각층의 국민들을 만났습니다. 그들이 내뱉는 민생의 신음 소리는 아직도 제 귓가에 생생합니다.

서민과 중산층이 "내뱉는 민생의 신음 소리"가 귓전에 생생하다는 야당 후보, 이념세력의 경제적 '무능'을 비판하는 대기업 회장 출신인 이명박 후보에 많은 국민이 기대를 걸었던 게 사실이다. "잃어버린 10년을 넘어 대한민국은 새롭게 도약해야" 한다거나 "세계가 인정하는 국가, 세계의 모범이 되는 국가, 세계 일류국가를 창조해야" 한다는 주장 자체에 반대할 사람은 없었다.

더구나 이명박 후보는 그 목표를 '747'로 명료하게 제시했다. "7퍼센트 경제 성장, 4만 달러 소득, 세계 7대 강국"으로 "대한민국 747을 실현해야" 한다고 부르댔다. 공약의 실현 가능성을 전문가들이 비판했지만, 국민은 이명박 후보의 능력을 믿어보자는 마음이 강했다. "끼니를 잇기도 힘들었던 가난한 청년이 대기업의 CEO와 서울시장을 거쳐" 대통령후보로 나섰다는 그의 '읍소'는 747 공약의 현실화 가능성이 높다는 환상을 낳았다.*

서민을 위한 경제대통령이 되겠다며 출마를 선언한 뒤 경선 과정에서 이명박은 "연간 60만 개, 5년간 300만 개 일자리를 창출하겠다는 약속"을 구현할 방법을 다음과 같이 제시했다.

"약속을 어떻게 실현시킬 것인지 간략하게 설명드리겠습니다. 일자리 창출의 기본 전략은 기업 투자의 활성화입니다. 일자리 창출을 위해서는 두말할 필요 없이 기본적으로 한국경제의 고용 창출 능력이 향상되어야 하며, 이를 위해서는 기업 투자가 필

---

* 이명박은 출마 선언문 끝자락에서 '국민이 잘사는 나라'를 만들 수 있다는 확신을 다음과 같이 효과적으로 심어주었다. "저는 말을 앞세우지 않습니다. 일로써 승부합니다. 말이 아니라 실천으로 보여주는 대통령이 되고자 합니다. 서울시장 시절 공약을 다 지켰습니다. 예산을 절감했습니다. 도시에 새로움을 불어넣었습니다. 저는 늘 일하는 사람이었고, 그래서 일하는 법을 압니다. 저는 국가 최고권력자가 아니라 국가 최고경영자가 되고자 합니다. 말 잘하는 대통령이 아니라 일 잘하는 대통령이 되길 소망합니다." 이명박이 샐러리맨에서 대기업 회장까지 역임한 경력은 그 말의 신빙성을 더해주었다. 틈날 때마다 그는 '실천하는 경제대통령'을 부각했다.

수적입니다. 정부의 역할은 기업이 투자를 늘릴 수 있도록 경제를 운영하는 것이지, 정부가 기업 투자를 막아서는 안 됩니다. 국내 대표 기업의 부채 비율은 99퍼센트이며(해외 경쟁 기업 200퍼센트), 10대 그룹 기준으로 사내 유보액 비율이 713퍼센트(상장 조건 25~50퍼센트), 현금 보유액은 150조로 추정되고 있습니다. 즉, 국내 대표 기업은 투자할 수 있는 충분한 요건을 갖추고 있습니다. 그럼 대표 기업들의 투자 확대 방인에는 무엇이 있을까요? 우선 기업에 대한 규제를 완화하고, 법인세를 인하해야 합니다. 또한 법질서를 확립해 노사 관계를 안정화시키고, 기업 투자 위험도를 분산할 수 있는 금융 선진화가 필요합니다. 그리고 마지막으로 친기업 경제 지도자로 인한 분위기 반전으로 밴드왜건 효과*가 있다면 이로 인해 경제 성장세가 가속화되고, 한국경제의 일자리 창출력은 더욱 높아지게 될 것입니다. ……현재 대한민국의 경제 성장률은 4퍼센트대로 저조하고, 잠재 성장률이 하락하고 있습니다. 바로 이 시기에 지속적으로 일자리 창출을 위한 세계 최고 기업환경을 조성하면 '경제가 살아날 수 있다'는 희망적인 분위기로 인해 기업 투자가 활성화될 것으로 보입니다. 그러면 우리는 7퍼센트 성장, 300만 개 이상의 일자리를 반드시 만들어낼 수 있습니다."

여기서 중요한 것은 이명박의 경제 정책이 몇몇 수치의 차이

---

* 밴드왜건 효과(bandwagon effect)란 다수가 선호하는 방향으로 쏠리는 현상을 말한다. 예를 들어 어떤 상품이 유행하면 그 상품을 사용하지 않던 사람들도 유행에 따라 그 상품을 사들이는 현상을 가리킨다.

가 있을 뿐 박근혜의 그것과 거의 같다는 사실이다. 747과 줄푸세 정책이 수출 대기업을 우선으로 한 경제 성장과 적하 효과*라는 동일한 논리에 서 있기 때문이다. 실제로 이명박은 한나라당 대선 후보가 된 뒤 박근혜의 줄푸세 정책을 적극 수용하겠다고 밝혔다. 환율을 비롯한 금융 지원을 통해 수출 대기업을 전폭적으로 지원 하는 정책은 바로 박정희식 경제 성장의 핵심이다.

2008년 2월 25일. 이명박 대통령의 취임식이 열린 국회의사당 에는 "함께 가요, 국민성공시대!"라는 표어가 크게 내걸렸다. 대 선 정국에서 이명박 후보가 '경제 살리기'에 자신감을 보였던 터 라 적잖은 국민이 경제가 나아지리라고 전망했다.

하지만 이명박 정부가 서민들의 경제를 살리리라는 기대는 일찌감치 사라지기 시작했다. 이미 대통령직 인수위 시절부터 이 명박 정부의 정체가 명확하게 드러났기 때문이다. 이명박 당선인 은 취임 일주일을 앞둔 2월 18일에 부처 장관 명단을 발표하며 "베스트 오브 베스트"라고 자화자찬했다. 그러나 남주홍 통일부 장관, 박은경 환경부 장관, 이춘호 여성부 장관 후보자가 국회 인 사 청문회도 거치기 전에 낙마했다. 부동산 투기와 이중 국적 문 제가 불거졌기 때문이다. 부동산에 왕성하게 투기한 사실이 드러

---

* 적하 효과(trickle-down effect, 滴下效果)는 물이 차면 넘치듯이 정부가 대기업과 부유층 의 부(富)를 먼저 늘려주면 그 혜택이 중소기업과 소비자에게 돌아간다는 말이다. 1980 년대 미국 대통령 레이건이 즐겨 사용한 말로 그 후 지금까지 전 세계 신자유주의자들이 애용하고 있다. 하지만 미국 경제에서도 그랬듯이 이명박 정부의 정책에서도 그 효과는 실증되지 않았다. 1980년 이후 미국의 부익부 빈익빈은 심화되었고, 한국도 신자유주의 체제로 들어선 뒤 빈부 차이가 더욱 커지고 있다.

난 장관 후보자가 "자연의 일부인 땅을 사랑한 것뿐"이라고 해명
함으로써 국민의 분노는 더 커졌다.

1부에서 짚었지만 재산이 수백억 원에 이르는 대통령과 평균
40억 원 규모의 재산을 지닌 내각 구성원들은 많은 사람에게 이명
박의 '경제 살리기'가 어떤 의미가 있는가를 진지하게 성찰할 기
회를 주었다. 대통령 자신과 청와대 참모 및 장차관들의 면면에서
보았듯이 기득권층에게 김대중-노무현 10년 경제는 결코 죽거나
잃어버린 게 아니었다. 1998년 2월부터 2008년 2월까지 10년 동안
기득권층의 재산은 되레 크게 늘어났기 때문이다.* 더러는 중산
층 이상의 경제 형편도 나아졌다고 하지만 기득권층과의 격차는
더 벌어졌고, 물가 인상을 감안하면 국민 대다수의 살림살이는 더
궁색하고 불안해진 게 현실이다.

이명박 정부의 '경제 살리기'가 누구를 위한 살리기인가는 곧
또렷하게 나타났다. 집권 초기부터 본격적으로 고환율 정책과 감
세 정책을 강행했다. 수출 대기업 우선의 경제 정책이 모든 부문
에 관철되어갔다.

여기서 새삼 확인할 필요가 있다. 이명박 대통령이 후보 시절
에 '경제 살리기'를 공약했을 때 그가 약속한 것은 분명 서민경제
였다. 노무현 정부 시기에도 부유층이나 수출 대기업의 경제는 결
코 죽지도, 전혀 어렵시도 않았기 때문이다.

---

* 객관적 통계 지표에서 확인할 수 있다. 노무현 정부 시기 상위 10퍼센트의 소득을 평균
소득으로 나눈 수치를 보면, 2003년 1분기에는 상위 10퍼센트의 소득이 전체 평균 소득
보다 2.57배 많았으나, 2005년 1분기에는 2.61배, 2007년 1분기에는 2.66배로 상승했다.

문제의 본질은 바로 이 지점에서 간명하게 드러난다. 시장과 경쟁을 통해 경제를 살리겠다고 할 때, 과연 민생경제가 살아날 수 있을까라는 의문이 그것이다. 시장과 경쟁을 통해서는 이미 기득권을 가진 대기업이 유리할 수밖에 없기 때문만은 아니다. 한국 경제에선 대기업이 수출 시장에 무게 중심을 두고 있어 내수와의 연관성이 점점 줄어들고 있기 때문이다. 모든 걸 시장의 자유, 자본의 자유에 맡기는 신자유주의 경제체제 때문에 죽은 민생경제를 신자유주의적 정책 강화로 살리겠다면 앞뒤가 맞지 않는다.

실제로 이명박의 경제 정책은 집권 과정을 통해 부익부 빈익빈을 낳으며 '서민 경제 살리기'에 실패함으로써 우리에게 소중한 교훈—우리는 그것을 '이명박 학습 효과'라고 명명할 수 있을 것이다—을 준다.

첫째, 박정희식 경제 성장이 더는 불가능하다는 교훈이다. 수출 중심의 대기업이 성장하면 그 과실이 중소기업과 노동자에게도 떨어진다는 적하 효과 논리가 현실과 전혀 맞지 않는다는 사실이 이명박 정부를 거치면서 확연하게 실증되었다. 환율 정책과 금산 분리 완화를 비롯해 각종 규제 완화 정책으로 대기업을 적극 지원해주었지만 기대했던 일자리는커녕 그들 스스로의 적극적인 투자조차 몸을 사린 채 자산만 불려가고 있다.

한국경제가 발전해온 구조를 들여다봐도 이제는 단순한 양적 성장에서 벗어나 내수 시장을 적극 확대하는 방향으로 질적 전환을 이루어야 지속적인 경제 발전이 가능한 시대로 접어들었다.*

그 말은 수출을 포기해야 한다거나 무슨 '쇄국 정책'을 펴자는 뜻이 전혀 아니다. 수출을 하되 대기업과 중소기업 사이에 일방적이고 종속적인 하청 관계를 벗어나 납품 단가 현실화는 물론, 기술 공동 개발과 이익 공유로 유기적 연관성을 높이며, 분배 정책을 통해 내수도 확대하는 견실한 경제 구조를 갖추는 데 정책의 우선순위를 두어야 한다는 뜻이다.

무엇보다 박정희식 경제 성장이 이루어지던 1960년~70년대의 세계 경세 여건과 2011년 현재의 상황은 완연히 다르다. 더구나 미국으로선 소련과의 체제 경쟁이 한창이던 박정희 시대와 달리 한국경제를 '보호'하고 '육성'할 아무런 이유가 없다. 소련과의 냉전에서 이겼고 남과 북의 경제력 차이도 이미 벌어질 만큼 벌어져 있기 때문이다.**

둘째, 경제 발전을 논의할 때 앞으로는 누구를 위한 경제 성장

---

*　실제 경제 성장률을 톺아보면 단순한 경제성장 지표가 얼마나 허구적인가를 새삼 인식할 수 있다. 김영삼 정부의 5년 평균 성장률은 7.4퍼센트였다. 김대중 정부는 5.0퍼센트, 노무현 정부는 4.4퍼센트로 내려왔다. 이명박 대통령의 재임 3년 평균 성장률은 2.9퍼센트다. 주목할 대목은 가장 성장률이 높은 김영삼 정부가 외환위기로 종결되었다는 사실이다.

**　1961년 3월 15일 미국 케네디 대통령의 국가안보 고문 월트 로스토(Rostow, Walt Whitman)는 중앙정보국(CIA)에서 오래 활동해온 로버트 코머(Komer, Robert William)와 함께 〈한국에서의 행동〉이라는 비망록을 작성해 대통령에게 긴밀히 보고했다. 비망록은 앞으로 10년간 미국이 한국에서 주력할 주요 추진 방향으로 "단기 속성 개발"과 "대한민국의 경제 개발을 지도 감독하는 일에 미국이 정력적으로 행동할 것"을 촉구했다. 코머는 휴전선 이북에 비해 이남의 경제가 현저히 뒤떨어지고 있는 현상은 소련과의 체제 경쟁에서 미국에 불리한 영향을 끼친다고 판단했다. 비망록이 케네디 대통령에게 보고된 뒤 두 달 만에 서울에서 5·16쿠데타가 일어났다. 그 후 전개 과정은 우연의 일치인지 모르겠지만 비망록대로 이루어졌다. 한 세대가 흐른 뒤 소련과 동유럽의 공산주의 체제가 붕괴되고 이북의 경제가 고난을 겪을 때, 미국이 주도하는 국제통화기금(IMF)이 한국경제를 재편성한 것은 깊은 성찰을 요구한다.

인가, 누구의 경제 살리기인가를 명료하게 짚어야 한다는 교훈이다. 적잖은 사람들이 이명박이 아니라 박근혜가 대통령이 되었다면 달랐으리라고 애석해한다. 하지만 그녀가 2007년 경선 과정에서 내세운 경제 정책을 톺아보면 이명박 정부의 그것과 아무런 차이도 발견할 수 없다. 기업의 투자를 늘리고 경제를 활성화시켜 최대 7퍼센트의 경제 성장을 이룬 뒤 기업들의 일자리 증대를 통해 사회 양극화를 해소하겠다는 경제 성장 논리는 이명박의 그것과 한 치도 어긋남 없이 똑같다. 대기업의 세금 부담을 줄이고 규제를 과감히 완화하겠다는 논리도 그렇다. '작은 정부, 큰 시장'을 주장하며 기업이 최대한 활동하기 좋은 여건을 만들어야 한다는 판단도, 적하 효과나 파이론*에 대한 끊임없는 강조도 이명박과 같다.

바로 그 점에서 박근혜와 이명박은 같은 몸통의 두 얼굴이다. 그 몸통의 정체는 다름 아닌 '성장 포퓰리즘'이다. '파이를 키워야 더 많은 분배가 가능하다'거나 '경제 성장을 위해 분배를 희생하면 결과적으로 더 많이 분배할 수 있다'는 논리를 펴면서 자신들이야말로 경제를 책임지고 분배를 할 수 있다고 선전하는 인기영합주의의 전형적 행태다.

---

* 파이를 키워야 나누어 먹을 수 있는 몫도 커진다는 논리로 적하 효과와 같은 맥락이다. 앞서도 지적했지만 1980년대 이후 신자유주의 체제의 미국이나 한국사회의 경험을 보더라도 파이론은 사실과 전혀 맞지 않다. 물론 신문 시장을 독과점한 언론들과 보수를 자처하는 정치세력은 명백한 사실 관계를 외면한 채 아직도 파이론이나 적하 효과를 집요하게 선전하고 있다.

따라서 앞으로 어떤 정치인이 경제를 살리겠다고 호언할 때 간명한 질문, 곧 그(녀)가 누구의 경제를 어떻게 살리겠다는 것인지 따져 묻는 슬기가 유권자들에게 절실하다. 만일 앞으로 어떤 정치인이 '복지 포퓰리즘'을 들먹이며 수출 대기업에 대한 규제 완화와 지표상의 수치 성장으로 서민의 삶이 나아질 수 있다고 주장한다면, 이제 우리는 바로 그 사람이야말로 유권자를 호도하며 내중에 영합하는 전형적 포퓰리스트라고 단언할 수 있어야 한다. 정치인 이명박이 우리에게 집권 경험으로 또렷하게 가르쳐준 '학습 효과'다.

결국 박정희식 경제 성장과 김대중식 대중경제가 실제 집권 경험을 통해 더는 서민경제를 살리지 못한다는 사실을 우리 모두에게 알려주었다면, 이제 경제 성장에 호소하는 포퓰리즘을 넘어 국민 대다수의 삶을 나아지게 하는 새로운 경제 발전 모델을 구현해야 옳다.

한국정치의 보편적 숙제로서 언제나 강조되어왔던 경제 성장은 이제 누구의 누구를 위한 경제 성장인가, 다시 말해서 국민 대다수의 삶을 나아지게 하는 경제 발전인가를 정확하게 가려야 할 지점에 이르렀다. 그것은 한국정치의 또 다른 보편적 숙제, 선진국을 이루는 길에서도 동일한 원칙이다.

선진국 : 미국이 미래라는 우물

선진국. 경제 성장과 함께 한국의 내로라하는 정치인들이 오랜 세월에 걸쳐 부르대온 과제다. 가령 박정희도 경제 성장을 중시하면서 언제나 '선진조국 창조'를 내세웠다. 2007년 한나라당 대선후보 경선에서 박정희식 경제 성장을 내세웠던 박근혜와 이명박 모두 선진국을 국가 비전으로 제시했다.

이명박 정부는 2010년 2월에 집권 2년을 자평할 때도 언죽번죽 선진국을 내세웠다. "선진국 도약을 위한 인프라 구축 시기"였다고 자화자찬했다. 청와대는 그 근거로 "OECD 국가 중 가장 우수한 성적으로 경제위기를 탈출하고, 글로벌 거버넌스의 새로운 중심체인 G20 정상회담을 유치한 것"을 꼽았다. 심지어 김연아 선수의 동계올림픽 금메달까지 '치적'으로 언급했다. 청와대는 또 "지난 2년이 선진국으로 도약하기 위한 인프라를 구축한 시기였다면 이제 남은 과제는 내부 지향적인 한국정치의 후진성을 극복하고 선진국 수준으로 정치 업그레이드를 달성해내는 것"이라고 주장했다.

문제는 이명박 정부 2년이 "선진국 도약을 위한 인프라 구축 시기"였다는 청와대의 인식과 국민의 체감지수가 전혀 다르다는 데 있다. 과연 국민 가운데 얼마나 그 평가에 동의할 수 있을까? 그 '인프라 구축' 위에서 '선진국 수준으로 정치 업그레이드'를 하겠다는 국정 방향도 의문을 자아내긴 마찬가지다.

기실 후보 시절에 그가 강조한 7퍼센트 경제 성장, 국민소득 4

만 달러, 7대 경제대국을 한마디로 줄이면 선진국이었다. 취임한 뒤에 '국가 브랜드 가치'를 높여야 한다며 국가브랜드위원회까지 구성한 것도 그 연장선이다.

비단 이명박 정부만이 아니다. 신문과 방송에서도 '선진국'이 란 말은 봇물을 이루어왔다. 정부 부처의 보도자료에서도 '선진 화'는 단골처럼 등장한다.*

그래서다. 이제는 누군가 선진국이라는 말을 쓸 때 어떤 뜻을 담고 있는가를 짚어볼 필요가 있다. 선진국 개념을 둘러싼 혼선은 국회 대정부 질문 현장에서도 드러난다. 예컨대 2010년 국회에서 민주노동당 권영길 의원은 국무총리에게 대한민국이 모델로 삼 고 있는 선진국이 어느 나라냐고 물었다. 미국이냐, 프랑스냐, 독 일이냐고 물은 뒤 그 중에 교사와 공무원이 정당에 가입했다고 탄 압하는 나라가 있느냐고 다그쳤는데 아무 답을 듣지 못했다.

단순히 우스개로 넘길 문제가 아니다. 이명박 정부 들어 선진 국 담론은 부쩍 넘쳐나지만 정작 그들이 주장하는 '선진국'이 어 떤 나라인가를 보수든 진보든 대다수 사람이 따지지 않고 넘겨버

---

* 《조선일보》 경제부 정책팀장조차 〈선진화에 대한 어느 불만〉 제하의 칼럼(2010년 2월 19일)에 다음과 같이 쓸 정도다. "'선진화'는 경제 담당 기자들이 지겹게 만나는 단어다. 매일 쏟아지는 보도자료의 단골 제목은 '무슨무슨 선진화'다. 공공기관도, 농어업도 선 진화하게 되고, 이런저런 업종마다 선진화위원회라는 간판이 올려진다. 기획재정부가 한창 공을 들이고 있는 서비스산업 대책은 '서비스산업 선진화 대책'이다. 경제 부처만 이 아니다. 지난해 11월 발생한 부산 실내사격장 (화재 사건) 사후 대책은 '안진제도 개 선 및 의식 선진화 종합대책'이었다. 대한체육회는 경기단체 운영 선진화 대책을 추진하 고, 산불 방지도 선진화 대상이다. 이명박 대통령도 취임 연설에서 산업화와 민주화 시 대를 뛰어넘는 선진화 시대를 열어가자고 했다."

리기 때문이다. 딱히 이명박 정부만이 아니다. 그와 경제 정책이 가장 비슷한 박근혜를 비롯해 정치인들이 부르대는 '선진국'이 과연 어느 나라를 '모델'로 한 것인지 우리 국민이 진지하게 물을 필요가 있다.

지금까지 한국사회에서 선진화 담론에 가장 체계적 논리를 내놓고 있는 곳은 한반도선진화재단이다. 재단을 이끌어가고 있는 박세일은 한나라당 정책위 위원장과 여의도연구소장을 역임했다. 그는 이른바 '보수 세력' 가운데 가장 합리적인 사람으로 꼽힌다. 진보 매체로 불리는 신문까지 그의 책을 대서특필하며 높이 평가하는 기사를 쓰기도 했다. '합리적 보수의 상징' 또는 '보수 세력의 핵심 브레인'으로 꼽히는 박세일은 한국의 기득권 세력이 외면해온 복지 개념을 도입해 '공동체적 자유주의'를 주장한다. 중도 세력의 표까지 끌어들이고 싶은 보수 정치인에게는 사뭇 유용한 논리가 아닐 수 없다.*

---

* 한반도선진화재단에 참여하고 있는 인사들의 면면도 화려하다. 2011년 현재 국무총리, 헌법재판소장, 국회의장, 대학총장을 지낸 사람들이 많다. 김용준(전 헌법재판소장/법무법인 율촌 고문변호사), 김재철(전 한국무역협회 회장/동원그룹 회장), 김진현(전 과학기술처 장관/세계평화포럼 이사장), 박우희(세종대학교 총장), 송월주(전 조계종 총무원장), 이명현(전 교육부 장관/서울대학교 명예교수), 이수성(전 국무총리/새마을운동중앙회장), 이인호(전 주 러시아 대사/KAIST 석좌교수), 이홍구(전 국무총리/중앙일보 이사회 의장/서울국제포럼 이사장), 조순(전 부총리 겸 경제기획원 장관/한국품질재단 위원장), 강천석(조선일보 이사/주필), 송복(연세대학교 명예교수), 김동길(태평양시대위원회 이사장/연세대학교 명예교수), 김남조(시인/숙명여자대학교 국어국문과 명예교수), 양규모(KPX화인케미칼), 이어령(전 문화부 장관/중앙일보 고문), 남시욱(광화문문화포럼 회장), 박관용(전 국회의장/21세기국가발전연구원 이사장)이 한반도선진화재단의 고문으로 포진해 있다.

한반도선진화재단에는 《조선일보》《동아일보》《중앙일보》의 전현직 고위 간부들이 고문으로 참여하고 있다. 《조선일보》 강천석 주필이 '현역'이고 김진현과 남시욱은 《동아일보》 논설 책임자 출신이다. 언론인은 아니지만 이어령은 《중앙일보》 고문이다. 현역 주필이 관여하고 있어서인지 한반도선진화재단과 《조선일보》는 공동 기획을 자주 한다. 2010년에 이 신문이 장기 연재한 '서울 컨센서스 10대 전략'이 그 보기다.

한반도선진화재단의 선진국 담론이 가장 압축적으로 정리된 글은 박세일 자신이 쓴 《한반도 선진화 혁명: 철학과 전략》이라는 제법 두툼한 보고서다. 2008년 이명박 정부가 들어서던 시기에 발표된 보고서는 대한민국의 목표를 '선진화 혁명'으로 제시했다.

대한민국 60년을 '건국-산업화-민주화'로 간추린 보고서는 "지난 60년의 대한민국 역사는 여러 좌절과 어려움도 있었지만 크게 보아 발전과 성공의 역사였다. 지난 60년간 우리 대한민국은 건국과 근대화 혁명(산업화와 민주화)을 성공적으로 이룩하고 세계 제2차 대전 후 세계 최빈국의 하나였던 후진국에서 중진국의 선두 주자로 성큼 뛰어오르면서 21세기에 진입하였다"고 정리했다. 이어 '21세기 국가 목표'는 "남과 북이 모두 선진화 혁명에 성공하여 통일된 선진 조국을 건설하는 것, 환언하면 한반도 전체의 선진화"라며 이를 '선진화 혁명'으로 제시했다. 그는 선진화 혁명을 두 단계로 나누어 설명한다.

선진화 1단계는 이남이 경제적으로 선진국 진입에 성공하고, 이북도 개혁 개방으로 산업화를 본격적으로 추진해 서서히 민주화의 방향으로 들어서는 단계다.*

선진화 2단계는 "남한의 선진화 완성과 북한의 근대화 성공 이후 선진국 진입의 단계"다. 보고서는 "단순한 경제선진국만이 아니라 정치 사회 문화 모든 측면에서 그리고 더 나아가 국제적 기여도에서도 명실공히 세계 일등 국가인 선진국이 되는 단계이다. 동시에 북한도 산업화와 민주화라는 근대화 혁명을 성공적으로 이루어내고 선진국권에 진입하는 단계"라고 풀이한다.

보고서는 선진화의 두 단계를 거쳐 2035~2040년경에는 우리가 세계 선진국의 선두 주자가 되어야 한다고 역설한다. 이어 선진국의 조건을 제시한다. 특히 눈길을 끄는 대목은 가장 먼저 '경제적 선진화'를 꼽으면서 "1인당 소득 3만 달러의 항아리형 경제"를 제시한다는 점이다. 그 점에서 선진화재단의 논리는 보수 정치 세력의 일방적이고 노골적인 신자유주의와 차이가 있다. 항아리형 경제에 대한 박세일의 설명을 들어보자.

선진국이란 단순히 국민소득이 높은 것만으로는 충분하지 않다. 반드시 국민소득이 비교적 고르게 분배되어야 선진국이라고 할 수 있

---

* 보고서는 선진화 1단계가 앞으로 10~15년 내에 반드시 이루어져야 한다고 역설했다. 그 이유로 보고서는 인구 변화를 꼽는다. 남쪽은 앞으로 10년 이내에 생산인구(15세부터 64세)가 줄기 시작하고, 15년 이내에 총인구가 줄어들기 시작한다. 인구가 줄기 시작하면 선진국 진입을 위해 필요한 높은 경제 성장률을 이룩하기 어렵다. 다른 조건이 같아도 인구 감소 자체만으로 2퍼센트 정도의 성장률 하락이 예상되기 때문이다. 북쪽도 "개혁과 대외 개방 없이 지금과 같은 비정상적 실패국가의 상황이 향후 10~15년 지속되면 북한 전체의 사막화가 급진전되리라"고 전망한다.

다. 평균 국민소득은 높지만 빈부 격차가 너무 심한 경우에는 선진 국이라고 할 수 없다. 따라서 평균 국민소득도 높지만 소득 분배가 중산층(중위 60퍼센트)의 비중이 상대적으로 큰 항아리형 경제를 이루어야 선진국이라고 할 수 있다. 여러 선진국의 경험에서 볼 때 중산층의 소득 점유율이 높은 사회가 성장 친화적인 사회 분위기를 수반하여 친성장적 정책과 제도를 가지기 쉽고 그 때문에 높은 성장률을 지속적으로 달성하기 쉽다는 사실을 가르쳐주고 있다. 또한 중산층의 소득 점유율이 높은 사회가 상대적으로 사회적 갈등과 불안이 적어 정치적 안정을 이룰 수 있고, 그 결과로 높은 경제 성장률의 지속이 보다 용이하고 가능하다는 사실을 가르쳐주고 있다.

이 대목에서 박세일의 선진화 담론은 반짝인다. '항아리형 경제'를 강조한 보고서는 "거대 기업 등 소수만이 주도하는 성장만으로는 소득의 분배를 악화시키기 쉽다"며 중소기업은 물론 저소득층이 활발히 참여할 수 있는 경제 성장을 만들어내야 한다고 역설한다.

한국의 보수 정치세력 가운데 "거대 기업 등 소수만이 주도하는 성장"을 비판하는 담론이 나오는 것은 바람직한 일이다.

문제는 박세일의 선진화론이 그가 의도했든 아니든 공허한 데 있다. 항아리형 경제가 박세일의 신념이라면 현실에서 그가 우선적으로 해야 할 일은 명확하다. 대기업 중심의 경제 정책을 강행하는 이명박 정부에 대한 비판이 그것이다. 정부에 대한 비판만이 아니다. 그가 말한 대로 "양극화 축소형 성장"을 이루려면, "중소기업과 영세자영업자는 물론 저소득층이 보다 활발히 참여할 수 있는 경제 성장”을 만들어내려면, 그런 담론을 가로막고 있는 신문과 방송을 비판해나가야 옳다. 《조선일보》《동아일보》《중앙일보》가 신자유주의를 글로벌 스탠더드로 보편화하면서 양극화 해소를 주장하는 사람들을 '포퓰리즘'으로 비난해온 것은 어제오늘의 일이 아니기 때문이다.

그런데 박세일은 경제적 선진화의 방향으로 '항아리형 경제'를 거론한 뒤 곧장 정치적 선진화의 과제로 "포퓰리즘을 넘어 자유민주주의로"를 제시한다. 포퓰리즘 극복이 가장 시급한 과제라고 주장하는 박세일은 자신이 주창하고 있는 '항아리형 경제'를 실현할 수 있는 정치세력을 누구라고 판단하는 걸까?

보고서는 선진화 주체 세력으로 "개혁적 보수와 합리적 진보"를 꼽는다. 개혁적 보수와 합리적 진보가 손잡는 걸 굳이 반대하고 싶지는 않다. 하지만 곧이어 "21세기 세계화 시대의 선진화를 목표로 한다면 우리는 무엇보다 먼저 자유, 시장, 세계 등의 신보수적 가치를 중시해야 한다"고 못 박는다. 결국 박세일이 구상하는 선진화 혁명을 이룰 정치세력은, 그의 논리를 따른다면 한나라당일 수밖에 없다. 《조선일보》와 선진화 기획을 함께 하고 이명박 정권의 인사 때마다 그의 이름이 들먹여지는 이유도 여기 있다.

명토 박아두자. 박세일이 선진화 혁명의 주체를 한나라당이라고 생각한다면, 또 이명박 정부가 강행하는 대기업 중심의 경제 정책 앞에서 침묵한다면, 그것은 항아리형 경제를 구현하자는 그의 담론과 논리적 모순이다. 더 가혹하게 평가하자면 박세일의 선진화 담론은 부익부 빈익빈의 신자유주의로 치닫는 한나라당 정부에 대한 비판을 희석하는 이데올로기에 지나지 않는다.

더 나아가 사회적 선진화의 내용을 살펴보면 그의 선진화 담론이 지닌 허구성이 적나라하게 드러난다. 사회적 선진화의 내용으로 그가 제시한 핵심은 '군자君子와 교양인의 사회'다. 그리고 '대한민국의 꿈'을 '5대 조화사회'로 간추린 뒤 첫째 물질과 정신의 조화, 둘째 개인과 공동체의 조화, 셋째 과거 현재 미래의 조화, 넷째 민족과 세계의 조화, 다섯째 지도자와 국민의 조화를 든다. 듣기에 아름다운 말들이다. 그런데 경제적 선진화와 정치적 선진화의 내용마저 충돌하는 마당에 무엇을 어떻게 조화시킬 것인가?

여기서 볼 수 있듯이 보수 세력의 가장 세련된 선진화 담론조차 미사여구 수준에 머물고 있다. '철학'에서 시작해 전략과 정책까지 아울렀다며 그를 높이 평가하는 사람들도 있지만, 박세일이 목표로 한 사회와 그것을 이루려는 정책 수단은 서로 어긋난다.

박세일의 선진화 혁명론을 실제 현실로 집행할 때 이명박 정부의 모습과 과연 얼마나 다를 수 있을까 성찰해볼 필요가 있다. 그가 선진화 혁명론을 마무리하며 "한반도를 지키시는 천지신명이시여! 한반도의 선진화를 위호하소서!"라 끝맺은 것은 '압권'이다. 가장 좋게 보더라도 정치적 선전 수준이다. 정책을 제시하는 글로서는 더 말할 나위 없이 소박하나. 이명박 정부가 들어시면시 제기된 선진화 담론 가운데 가장 내용이 알차다는 담론이 철학과 전략의 빈곤을 드러내고 있어서일까. 실제 한나라당의 선진화 정책은 박세일의 그것보다 훨씬 심각한 문제를 안고 있다.

특히 정치 선진화를 바라보는 보수 정치세력의 시각은 위험할 정도다. 한나라당 대표 안상수가 생각하는 '정치 선진화'가 대표적이다. 안상수는 국회 교섭단체 대표 연설(2010년 4월 5일)에서 '선진 국회, 선진 사법, 선진 지방행정의 3대 선진화'를 강조하면서 특히 국회 선진화를 더 미룰 수 없다며 다음과 같이 주장했다.

"국회가 국민의 걱정거리가 되는 현실에서는 국회가 제 역할을 할 수 없습니다. 작년 한 해 동안만 하더라도 국민들에게 얼마나 참담한 모습을 보여주었습니까. 무단 점거, 개회 방해, 등원 거부, 본회의장 투표 방해 등 이루 말로 다할 수 없는 장면을 연출하였습니다. 국회가 법에 따라 개원하는데 조건을 걸어서야 되겠습니까. 무작정 장외로 뛰쳐나가거나 무조건적인 반대를 일삼아 국회를 무용지물로 만들어서야 되겠습니까. ……다수결에 의해 처리하고 결정하는 정치 문화도 정착시켜야 합니다. 한나라당은 이미 '국회 선진화 관련 법안'을 제출한 바 있습니다."

이명박 대통령이 부르짖는 '정치 선진화'와 똑같은 내용이다. 이명박 정부와 한나라당이 집착하고 있는 국회 선진화 법안을 살펴보면 여기저기서 문제점이 불거진다. 한나라당은 국회의장의 권한을 대폭 강화하고 법안 자동 상정, 이른바 '폭력의원 제명'을 뼈대로 한 8개 법안을 '국회 선진화법'이라는 이름으로 발의했다.*

한나라당이 법제화하려는 '국회 선진화'는 어떤 모습일까? 먼

---

* 한나라당 국회선진화특별위원회가 제출한 8개 법안 가운데 '국회의 질서유지 등에 관한 법'과 '국회회의 방해범죄 가중처벌법'은 제정안이고 국회법 개정안을 비롯한 6개 법안은 개정안이다.

저 국회의장 권한을 보자. 임기는 4년으로 하며, 교섭단체 사이에 협의가 원활치 못할 경우 국회의장이 의사 일정을 결정할 수 있도록 했다. 국회의장이 필요하다고 판단할 때 경찰이 국회 본청에 진입할 수 있도록 경찰 지휘권도 부여했다. 국회 개회 이후에 여야 합의를 통한 원 구성이 지연될 때 국회의장이 국회의원 세비 지급을 중단하고 상임위원을 강제로 선임할 수 있는 권한도 갖는다. 국회의장의 녹재라 해도 과언이 아닐 정도다.

다수당에 유리한 법제는 법안 자동 상정에서 노골적으로 드러난다. 먼저 법사위원회의 법률안 체계 자구 심사 기능을 없앴다. 야당이 법사위원장을 맡고 있는 현실을 감안하면 법안 통과를 자유롭게 하려는 의지가 읽힌다. 더구나 법안이 발의된 뒤 일부를 개정하는 법률안은 15일, 제정 법률안 및 전부를 개정하는 법률안은 20일 이후 자동 상정되도록 했다. 단계별 처리 기한도 명시했다. 240일 내 표결 처리를 보장했다. 국회의원의 본회의 참석과 표결 의무를 명시하고, 표결 시작부터 종료 때까지 의석 이동과 의장석 점거를 금지했다.

'절정'은 이른바 '국회폭력 방지법'이다. 국회에서 폭력을 행사해서 벌금 500만 원 이상이 선고될 경우 의원직에서 제명하고 5년간 피선거권을 박탈한다. 게다가 피해자 동의 없이도 검찰 기소가 가능하도록 했다. 국회에서 흉기를 이용하거나 집단폭행을 할 경우에는 정해진 형의 1.5배를 가중 처벌한다.*

만일 '선진화법'이 입법된다면 국회는 과반 의석을 지닌 정당의 의도에 따라 일방적으로 운영될 수밖에 없다. 날치기 처리를 하더라도 속수무책이다. 한나라당의 '국회 선진화 법안'들에 대해 민주당이 "MB악법 날치기 선진화 방안이며, 이명박 정권에 방해가 되는 야당을 범죄자로 만들어 억압하겠다는 발상"이라고 비판하고 나선 이유도 여기에 있다. 민주노동당은 "국회의장이 필요하다고 판단할 때, 경찰이 국회 본청에 진입할 수 있도록 한 것은 국회 계엄법에 다름 아니다"라고 지적했다. 그 비판들을 한낱 정치공세로 여길 수 없다는 데 문제의 심각성이 있다.

대한민국 국회에서 종종 불거지는 물리적 충돌의 원인이 어디에 있는가를 냉철하게 진단해서 소통으로 풀어가려는 게 아니라, '법치주의'라는 이름 아래 경찰의 손에 맡기겠다는 구상이다. 한나라당의 국회 선진화법 구상에서 핵심은 결국 다수결 원리다. 그것이 민주주의의 대원칙이라는 주장이다. 가령 한나라당은 2007년 12월 대선에서 이명박 후보가 당선되었고, 2008년 총선에서 한나라당이 과반 의석을 확보했으니, 선거 결과에 따라 대통령과 다수당의 정책과 법안을 관철하는 게 다수결이라고 주장한다.

하지만 과연 그럴까? 새삼스럽지만 무엇보다 먼저 이명박 정

---

* 국회 건물 내 폭행·협박·퇴거 불응 행위에 대해선 1년 이상 5년 이하 징역, 공무집행 방해에 대해선 1년 이상 7년 이하 징역으로 처벌한다. 한나라당의 국회 선진화 법안을 소개한 기사에 한 네티즌이 "한나라당의 1당 독재를 위한 법이네. 아예 차라리 한나라당 반대 처벌법을 만들지. 한나라당과 이명박 정책에 반대하는 의원은 자동으로 의원직 제명! 이거와 무엇이 다른가?"라고 올린 댓글은 거칠지만 법안의 핵심을 날카롭게 찌른다. 실제로 국회의장은 국회 청사 안에 경찰을 배치해 '소란'을 피운 의원에게 퇴장·출입금지 명령을 내리고, 의장석을 점거한 의원에게는 7일 이상의 직무정지 명령을 내릴 수도 있다. 국회의원이 본회의장 앞에서 '정치적 행위'로 농성을 하면 경찰에 해산당하고, 국회 출입 금지까지 당할 수 있다는 뜻이다. 투표 행위를 방해한 의원은 '폭력'이라는 이름 아래 제명도 가능하다.

권과 한나라당이 선거에서 얻은 표는 결코 '국민 다수'가 아니었음을 확인할 필요가 있다. 2007년 대선은 사상 처음으로 당선자의 득표율보다 기권한 유권자 비율이 더 높았다. 이명박 후보는 전체 유권자 가운데 고작 30퍼센트의 지지를 받아 대통령에 당선되었다. 2008년 4월 총선은 더 심했다. 사상 처음으로 유권자 과반수가 투표하지 않았다. 절반도 안 되는 유권자가 참여한 투표에서 한나라당이 원내 제1당이 되었을 뿐이다. 따라서 대선이든 총선이든 한나라당이 국민 다수를 대변한다는 주장은 옳지 않다.

기실 선거 공약으로 다수의 지지를 받았다 하더라도 그 '다수결'이 절대 원칙일 수는 없다. 더구나 한나라당은 자신들이 공약한 '대학등록금 절반 인하'를 모르쇠 했다. 다수결 원리에 대한 일방적 해석이 지닌 문제는 비단 선거 공약 문제에 그치지 않는다.

무엇보다 가장 중요한 민주주의의 기초가 남아 있다. 다수결이 민주주의 원칙이라고 할 때는 다수결로 결정하기 이전에 충분한 대화와 토론, 한마디로 소통이 전제되어야 한다. 그 기준이 충족되지 않을 때, 다수결은 벅벅이 독재로 흐를 수밖에 없다. 한국 정치의 소통 구조에 비춰 본다면 더욱 그렇다. 지역과 색깔 배제, 제도언론 때문에 소통이 막힌 한국정치에서 국회마저 공권력을 동원해 소통을 차단하자는 발상이 '정치 선진화'라는 이름으로 추진되는 셈이다.

실제로 보수 정치세력은 다수결 원칙이 지닌 한계를 넘어서기 위해 노력하기는커녕 국회에서 소통을 외면한 채 표결만 강행하는 모습을 일상화하고 있다. 특히 2009년 7월에 미디어법이 만

들어지는 과정은 공론장의 가장 중요한 제도인 신문과 방송, 국회의 문제점을 여실히 드러내주었다. 저조한 투표율로 국회 과반 의석을 차지한 정당이 변칙으로 법안을 통과시킨 사실, 미디어법의 통과에 직접 이해관계가 걸린 신문사들이 비정상적으로 법이 만들어지는 과정에 톡톡히 한몫한 사실은 이 나라 법치주의의 후진성을 새삼 성찰하게 해준다.

이명박 정부가 강행하는 '4대강 개발'도 마찬가지다. 한반도 대운하의 1단계 사업이라는 의혹이 말끔히 해소되지 못한 상황에서 한나라당이 다수당인 국회는 2009년과 2010년 연이어 '날치기 처리'로 예산을 확보했다. '4대강 살리기'가 아니라 토목 사업으로 생태를 파괴하는 '4대강 죽이기'라는 여론은 묵살당했다.

기실 미디어법이나 4대강 예산 모두 국회 처리 시점의 여론조사에서 반대가 훨씬 많았다. 박근혜는 이명박 대통령과 갈등을 빚어왔지만 미디어법과 4대강 예산 날치기 처리 과정에서 우리가 보아왔듯이 같은 편이었다.

국회 다수결이 국민의 다수 의사와 배치되는 상황은 대의민주주의의 명백한 한계다. 바로 그렇기에 대화와 토론, '소통의 정치'가 필요하지만, 한국 민주주의는 정반대다. 소통도 없고 정치도 실종된 법치주의는 민주주의를 허수아비로 만들 수밖에 없다.

더 큰 문제는 '국회 선진화'라는 이름으로 민주주의를 대폭 후퇴시키려는 한나라당의 의도를 한국의 여론시장을 독과점하고 있는 제도언론이 두남두는 데 있다. 이미 미디어법 날치기 처리에서 확인했듯이 한나라당은 이들 신문이 지상파 방송을 포함해 종합편성 채널에 진출하는 길을 터주었고 실제로《조선일보》《동아일보》《중앙일보》모두 방송 채널을 하나씩 '전리품'처럼 챙겼다.

미디어법안 날치기 처리 과정에서 그들 제도언론은 권력의 '나팔수' 되기를 서슴지 않았다. 날치기 과정에서 불거진 야당 의원들의 국회의장석 점거나 농성을 원천적으로 막으려는 국회 선진화법에도 적극 찬성하고 있다. 한 사회의 대표적 공론장이 국회와 언론이라는 사실에 주목한나면 개탄스러운 일이다. 한국정치의 소통 구조에서 제도언론이 차지하고 있는 비중이 크기 때문에—이미 지적했듯이 제도언론이 지역감정 정치와 색깔공세를 확산시켜왔다—더 그렇다.

기실 제도언론의 선진화 담론은 편향되어 있고 낡았다. 한국의 신문과 방송들이 틈만 나면 부르대는 선진화는 이른바 '글로벌 스탠더드'와 같기 때문이다. 그 결과, 대한민국에서 살고 있는 많은 사람들이 글로벌 스탠더드는 선진국으로 가는 세계화이고, 세계화의 핵심은 신자유주의로 받아들이고 있다.

다 알다시피 신자유주의는 1970년대 후반 이후 미국과 영국을 중심으로 노동시장의 유연화, 사회복지체계의 해체와 더불어 공공기관 '민영화'와 자본에 대한 규제 완화를 강력히 추진했다. 대자본의 논리에 우호적인 미디어 산업과 대학을 통해 신자유주의 담론은 온 세계로 빠르게 퍼져갔다.

신자유주의자들은 모든 걸 시장에 맡김으로써 개인의 자유를 한껏 펼칠 수 있고 그 결과로 국민의 복지도 오히려 더 빠르게 구현할 수 있다고 주장했다. 한국에서도 전두환 정권 시기에 '공급 중시 경제학' 또는 '레이거노믹스'가 전파되기 시작했다.

소련과 동유럽은 물론 중국까지 자본주의 세계경제에 편입되고, 1997년 외환위기로 한국경제가 구제금융을 받으면서, 신자유주의는 한국경제의 구조를 바꿔놓았다. 2부에서 톺아보았듯이 신자유주의는 김대중-노무현 정부 시기에 부익부 빈익빈을 심화시킨 원인이었다. 민주주의와 대중경제, 분배 중심 성장을 내걸었던 정부 시기에 오히려 비정규직이 늘어나고 서민들이 살기 어려워진 이유도, 결국 민주주의에 대한 냉소가 퍼져간 까닭도 바로 신자유주의가 전면화했기 때문이다.

경제 살리기를 내건 이명박 정부는 더 극단적 형태로 신자유주의 정책을 밀어붙였다. 2008년 2월 대통령에 취임하자마자 이명박은 대기업 규제 완화와 감세, 공기업 민영화를 더 노골적으로 추진했다. '기업 친화'적 노동 정책에 더해 준법과 질서를 강조하며 '노동조합 길들이기'도 강행했다.

2008년 9월, 신자유주의가 '종주국'인 미국의 금융 위기로 논리적 파산을 맞았는데도 이명박 정부는 신자유주의의 '불도저'를 자임했다. 지금 이 순간도 대한민국 국민 다수가, 전체 노동자 가운데 비정규직 비율이 절반이고 부익부 빈익빈이 커져가는 현상을 글로벌 스탠더드이기에 어쩔 수 없는 '대세'로 받아들여 순응하고 있는 데는 언론의 책임이 크다.

한국 언론이 "작은 정부 큰 시장 지향…… 결국 세상을 바꿨다"며 박수를 치고(《동아일보》 2008년 9월 1일자 3면), 경제학 교수가 〈세상을 바꾼 신자유주의〉 제하의 글(《동아일보》 2008년 9월 3일자)

에서 "신자유주의에 대한 근거 없는 비판의 목소리"를 비판하며 신자유주의를 예찬한 뒤 겨우 10여 일 지난 시점에 미국의 세계적 금융기관들이 꼬리를 물며 파산하는 사태가 일어났다.* 우리가 지켜보았듯이 미국과 유럽의 정부들은 대공황의 악몽에서 벗어나기 위해 앞다투어 대대적으로 재정을 쏟아부어 겨우 파국을 모면했다.

바로 그 점에서 한국의 선진국 주창자들은 단순히 미국을 대한민국의 미래로 보는 신자유주의자들이 아니다. 미국보다 더한 신자유주의의 근본주의자들이다. 그 우물에서 벗어나지 못할 때 한국은 선진국이 될 수 없다. 유럽의 복지국가 흐름을 모른다는 점에서만 우물 안 개구리가 아니다.

21세기에 벌어질 미국과 중국의 '패권 경쟁' 사이에서 일방적으로 미국에 치우칠 때 분단국가인 한국이 선진국가로 발전해 갈 가능성은 좁아질 수밖에 없다. 미국이라는 우물이 함정인 이유가 여기 있다. 자칫 그 우물에서 한국은 21세기판 개구리가 될 수 있다.

시장과 자본의 '자유'에 경제를 전적으로 맡기는 신자유주의가 부익부 빈익빈을 불러올 뿐만 아니라 결국 파국을 불러온다는 비판론자의 주장은 이미 현실로 입증되었다. 지구촌 곳곳에서 시장 만능인 신자유주의, 곧 돈이 돈을 버는 체세는 기껏해야 돈 있는 20퍼센트의 삶만 더 살찌게 하고 대다수 80퍼센트는 경쟁에서

---

* 더 자세한 분석은 《신문읽기의 혁명 2》(2009) 참조.

밀려나 점점 고달픈 삶으로 떨어지게 하는 비정한 사회를 만들었다. 언론인과 대학교수들이 부르대온 그 체제가 과연 우리가 지향해야 할 선진국의 모습인가를 이제 국민 모두가 꿰뚫어보아야 할 때가 되었다. 바로 그것이 '이명박 효과'가 아니겠는가. 실체를 정확히 파악하지 못할 때, 우리는 낡은 신자유주의 경쟁 체제에서 허덕이며 보낼 수밖에 없다.

한국정치의 보편적 숙제인 선진국 또한 경제 발전이 그렇듯이 어떤 선진국인가를 물어야 한다. 진보 세력도 선진국이나 경제 발전 문제를 보수의 담론으로 넘겨버려서는 안 된다. 진보는 어떤 선진국, 어떤 경제 발전을 추구하는지 알기 쉽게 정리해서 국민에게 제시하고 적극 소통해나가야 옳다.

평화 통일 : 군사 모험주의의 종언

경제 발전, 선진국과 더불어 한국정치가 풀어야 할 보편적 숙제는 평화 통일이다. 우리가 원하지 않았던 분단은 어느새 반세기를 훌쩍 넘겼다.

지금은 우리에게 평화 통일이라는 말이 상식처럼 들리지만 전혀 그렇지 않던 시대가 있었다. 물론, 1948년 8월 대한민국 정부가 수립될 때의 표어 "오늘은 정부 수립 내일은 남북통일"에서 볼 수 있듯이 통일은 한국정치의 보편적 과제이자 원천적 숙제였다. 하지만 이승만 정부가 추구한 통일은 결코 평화 통일이 아니었다.

무력 통일 노선으로 전형적인 군사적 모험주의였다.* 이승만 대통령이 평화 통일을 주창한 조봉암을 처형한 야만은 앞서 살펴본 바 있다.

더러는 4월혁명으로 평화 통일론이 대세가 되었다고 하지만 박정희 정부가 무력 통일론만 내걸지 않았을 뿐, 반공 통일과 멸공 통일론은 사실상 무력 통일론의 내적 표현이었다. 평화 통일론이 단순한 '성명' 수준을 넘어 큰 흐름이 된 것은 1987년 6월대항쟁으로 군부가 정치 일선에서 퇴각하기 시작하고 2000년 남북 정상 회담이 성사되면서였다.

남북 정상 회담이 내놓은 6·15공동선언에서 남과 북은 "나라의 통일 문제를 그 주인인 우리 민족끼리 서로 힘을 합쳐 자주적으로 해결해나가기"를 다짐하고 "나라의 통일을 위한 남측의 연합제 안과 북측의 낮은 단계의 연방제 안이 서로 공통성이 있다고 인정하고 앞으로 이 방향에서 통일을 지향시켜나가기"로 합의했다. 아울러 "경제 협력을 통하여 민족경제를 균형적으로 발전시키고 사회·문화·체육·보건·환경 등 제반 분야의 협력과 교류를 활성화하여 서로의 신뢰를 다져나가기로 하였다."

그 뒤 김대중에 이은 노무현 정부까지 남북 관계는 조금씩 진전되어갔다. 김대중의 남북화해 정책은 그의 신자유주의적 경제 정책과 달리 정치적으로 큰 의미가 있는 업적이었다. 국제사회도

---

* 1950년의 한국전쟁은 물론 북의 전면 공격으로 발발했다. 다만 긴 역사적 안목으로 보면 결국 충돌할 수밖에 없었던 남과 북의 군사적 모험주의가 빚어낸 필연적 귀결이라 할 수 있다.

공로를 인정해 김대중에게 노벨 평화상을 안겨주었다.

그런데 2007년 대선에서 한나라당 후보들은 다른 목소리를 냈다. 이명박과 박근혜는 모두 북에 대한 '일방적 퍼주기'가 핵무기 개발로 돌아왔다며 '북핵 해결'에 나서겠다고 다짐했다. 물론, 후보 시절 두 사람 모두 남북 관계는 발전시켜나가겠다고 '공언' 했다.

가령 대선후보로서 이명박은 "비핵·개방·3000"을 공약했다. 이북이 핵을 폐기하면 그에 상응하는 경제 지원을 통해 현재 1인당 국민소득 1000달러 미만인 이북 경제를 10년 안에 국민소득 3000달러 수준으로 끌어올리겠다는 내용이다.*

이명박 후보의 공약 가운데 무엇보다 눈길을 끈 것은 '나들섬 프로젝트'다. 한강과 임진강, 예성강이 서해로 유입되는 인천 강화군 교동도의 동북쪽 한강 하구 퇴적지 일대에 여의도(8.48km²) 면적의 10배 규모로 인공 섬을 만들겠다고 발표했다. 그 인공 섬에 기술집약적 중소기업을 중심으로 남북경제협력 단지를 조성하겠다는 구상이다. 인공 섬에는 남과 북의 사람, 물자, 자본이 활발히 드나든다는 의미에서 '나들섬'이라는 이름을 붙였다. 남쪽의 자본과 기술력에 북쪽의 노동력을 더한다는 개념은 개성공단과 같다. 다만 이명박 후보 쪽은 나들섬 공약이 실현되면 북쪽 노동

---

* 이명박은 이 공약을 실현할 구체적 정책으로 북의 주요 도시 10곳에 기술교육센터를 설립해 30만 산업인력을 길러내고, 전문 컨설팅 인력을 파견해 300만 달러 이상 수출 기업을 100개 육성하겠다고 발표했다. 400억 달러 상당의 국제협력 자금을 조성하고 서울과 신의주 사이에 '신(新)경의고속도로'를 건설하겠다는 다짐도 내놓았다.

자들이 남쪽으로 출퇴근을 하게 되며, 남쪽 기업들은 개성공단보다 안심하고 자본을 투자할 수 있다고 주장했다. 나들섬이 들어설 지역은 매립하는 데 큰 어려움이 없고 공영 개발 방식을 도입하면 용지 조성과 연결도로 건설비까지 모두 자체 조달할 수 있다고 강조했다.

한나라당 대선후보 경선 시절 박근혜는 대북 정책에서 이명박보다 더 오른쪽에 있었다. 박근혜는 "한반노 문세의 핵심은 북한이 변해야 한다는 것"이라며 "북한이 선군정치를 폐기하고 '선민정치'로 나와야 한다"고 말했다. 그녀는 "시간을 끌수록 북한의 핵 보유는 기정사실이 될 가능성이 높다"며 북핵 폐기와 한반도 비핵화를 달성할 목표 연도를 마련하겠다고 강조했다. '북핵 협상의 3원칙'으로는 '핵의 완전 폐기, 당근과 채찍의 적절한 사용, 6자 회담 당사국들 사이의 철저한 공조'를 제시했다.

물론, 박근혜도 평화 통일을 강조하기는 했다. 그녀가 내놓은 3단계 평화 통일론은 1단계 북의 핵무기 완전 제거를 통한 한반도 실질적 평화 구축, 2단계 남과 북을 한 경제공동체로 건설하는 경제 통일(작은 통일), 3단계 정치 통일(큰 통일)로 구성되어 있다.

여기서 볼 수 있듯이 박근혜와 이명박은 '북이 핵을 폐기하고 개방할 경우'라는 조건을 달았다. 한미동맹을 강조하는 것도 같았다. 박근혜가 더 오른쪽에 있었다고 단정하는 근거는 또렷하나. 한나라당이 대선을 의식해 2007년 7월 4일 '한반도 비핵화와 남북 경제협력 활성화, 남북 자유 왕래, 북한 방송·신문 전면 수용, 북한 극빈층에 대한 쌀 무상 지원'을 뼈대로 한 '한반도 평화비

전'을 발표했을 때다. 박근혜는 7월 8일 한나라당의 새 대북 정책이 "상호주의를 포기하고 핵 문제를 분리해 여러 지원 방안을 강구하고 있다는 점 등에서 걱정스러운 방안"이라고 정면 비판했다. '핵 폐기 선행을 전제로 한 대북 지원'이 박근혜의 흔들림 없는 원칙임을 분명히 했다.

문제는 2007년 대선후보 경선 과정에서 박근혜에 비해 상대적으로 '온건'했던 이명박 정부가 들어선 뒤에도 남북 관계가 파탄으로 치달은 데 있다. 대표적 사건이 연평도 포격이다. 2010년 11월 23일 오후 2시 30분. 북의 인민군이 황해도 해안포 진지에서 건너편의 남쪽 영토 연평도를 정조준해 1시간에 걸쳐 포격하는 사건이 일어났다. 이에 남쪽은 대응 포격에 나섰다.*

남과 북 사이의 교전으로 민간인이 사망한 것은 1953년 7월 한국전쟁이 휴전된 이후 처음 일어난 일이다. 연평도 포격은 당연히 국제적 관심을 불러일으켰다. 북쪽의 유엔대사인 박덕훈은 "남측이 먼저 우리 영해에 포탄을 발사했다"면서 자신들의 조치가 "자위적"이었다고 주장했지만 납득하기 어렵다. "괴뢰들의 이번 군사적 도발은, 이른바 '어선 단속'을 구실로 해군 함정을 우리 측 영해에 빈번히 침범시키면서 '북방한계선'을 고수해보려 했던 악랄한 기도의 연장"이라는 주장도 설득력이 약하다. 남쪽이 연

---

* 북의 갑작스런 포격으로 남쪽의 해병대 2명이 전사하고 민간인 2명이 사망했다. 해병대 16명과 민간인 3명이 중경상을 입었다. 주택 12동이 크게 부서졌고 25동이 불에 탔으며, 차량 3대가 파괴되었다. 북쪽도 피해를 입었겠지만 2011년 5월 현재까지 공식 확인되지 않았다.

평도에서 해상으로 사격 훈련을 한 것이 사실이고, 또 그것을 좌시하지 않겠다고 북이 경고한 것도 사실이지만, 직접 연평도를 조준해 작심하고 포격한 것은 평화를 위협하는 군사주의적 모험이기 때문이다.

연평도 포격으로 남과 북 사이에 평화와 통일의 과제는 새삼 절실하게 다가왔다. 서로 보복의 악순환을 벌일 때 자칫 전면전으로 불붙을 가능성도 배제할 수 없기 때문이다. 선면전이 아니디라도 국지전으로 빚어질 인명 피해는 상상을 초월하는 참극이 될 수밖에 없다.

여기서 우리는 2000년 남북 정상 회담 뒤 2010년 연평도 포격까지 남북 관계가 전개되어온 상황을 찬찬하게 돌아볼 필요가 있다. 평화적 통일이 우리 민족의 가시권에 들어왔다고 판단했지만, 10년 만에 포격으로 민간인까지 사망하는 참사가 일어났고 전쟁 위기까지 우려되는 상황과 직면했기 때문이다.

2000년 6월 남북 정상 회담과 공동선언 발표 직후를 톺아보면 북미 관계가 급진전했던 사실을 발견할 수 있다. 그해 10월에 발표된 북미 공동 코뮈니케가 그것이다. "조선민주주의인민공화국 국방위원회 김정일 위원장의 특사인 국방위원회 제1부위원장 조명록 차수가 2000년 10월 9일부터 12일까지 미합중국을 방문하였다"는 문장으로 시작한 공동 코뮈니케는 "조선민주주의인민공화국과 미합중국은 역사적인 북남 최고위급 상봉에 의하여 한반도의 환경이 변화되었다는 것을 인정하면서 아시아-태평양 지역의 평화와 안정을 강화하는 데 이롭게 두 나라 사이의 쌍무 관계를 근본적으로 개선하는 조치들을 취하기로 결정하였다"고 발표했다.

북미 관계를 '근본적으로 개선하는 조치'에는 "한반도에서 긴장 상태를 완화하고 1953년의 정전협정을 공고한 평화 보장 체계로 바꾸어 한국전쟁을 공식 종식시키는" 것은 물론이고 "첫 중대 조치로서 쌍방은 그 어느 정부도 타방에 대하여 적대적 의사를 가지지 않을 것이라고 선언하고 앞으로 과거의 적대감에서 벗어난 새로운 관계를 수립하기 위하여 모든 노력을 다할 것이라는 공약을 확언"하는 것까지 포함되어 있었다.

기실 이 공동 코뮈니케만 현실로 구현되었다면 북미 관계 정상화는 이미 이루어졌어야 옳다. 하지만 남북 공동선언에 이은 북미 코뮈니케로 순조롭게 풀려가던 흐름은 곧이어 치러진 미국 대통령선거에서 공화당의 조지 부시 후보가 당선된 뒤 막히게 된다. 이듬해인 2001년 1월, 대통령에 취임한 부시는 김대중 정부의 남북화해 정책을 내놓고 견제하기 시작했다.

조지 부시는 2002년 1월 29일 새해 연두 회견에서 이라크, 이란과 함께 조선민주주의인민공화국을 "악의 축an axis of evil"이라고 명토 박아 규정했다. '악의 축'은 레이건 대통령이 당시 소련을 비판하며 쓴 '악의 제국' 슬로건과 2차 세계대전의 '추축국'을 합성한 말로 '준전시 태세'를 갖추겠다는 의도를 함축한다. 실제로 부시는 악의 축에 대해 군사력 행사를 포함해 '정권 교체Regime Change'를 추구하겠다고 선언했다. 미국 대통령이 구체적으로 국가를 지목한 뒤 정권 교체를 언급했을 때, 상대 국가가 그 말을 어떻게 받아들였을까를 헤아려볼 필요가 있다. 실제로 미군이 이라

크를 침략해 들어갈 때, 당사국인 이라크는 물론, 다른 두 나라의
위기감은 클 수밖에 없었다.

　악의 축 발언의 문제점은 그 말이 나왔을 때 서울에 있었던 주
한 미국대사의 회고에도 확연하게 나온다. 부시가 북을 악의 축으
로 몰아세웠던 연두 회견 당시에 한국 주재 대사였던 토머스 허바
드는 2009년 서울을 다시 방문했을 때, 그 발언이 나온 날을 가리
켜 "자신의 40년 외교관 인생에서 최악의 날이었다"고 회고했다.
2009년 2월 18일 서울 프라자호텔에서 '북핵 문제의 해결 방안과
북한 체제의 변화 전망'을 주제로 열린 학술회의에 토론자로 참석
한 허바드는 부시 행정부의 교훈을 "북핵 문제의 해결을 위해서
는 협상 이외의 다른 대안은 없다는 것"으로 정리했다. "세계에서
가장 고립된 북한에 영향을 미치기 위해서 북한을 다시 고립시키
는 것은 효과가 없다"는 게 허바드의 인식이다. 그는 이명박 정부
가 들어선 뒤 조성된 남북 긴장 국면에 대해서도 "비생산적"이라
고 평가했다. 허바드는 "상호 비난과 비판 대신에 진정성 있는 남
북 대화가 필요하다"고 밝혔다.

　주한 미대사의 회고에서도 확인할 수 있듯이 북의 핵무기를
해결하려면 협상 외의 다른 방법은 없는 게 엄연한 현실이다. 같
은 맥락에서 이명박은 물론, 박근혜가 북핵 폐기를 남북 대화의
조건으로 내세우는 것은 현실에 대한 무지를 폭로하는 것에 지나
지 않는다. 북으로서는 남과의 문제 못지않게 미국과의 군사적 대
결이 냉엄한 현실이기 때문이다. 평화협정과 미국과의 국교 정상
화 없이 북이 남과 협상하기 위해 핵무기를 폐기할 수는 없는 북

쪽 나름의 합리적 이유가 있다는 사실을 한국의 보수 정치세력도 정확히 인식해야 옳다. 미국의 군사적 위협과 북에 대한 정권 교체 위협이 사라지지 않는 한, 일방적으로 북이 핵무기를 폐기할 수는 없다. 바로 그 점에서 '북핵 문제'라는 표기는 잘못된 것이다. '북미 핵 문제'라야 옳다.

결국 북핵 폐기를 내세우며 한미동맹을 강화하는 정책으로 나갈 때, 이명박과 박근혜를 비롯한 보수 정치세력이 의도했든 아니든 남북 관계는 위기로 치달을 수 있다. 바로 그것이 북의 연평도 포격에서 우리가 배워야 할 산 교훈이다.

다만 모든 위기가 기회라면, 연평도의 위기 또한 서해 공동 개발의 전환점으로 삼을 수도 있다. 남과 북은 이미 2차 정상 회담에서 '서해 공동 개발'을 합의한 바 있다. 2007년 10월 4일 노무현 대통령과 김정일 국방위원장은 평양에서 회담을 마치고 '남북관계 발전과 평화 번영을 위한 선언'을 발표했다. 선언은 5항에서 북의 해주 지역과 주변 해역을 포괄하는 '서해 평화협력 특별지대'를 설치하고 '경제특구'를 건설, 공동 이용하는 데 합의했다.*

---

* 선언의 5항 전문은 다음과 같다. "남과 북은 민족경제의 균형적 발전과 공동의 번영을 위해 경제협력 사업을 공리, 공영과 유무상통의 원칙에서 적극 활성화하고 지속적으로 확대 발전시켜나가기로 하였다. 남과 북은 경제협력을 위한 투자를 장려하고 기반시설 확충과 자원 개발을 적극 추진하며 민족 내부 협력사업의 특수성에 맞게 각종 우대 조건과 특혜를 우선적으로 부여하기로 하였다. 남과 북은 해주 지역과 주변 해역을 포괄하는 서해 평화협력 특별지대를 설치하고 공동어로구역과 평화수역 설정, 경제특구 건설과 해주항 활용, 민간 선박의 해주 직항로 통과, 한강 하구 공동 이용 등을 적극 추진해나가기로 하였다. 남과 북은 개성공업지구 1단계 건설을 빠른 시일 안에 완공하고 2단계 개발에 착수하며 문산-봉동 간 철도 화물 수송을 시작하고 통행, 검신, 통관 문제를 비

물론, 10·4선언에 대한 보수 정치세력의 불만을 전혀 이해할 수 없는 것은 아니다. 노무현 대통령이 대선 두 달을 남겨둔 상태에서 정상 회담을 열고는 여기서 합의된 사항을 다음 정부가 추진하라고 강요한 셈이 되었기 때문에 거부감을 느꼈을 법하다.**

하지만 대통령 이명박이 가질 수 있는 거부감을 이해하는 것과 국정 책임자로서 그가 남북 관계를 풀어가는 일은 별개 문제다. 아무리 정서적 반발감이 강하더라도 대한민국 내통령으로시 민족 문제는 넓은 시각에서 보아야 옳다. 이명박 대통령 자신이 3차 남북 정상 회담을 통해 얼마든지 합의를 재구성할 수도 있는 사안이다. 가령 후보 시절에 내놓은 나들섬 공약도 그 연장선에서 진전이 가능한 구상이다.

물론, 연평도 포격에서 나타난 북의 군사주의적 모험주의 전술은 비판받아 마땅하다. 다만 북의 전략적 의도를 정확히 읽어야 옳다. 21세기 들어 북의 대외 정책에서 전략적 목표는 미국과의 국교 정상화다. 휴전체제를 벗어나 평화체제 형성을 강조하는 것도 그 연장선이다. 2000년 북미 공동 코뮈니케 이후에도 6자 회담

롯한 제반 제도적 보장 조치들을 조속히 완비해나가기로 하였다. 남과 북은 개성—신의주 철도와 개성—평양 고속도로를 공동으로 이용하기 위해 개보수 문제를 협의 추진해가기로 하였다. 남과 북은 안변과 남포에 조선협력지구를 건설하며 농업, 보건의료, 환경보호 등 여러 분야에서의 협력사업을 진행해나가기로 하였다. 남과 북은 남북경제협력사업의 원활한 추진을 위해 현재의 남북경제협력추진위원회를 부총리급 남북경제협력공동위원회로 격상하기로 하였다."
** 바로 그렇기에 노무현 정부가 한미 FTA보다 남북정상회담 성사에 '올인'해 더 일찍 합의를 내오고 임기 중에 그것을 조금이라도 실행에 옮겼다면 훨씬 좋은 효과를 거두었을 것이라는 아쉬움이 크다.

을 통해 2005년 9·19공동성명과 2007년 2·13합의를 이룬 데서 볼 수 있듯이, 북과 미국 사이에 국교 정상화 문제는 꾸준히 논의 되었다. 문제는 그 합의가 언제나 실현되지 못한 데 있다. 북과 미 국이 서로 불신하고 북미 핵 문제가 깔끔하게 해결되지 못하는 이 유도 여기에 있다.

이명박 정부 아래서 일어난 포격 사태가 역설적으로 입증해 주듯이 남과 북 사이의 화해와 협력은 평화 통일로 가는 유일한 길이다. 북미 핵 문제 또한 대화의 전제 조건으로 삼을 게 아니라 대화를 통해 풀어가야 할 과제로 보는 게 옳다. 물론, 국제 정세의 객관적 상황을 숙지하고 있을 때 생산적 대화가 가능하다. 이명박 대통령이 의도했든 아니든 그의 대북 정책은 북의 체제 변화를 염 두에 둠으로써 군사적 모험주의로 흐르고 있으며, 북의 그것과 맞 부딪칠 때 민족적 재앙을 불러올 수 있다.

연평도 포격으로 자칫 전면전 또는 국지전의 위기 국면을 맞 은 남북 관계 현실은 평화 통일의 확고한 철학을 갖고 그것을 여 론으로 모아가며 정책으로 구현해갈 리더십을 절실하게 요구하 고 있다. 박근혜가 공언하고 있는 대북 정책은 북미 핵 문제에 대 한 경직된 태도를 벗어나지 못하는 한, 이명박의 길을 걸을 수밖 에 없다. 바로 그것이 통일 문제에서 우리가 확인할 수 있는 '이명 박 학습 효과'다.

박근혜가 북핵 폐기라는 전제 조건을 수정하지 않는다면, 그 녀는 평화 통일이라는 보편적 숙제를 풀어가는 데 전혀 적합한 정 치인이 아니라는 진실을 우리 모두 직시해야 옳다.

　　모든 정치인이 평화 통일을 주장하지만 경제 발전이나 선진
국이 그러하듯이 어떤 평화 통일인가를 국민이 섬세하게 살펴야
할 이유가 여기 있다.

8장

새로운 상징―복지·주권·소통

한국정치의 세 가지 보편적 숙제를 현실의 거울에 비춰 보면서 우리는 이명박 정부가 그 과제에 어떻게 실패하고 있는가를 파악할 수 있었다. 아울러 세 가지 시대적 과제에 관한 박근혜의 정책은 이명박의 그것과 논리적으로 다르지 않고 되레 더 완고하다는 사실도 살펴보았다.

이명박 정부는 아직 임기가 남아 있기 때문에 이 책에서 분석한 다른 대통령들처럼 완결적으로 평가할 수는 없다. 하지만 경제 발전과 선진국을 이루고 평화 통일로 다가가는 데 이명박 정부가 성공하고 있다고 평가하는 사람은 보수 정치세력 내부에도 찾아볼 수 없는 게 현실이다.

정작 문제는 '이명박 학습 효과'를 많은 사람이 공유하지 못하는 데 있다. 이명박 정부의 임기가 종료되는 2013년 2월 이후에도 한국정치가 보편적 숙제를 술술 풀어가리라는 전망이 현재까지 보이지 않는다는 사실, 그 숙제를 풀어가기엔 비전과 정책의 논리가 이명박과 너무 닮은 박근혜가 가장 유력한 대통령후보라는 사실이 그 '증거'다. 대통령으로 뽑기 전에 온전한 검증이 필요하다는 사실도 '이명박 학습 효과'로 삼아야 옳지 않을까.

더 큰 문제는 시대가 요구하는 정치사적 숙제를 풀어갈 '박근혜의 대항마'다. '일곱 난쟁이'라는 말처럼 아직 보이지 않는 게 현실이다. 그렇다면 한국정치의 미래에 희망은 없는 걸까? 앞으로도 희망은 애오라지 "죽어서 천국 가는 것"이어야 할까? 여전히 "정치하는 놈들은 죄다 도둑놈들"이라며 외면해야 옳을까?

아니다. 정치 혐오나 외면은 정치로부터 떠나는 게 아니다. 누군가의 정치에 참여하는 일이다. 아니, 누군가의 정치적 의도에 말려드는 길이다. 그 '누군가'의 정체는 명확하다. 지금 이대로의 정치가 좋은 사람이다. 국민 대다수가 불안한 삶을 살아가는 '경제위기' 시대에 저녁마다 술잔을 높이 들어 부딪치며 "이대로!"를 목청껏 부르대는 사람들이다. 그들에게 지금의 정치 현실은 얼마나 만족스럽겠는가.

지금까지 박근혜의 거울로 확인했듯이 한국정치는 보수든, 개혁이든, 진보든 거듭나야 한다. 무엇보다 정치가 국민으로부터 불신받고 정치인들이 버려지지 않기 위해 그렇다. 보수 정치세력이 스크루지나 놀부 이미지에서 벗어나려면 수구 세력이나 그들의 사고방식과 결별해야 한다. 개혁 정치세력은 김대중과 노무현의 그늘에서 벗어나야 옳다. 진보 정치세력은 실사구시로 분열을 극복하고 국정 대안을 제시해야 한다.

보수와 개혁, 진보 정치세력이 두루 거듭나 한국정치가 정책 경쟁을 통해 경제 발전과 선진국, 평화 통일을 벅벅이 일궈가는 길에 이정표가 될 상징이 있다. 복지, 주권, 소통이 그것이다.

박근혜식 복지와 '행복한 삶'의 혁명

2010년 12월 20일, 국회 헌정기념관. 박근혜가 '복지 공청회'를 열었다. 제도언론은 이를 "대권행보 신호탄"으로 부각했다. 여야 의원 70여 명이 몰려 "대선 출정식"으로 보도된 공청회에서 박근혜는 '한국형 복지국가'를 제시했다.

박근혜가 일찌감치 복지 정책을 거론하면서 정치권 안팎에선 2012년 대선의 최대 쟁점이 복지가 될 것으로 전망하고 있다. 복지 담론이 박근혜의 정치적 성공을 도와주는 결과를 빚을 것이라는 우려가 진보 세력 일각에서 흘러나오는 이유도 같은 맥락이다.

하지만 복지가 한국정치의 화두로 등장한 이유를 박근혜의 행보에서 찾는 것은 그녀에 대한 과대평가로 사실과 부합하지도 않는다. 복지를 처음 제기한 정치인이 박근혜도 아니거니와 한 정치인의 발언으로 그것이 정치권 전반의 쟁점이 되는 것은 아니기 때문이다. 복지가 한국정치의 새로운 상징으로 떠오른 것은 전국 규모의 선거를 거치면서였다. 2010년 6월 지방선거와 교육감 선거가 그것이다. 대한민국 선거 사상 처음으로 '무상 급식'을 비롯해 복지가 뜨거운 쟁점으로 부각되었다는 사실에 2010년의 정치사적 의미가 있다.*

애초 진보 세력의 교육감 후보들이 내놓은 무상급식 공약에 보수 정치세력이 반대하고 나섬으로써 복지는 교육감 선거를 넘어 지방선거 전반에 걸쳐 쟁점화하기 시작했다. 보수 정치세력을 대변하는 한나라당은 초중고등학교에 전면적 무상 급식을 시행하면 예산이 부족한 상황에서 결과적으로 부잣집 아이들이 오히려 이익을 본다며 되레 '불공평'하다는 논리를 전개했다. 이어 무상 급식을 주장하는 사람들에게 '좌파 망국론'이라며 색깔공세를 폈다.

선거 결과는 야권의 승리였다. 한나라당은 서울시장과 경기도지사 자리를 가까스로 지켰을 뿐, 서울 지역의 구청장 선거를 비롯해 수도권 전역에서 참패했다. 더구나 서울시와 경기도 교육감에 진보 세력의 후보가 당선되었다. 2012년 총선을 앞둔 국회의원들에게는 민감할 수밖에 없는 사안이다.

결국 선거가 끝난 뒤 정치인들은 너나 할 것 없이 '복지'를 부르대고 나섰다. 민주당은 물론, 한나라당 대표 안상수조차 국회 연설에서 복지를 내걸었다. 다른 정치인들과 달리 박근혜는 지방선거 이전에 이미 복지를 거론하기 시작했지만** 그녀가 복지 공

---

* 2010년 6월 지방선거를 통해 복지가 한국정치의 상징으로 떠오른 것은 선거 뒤 시민사회에서 '복지국가와 진보 대통합을 위한 시민회의'가 창립된 사실에서도 확인할 수 있다.

** 박근혜가 '복지'를 거론하기 시작한 것은 그녀의 정책이 이명박의 그것과 다르지 않다는 비판적 분석이 나온 직후다. 우연의 일치일 수도 있겠지만 《오마이뉴스》에 2008년 11월 13일부터 〈이명박 대통령 대안이 박근혜?〉에 이어 〈취업-실업 한파 줄푸세로 푼다?〉

청회까지 연 데에는 6월 선거의 영향이 컸다.

기실 2010년 6월 이전에 '복지'라는 말은 한국정치에서 환영받지 못한 언어였다. 보수 정치세력과 그들을 대변해온 제도언론은 '복지'라는 말을 언제나 '복지병'과 연관시켜 기사를 작성하고 논평해왔다. 보수 정치인들도 복지라는 말을 쓰길 꺼렸다. 주장해봐야 보수 정치세력 내부에서 소통이 되지 않기 때문이다. 이를테면 전두환이 '피 묻은 손'으로 대통령에 취임하는 선서를 하며 국정 목표로 민주주의의 토착화, 복지사회의 건설, 정의사회의 구현, 교육 혁신과 문화 창달 네 가지를 내걸었을 때, 집권 세력 내부에서도 민주주의 토착화는 물론이고 '복지사회의 건설'이라는 국정 목표에 눈길을 보내지 않았다. '정의사회 구현' 따위가 이데올로기적 둔사에 지나지 않는다는 사실을 그들 스스로 잘 알고 있었기 때문이다.

(11월 17일), 〈이명박 대통령과 박근혜 의원의 차이〉(11월 18일) 제하의 '손석춘칼럼'이 집중적으로 실렸다. 특히 맨 마지막 칼럼은 다음과 같이 썼다. "침묵하던 한나라당 박근혜 의원이 마침내 입을 열었다. 경제 담당 기자들과 점심 먹는 자리였다. ……경제위기와 관련한 박 의원의 발언은 일단 주목할 만하다. 최근 경제위기가 커져가고 있는 데는 이명박 정권이 강행하는 '줄푸세 정책'이 큰 몫을 차지하고 있기 때문이다. 두 사람의 경제 정책에 어떤 차이가 있는지를 추궁한 칼럼 〈이명박 대통령 대안이 박근혜?〉에 응답을 들은 셈이다. ……하지만 '원칙'을 강조하는 원칙론으로 사부자기 넘어갈 문제가 아니다. 미국 금융 위기가 원칙을 지키지 않아서 일어났다는 박 의원의 인식에선 여전히 시장만능주의자들의 사고가 묻어나기 때문만은 아니다. 박 의원의 '공정한 시장경제' 원칙이 모호해서다. 그래서다. 곧장 묻는다. 부자들의 세금을 대폭 줄이는 종부세 개편을 박 의원은 어떻게 보는가. 중소기업의 절박한 요구를 들어주지 않은 채 말로만 '중소기업 지원'을 부르대는 대통령과 자신의 중소기업 정책은 어떻게 다른가. 비정규직 양산과 탄압을 어떻게 보는가. 한미 자유무역협정(FTA) 비준만이 우리 경제의 살 길처럼 저돌적으로 나선 대통령과 무엇이 다른가. '분명한 원칙'을 밝혀야 한다. 정작 핵심 문제에 언급 없이 차별성을 부각하는 모습은 책임 있는 정치인답지 않다."

진보 정치세력에게도 복지는 2010년까지 썩 다가오지 않는 말이었다. 전두환이 내건 '복지'나 '정의' 따위 국정 지표가 끼친 거부감도 있었겠지만, 더 중요한 이유가 있다. 진보 세력이 폭넓게 성장한 1980년대에 복지는 근본적인 사회 변혁과는 거리가 먼 한낱 개량주의의 상징이었다. 노동운동이나 시민운동에 뛰어든 대다수 진보적 지식인들은 자신의 꿈이 '복지국가'라고 생각하지 않았다. 물론, 2000년에 문을 연 민주노동당은 일찍이 무상 의료-무상 교육을 선거 공약으로 내걸었다. 하지만 그들 스스로 복지국가를 미래의 대안으로 삼아 적극 선전해간 것은 아니었다. 여전히 '노동 해방'이나 '민족 해방'의 웅장한 이념들이 지배적 흐름이었다.

다만 진보세력 내부에서 국민과 공감하는 운동이나 구체적 정책 대안을 제시해야 한다는 절실함과 절박성은 조금씩 퍼지고 있었다.* 2010년 6월 지방선거에서 무상 급식이 쟁점으로 부각될 수 있었던 밑절미에는 10여 년 동안 학교 급식 운동을 꾸준히 벌여온 사회운동이 자리하고 있다.

보수든 진보든 복지를 중시하지 않았기에 '복지'의 정확한 뜻을 접어둔 채 그 말을 사용하는 사람들이 많다. 하지만 복지의 국어사전 풀이를 보면 사뭇 신선하다.

---

* 가령 신자유주의 체제의 구체적 대안을 연구하기 위해 생활인들이 십일조를 모아 조직한 '새로운사회를여는연구원'은 2005년 9월 준비위원회를 결성하고 이듬해 공식 출범했다. 같은 시기에 '희망제작소'도 창립돼 그 후 여러 부문에서 싱크탱크를 설립하는 붐이 일었다.

복지(福祉)

[명사] 행복한 삶. 늑지복(祉福).[*]

'행복한 삶'이 바로 복지다. '행복한 삶'이라는 말은 보수든 진보든 중산층 이상의 삶을 살아가는 지식인들에겐 가볍게 다가올 말일 수도 있겠지만, 지금 경제적 생활이 고통스러운 대다수 국민에겐 결코 무시나 경시의 대상일 수 없다.

2010년 들어서면서 복지가 한국정치의 쟁점으로 떠오른 밑바닥에는 김대중-노무현-이명박 정부 내내 관철된 신자유주의 경제 정책 아래서 무장 심화되어온 부익부 빈익빈이 깔려 있다. 빈익빈의 민중이 더는 참을 수 없을 만큼, 부익부의 기득권 세력도 더는 무시할 수 없을 만큼, 현실의 빈부차가 벌어졌기 때문이다.

흔히 그것을 '양극화'라고 명명하지만 그 말은 자칫 오해를 불러올 수 있다. 절반으로 갈라져 50퍼센트는 점점 잘살고 50퍼센트는 점점 못사는 양태로 양극화를 이해하기 쉽기 때문이다. 현실은 더 엄중하다. 50퍼센트로 나뉜 게 아니라 상위 20퍼센트와 나머지 80퍼센트의 두 국민이 대한민국에 살고 있다는 말이 적절하다. 더러는 10대90으로 인식하기도 한다. 아무튼 부익부 빈익빈 현상은 한국정치가 풀어야 할 최대 과제로 등장했다.

'20대80'의 부익부 빈익빈 사회는 객관적 통계로도 입증되고 있다. 국회 예산정책처 자료(2010)에 따르면, 상위 20퍼센트의 소

득을 하위 20퍼센트의 소득으로 나누었을 때(소득5분위 배율) 1995년은 4.09, 2003년에는 5.00, 2009년에는 7.70으로 가파르게 치솟았다. 소득 분배의 불평등도가 드러나는 지니계수도 시장소득 기준으로 1995년 0.268, 2003년 0.293에서 2009년 0.345(전국 전 가구)로 악화되었다.

한국의 소득 분배 악화 수준은 경제협력개발기구OECD 국가 가운데 1, 2위를 다툰다. 가령 국제노동기구ILO가 2010년 12월에 발표한 《세계임금보고서Global Wage Report》를 보면 한국은 저임금 노동자 비율이 25퍼센트로 세계 1위다.* 우리보다 경제력이 약한 체코는 10퍼센트 후반대이고, 일본은 15퍼센트, 뉴질랜드는 13퍼센트를 기록했다. 핀란드와 스웨덴은 저임금 노동자 비율이 10퍼센트 미만이다. 굳이 ILO의 설명이 아니더라도 저임금 노동자가 많다는 사실은 그만큼 불평등이 크다는 뜻이다.

실제로 우리가 체감하고 있듯이 대기업과 중소기업 사이의 임금 격차는 갈수록 벌어지고 있다. 5인 이상 기업의 전체 노동자 평균 연봉을 100으로 했을 때, 노동자 5~90명 규모의 기업체 연봉은 1999년 80.2에서 2009년 74.7로 되레 줄어들었다. 그러나

---

* 저임금 노동자는 '중위 임금'의 2/3 미만을 받는 노동자를 말하며, 중위 임금은 전체 노동자를 임금 액수에 따라 줄 세웠을 때 가운데에 있는 노동자가 받는 임금을 뜻한다. ILO 보고서는 "단체교섭 강화와 최저임금 제도를 통해 임금 불평등을 해소할 필요가 있다"고 권고했다. 단체교섭과 최저임금이 경제성장 혜택을 공정하게 분배하고, 저임금 노동자 비율을 줄이는 데 이바지할 수 있기 때문이다. ILO가 33개 나라를 조사한 결과 노조 가입률이 높을수록 저임금 노동자가 적은 것으로 확인된 사실은 노동조합의 중요성을 새삼 인식시켜준다.

500인 이상 대기업은 같은 기간 중 130.3에서 140.3으로 늘어났다. 대기업과 중소기업 사이의 임금 격차가 무장 확대되고 있는 것이다. 중소기업이 전체 고용 비중의 88퍼센트를 차지한다는 사실에 주목한다면 부익부 빈익빈은 심각한 문제일 수밖에 없다.

20대80의 사회에서 중산층이 시나브로 줄어들 것은 불을 보듯 뻔한 이치다. 통계 결과도 이를 뒷받침한다. 2003년에는 67.7퍼센트를 차지했던 중산층이 2009년 62.6퍼센트로 급감했다(국회 예산정책처, 2010).*

부익부 빈익빈의 현실은 통계청의 다른 자료에서도 확인할 수 있다. 통계청이 내놓은 〈가계 동향〉(2010)을 보면, 상위 10퍼센트 가구의 월평균 소득은 최근 5년간 254만 원 증가한 반면에 하위 10퍼센트 가구의 월평균 소득은 17만 원 증가에 그쳤다. 그 결과로 상위 10퍼센트의 월평균 소득이 하위 10퍼센트의 약 20배에 이른다.**

우리는 앞서 노무현 정부 시절에 상위 10퍼센트의 소득을 평균 소득으로 나눈 수치에서 부익부 빈익빈이 확연하게 드러난 사

---

* 중산층을 분류하는 통계가 서로 다르기에 나타나는 현상이지만, 한국개발원(KDI) 보고서(2008)를 보면 중산층의 위기는 더 심각하다. 중위 소득의 50~150퍼센트에 해당되는 중산층 비중이 1996년 이후 급감해왔다. 1996년 68.5퍼센트였던 중산층은 2000년 62퍼센트로, 다시 2006년에는 58.5퍼센트로 줄어들었다. 중산층에서 빠져나간 10가구 가운데 상류층 편입은 고작 3가구에 지나지 않았고, 7가구 모두 빈곤층으로 떨어졌다.
** 상위 10퍼센트 가구의 월평균 소득은 2005년 1분기 760만 원에서 2010년 1분기 1014만 8000원으로 254만 8000원(33.5퍼센트) 증가했다. 이와는 대조적으로 하위 10퍼센트 가구의 월평균 소득은 2005년 1분기 41만 원에서 2010년 1분기 58만 1000원으로 17만 1000원(41.6퍼센트)밖에 늘어나지 않았다.

실을 확인했다. 이명박 정부가 들어선 뒤에 그 차이는 더 벌어져 2009년 1분기에는 2.68배로 올라갔고 2010년 1분기에는 2.72배로 뛰었다. 상위 10퍼센트의 월평균 소득은 2008년 1분기 914만 원, 2009년 1분기 934만 원, 2010년 1분기 1014만 원으로 늘어났다.

그럼에도 이명박 정부는 부자 중심, 대기업 중심의 감세 정책을 폈다. 감세가 소득 상위 계층에 집중되었다는 실증적 결과도 나와 있다. 단순히 개인 소득만이 아니나. 국세청 자료(2010)를 보면 중소기업보다 대기업이 더 많은 세액 공제와 감면 혜택을 누렸다. 2008년 기준으로 매출 5000억 원을 넘어선 법인의 세액 공제 및 감면액은 2조 6901억 원인데 이는 전체 기업의 세액 공제 및 감면액의 40.2퍼센트를 차지한다.

더 심각한 문제는 부익부 빈익빈이 대물림으로 이어지는 데 있다. 부자들의 세습은 새삼스런 일이 아니지만, 과거와 달리 이른바 '명문대' 진학조차 부자들이 독점해가고 있다. 통계청에 따르면 2009년 현재 소득 수준 상위 20퍼센트에 속하는 고소득층 가구가 자녀 학원비로 지출하는 금액은 월평균 31만 원에 이른다. 하위 20퍼센트에 속하는 저소득층 가구의 7.6배 수준이다.*

물론, 개혁 정치세력은 김대중-노무현 정부 시기에 사회복지 예산을 대폭 늘렸다고 주장한다. 복지를 소홀히 했다는 비판은 잘못이라며 도끼눈을 뜨기도 한다. 부분적으로만 본다면 틀린 말은

---

* 고소득층은 자신을 가꾸거나 즐기는 분야에도 씀씀이를 늘려 운동 및 오락 관련 지출액이 저소득층의 6.2배 수준이다. 삶의 질에서도 빈부 격차가 점점 벌어지고 있다는 증거다.

아니다. 사회복지 예산이 늘어나면서 소득 분배의 개선 효과가 나타난 것도 사실이기 때문이다.

문제는 그 개선 효과를 신자유주의 체제의 부익부 빈익빈 효과가 상쇄할 뿐만 아니라 압도하는 데 있다. 국제통화기금IMF이 '권고'한 신자유주의 체제가 본격화하면서 노동시장 '유연화'로 비정규직 노동자들이 크게 늘어난 게 결정적 요인이다. 게다가 세계적 차원의 신자유주의 체제에 가담하면서 수출 대기업의 국내 산업 연관성은 더 줄어들었다. 수출 대기업과 내수 중소기업 사이의 임금 격차가 커진 것은 그 결과다. 대기업들이 '구조 조정'을 일삼으면서 그들의 일자리 창출은 제자리걸음이거나 되레 줄어들었다. 그 연장선에서 비정상적으로 늘어난 자영업자들의 소득은 갈수록 하락할 수밖에 없었다. 언 발에 오줌 누기 식의 '복지예산 늘리기'를 넘어선 구조적 대책이 중요한 까닭이다.*

부익부 빈익빈은 단순히 복지예산 차원에서 접근할 문제가 아니다. 수출 대기업 우선으로 돌아가는 한국경제의 틀을 바꿔야 한다. 전체 기업의 99퍼센트를 차지하는 중소기업 육성에 집중 투자가 필요하다. 수출 대기업 또한 장시간 노동에 시달리는 정규직 노동자들의 노동시간을 선진국가 수준으로 대폭 줄여 일자리를

---

* 여기서 1997년 외환위기 이전의 우리나라 소득 분배 추이를 톺아볼 필요가 있다. 1970년대까지 소득 분배는 악화되었지만 기술집약산업으로 전환이 이루어진 1980년대 후반에서 1990년대 초반 사이에 소득 분배가 개선되는 현상이 나타났다. 경제 발전 초기에는 양적 성장 중심이기에 생산성 격차로 인해 분배가 악화되지만 기술집약산업이 중심이 되고 인적 자원의 질이 높아지면서 분배가 개선된다는 쿠즈네츠의 가설이 현실로 확인된 셈이다. 하지만 1997년 외환위기를 겪으면서 부익부 빈익빈이 다시 확연한 흐름이 되었다.

늘려야 하고, 그렇게 해서 노동의 창의성을 북돋아 기업 경쟁력을 강화시키는 선순환을 일궈내야 한다. 동시에 사회서비스업 일자리를 대폭 창출해야 옳다. 비정규직 노동자의 정규직 전환은 정의의 차원 못지않게 내수 시장 활성화라는 경제적 차원에서도 절실한 정책임을 여론화해나가야 한다.

물론, 상황이 절망스러운 것만은 아니다. 불평등이 커질수록 평등에 대한 국민적 요구가 커지는 것은 필연이기 때문이다. 더구나 우리 국민 대다수는 부익부 빈익빈이 문제임을 인식하고 이를 정부가 나서서 해결하는 게 옳다고 생각한다는 조사 결과가 나와 있다. 소득 불평등도에 대한 인식을 국제적으로 비교해본 결과가 그것이다. 한국은 다른 OECD 국가들에 비해 소득이 불평등하다는 인식이 큰 것으로 나타났다. 한국종합사회조사KGSS 보고서에 따르면, 우리나라 응답자는 92.8퍼센트가 소득의 차이가 너무 크다는 데 동의했다. 국제사회조사프로그램ISSP 회원국 평균인 80.7퍼센트에 비해 상당히 높은 수치다. 정부가 소득 격차를 줄이는 데 나서야 한다는 응답도 높아 77.8퍼센트에 이른다. 이 수치는 미국(32.6퍼센트)에 비해 두 배가 넘고 캐나다(44퍼센트), 독일(47.2퍼센트), 일본(47.4퍼센트)에 견주어도 확연히 높다. 옛 사회주의권 국가들의 수치와 비슷하다. 한국인의 평등의식이 높다는 사실이 확인된 조사라고 볼 수 있다.

우리는 이제 2010년 6월 지방선거와 교육감 선거에서 한나라당이 패배한 뒤 이명박 대통령이 '공정 사회'를 갑자기 들고 나서고, 박근혜가 '복지'를 더 강조하며 국회에서 공청회까지 연 까닭을 판단할 수 있다. 대다수 정치인들에게 선거는 정치의 처음이자 마지막이기 때문이다. 따라서 정치인이 세상의 변화에 적극 대처하고 변화해가는 모습은 결코 흠이 아니다. 소통이 안 되는 시대에 그것은 오히려 미덕이다.

문제는 비판이나 선거 결과를 받아들이는 진정성이다. 자칫 진정성은 주관적 평가 대상으로 보이지만, 정책 변화의 실체적 내용을 분석하면 얼마든지 검증할 수 있다. 실체적 변화 없이 이미지만 포장하는 변화는 유권자인 국민을 기만하는 일이다.

박근혜를 비롯한 많은 정치인들이 복지를 주장하지만, 과연 그들이 부익부 빈익빈을 낳은 신자유주의 체제를 바꿀 의지가 있는지가 관건이다. 분배를 강조했던 노무현 정부마저 집권 5년 동안 부익부 빈익빈을 심화시켰던 현실은 많은 시사점을 준다. 복지 예산을 늘렸어도 경제구조에서 빚어진 격차가 더 크게 벌어졌기 때문이다. 이명박 정부의 '공정한 사회'가 얼마나 허구적인가는 결식아동 급식 지원비를 전액 삭감하고 4대강 사업 예산을 9조 원 넘게 편성한 2011년 예산안을 날치기로 통과시킨 데서 확연히 드러났다.

그렇다면 박근혜는 어떨까? 박근혜는 2007년 대선후보 경선 과정에서 부르댔던 '줄푸세 정책'에 대해 지금까지 어떤 성찰도 하지 않고 있다. 법인세 인하를 여전히 고집하거나 한미 FTA의 굴욕적 재협상에 침묵하는 모습은 그녀의 복지국가론이 이명박의 '공정사회론'과 어금버금하다는 의혹을 짙게 해준다.

물론, 복지를 마치 시혜의 차원으로 접근하는 정치인은 박근혜만이 아니다. 한국의 정치판과 제도언론에서 '주류'를 형성하고 있다. 그들은 보편적 복지를 주장하는 사람들에게 무람없이 색깔 공세를 벌인다. 아마도 2012년 대선 정국이 본격화하면 보편적 복지에 대한 선택적 복지론자들의 색깔공세는 더 커질 게 분명하다.

그래서 진지하게 묻고 정리할 필요가 있다. 과연 선택적 복지론자들의 주장처럼 복지는 시혜일까? 보편적 복지는 좌파의 포퓰리즘일까?

복지의 뜻이 '행복한 삶'임을 되짚어보면 그 대답은 자명하다. 복지는 사람의 권리, 곧 인권이다. 인권이란 결코 어떤 특정한 사람이 어떤 특정한 사람에게 주는 '시혜'일 수 없는 개념이다.

기실 복지가 사람으로서 '당연한 권리'라는 인식은 이미 국제인권규약에 명문화되어 선진국에서 보편화된 인식이다. 국제연합UN 총회에서 채택되고 대한민국도 가입한 국제인권규약에는 근간이 되는 두 가지가 있다.

첫째, '시민적·정치적 권리에 관한 국제규약'(자유권 규약, B규약)이다. 자유권은 대다수 한국인에게 익숙한 권리이다. 군부독재를 겪으면서 정치적 탄압을 생생하게 체험했기 때문이다. 문제는 그 대다수 한국인이 그것만이 인권이라고 오해하는 데 있다.

둘째, '경제적·사회적·문화적 권리에 관한 국제규약'으로 흔히 '사회권 규약' 또는 'A규약'으로 불린다. 1966년 12월 유엔 총회에서 채택되고 1976년 1월 발효되었다. 자유권이 국가의 불법적이고 부당한 행위에 개인의 생명·재산·자유를 요구하는 소극적 권리라면, 사회권은 실질적 평등과 분배 정의를 고갱이로 한다.

국제인권규약은 개개인이 자신이 속한 국가에 그것을 이행하라고 적극적으로 요구하도록 국제사회가 보장한 권리다. 사회권은 일할 수 있는 권리, 실업으로부터 보호받을 권리, 일정 기간의 유급 휴가를 비롯한 휴식과 여유를 가질 권리, 건강 및 행복에 필요한 생활수준을 누릴 권리, 교육을 받을 권리, 자신의 지적 창조물에 대해 보호받을 권리들을 아우른다. 자유권이 권리의 수호를 목표로 하기에 수동적이라면, 사회권은 권리의 성취를 목표로 한다는 뜻에서 능동적 권리다.

결국 복지가 '행복한 삶'이라면 그것의 구현은 사회권과 직결될 수밖에 없다. 일할 권리와 건강권, 교육받을 권리를 비롯한 사회권을 두루 아우른 개념으로 복지국가를 바라보는 '복지 읽기의 혁명'이 우리 사회에 절실하다. 경제가 발전된 선진국의 개념도 그 연장선이다. 복지가 사람의 권리이자 국민의 당연한 요구로서 국민 사이에 소통될 때, 비로소 한국정치의 새로운 상징이라는 이름에 값할 수 있다. 바로 그 지점에서 복지는 주권 및 소통의 개념과 이어진다.

모든 권력이 국민으로부터 나오는 공화국

행복한 삶, 복지가 사회권으로 당당한 인권이라는 진실은 대한민국 헌법에 명문화되어 있다. 헌법 제2장 '국민의 권리와 의무'의 바로 첫 조항인 헌법 제10조를 읽어보자.

모든 국민은 인간으로서의 존엄과 가치를 가지며, 행복을 추구할 권리를 가진다. 국가는 개인이 가지는 불가침의 기본적 인권을 확인하고 이를 보장할 의무를 진다.

복지가 보수와 진보를 떠난 가치임을 새삼 강조하는 이유가 여기 있다. 엄연한 헌법적 가치로서 복지는 국민의 권리다. 대한민국 헌법은 전문에서노 "국민 생활의 균등한 향상을 기히고 밖으로는 항구적인 세계 평화와 인류 공영에 이바지함으로써 우리들과 우리들의 자손의 안전과 자유와 행복을 영원히 확보할 것을 다짐"하고 있다. 한마디로 말해서, 복지국가는 대한민국의 헌법 정신인 셈이다.*

사회권은 '국민이 인간다운 생활을 위하여 필요한 사회적 보장책을 국가에 요구할 수 있는 권리'이기에 대한민국 헌법과 곧장 맞닿는다. 인류 역사에서 사회권이 처음 헌법으로 명문화된 것은 1919년 독일 바이마르 공화국 때다. 바이마르 공화국 헌법은 '사

---

* 가장 구체적인 헌법 조항은 제34조다. 34조는 다음과 같다. ① 모든 국민은 인간다운 생활을 할 권리를 가진다. ② 국가는 사회보장·사회복지의 증진에 노력할 의무를 진다. ③ 국가는 여자의 복지와 권익의 향상을 위하여 노력하여야 한다. ④ 국가는 노인과 청소년의 복지 향싱을 위한 정책을 실시할 의무를 진다. ⑤ 신체장애자 및 질병·노령 기타의 사유로 생활능력이 없는 국민은 법률이 정하는 바에 의하여 국가의 보호를 받는다. ⑥ 국가는 재해를 예방하고 그 위험으로부터 국민을 보호하기 위하여 노력하여야 한다. 제35조에도 복지가 담겨 있다. ① 모든 국민은 건강하고 쾌적한 환경에서 생활할 권리를 가지며, 국가와 국민은 환경 보전을 위하여 노력하여야 한다. ② 환경권의 내용과 행사에 관하여는 법률로 정한다. ③ 국가는 주택 개발 정책 등을 통하여 모든 국민이 쾌적한 주거 생활을 할 수 있도록 노력하여야 한다.

회·경제적 강자의 경제활동'에 적극적인 제한 규정을 도입하고 사회·경제적 약자에게 '사회권'을 보장했다. 현재 국제인권규약으로서 사회권 규약을 비준한 나라는 150여 국가에 이르며, 대한민국은 이미 1990년에 비준했다.

하지만 대한민국이 사회권의 국제인권규약을 비준한 1990년 바로 그해에 일어난 사건은 그 권리가 헌법에 명문화되어 있거나 비준되었다고 해서 구현되는 게 아님을 상징적으로 증언해준다. 1990년 3월 9일의 《연합뉴스》 기사를 읽어보자.

(서울=연합) 9일 상오 9시께 서울 마포구 망원동 430의 44 대건연립 A동 101호 윤종덕 씨(38) 집 지하실에 세 들어 사는 권순철 씨(30·건물경비원) 집에서 불이나 방 안에 있던 권 씨의 딸 혜영 양(5)과 아들 용철 군(4) 등 2명이 연기에 질식돼 병원으로 옮겨졌으나 모두 숨졌다. 불은 방 안에 있던 이불과 비닐옷장 일부를 태우고 곧 꺼졌으나 맞벌이 부부인 권 씨와 부인 이영숙 씨(27·파출부)가 아침 일찍 출근하면서 자녀들이 집 밖으로 나가 길을 잃을 것을 우려, 자물쇠로 방문을 걸어 잠그는 바람에 어린이들이 밖으로 빠져나오지 못하고 변을 당했다. 불을 처음 본 집주인 윤 씨는 "지하실 방에서 연기가 새어 나와 이상히 여겨 방문을 열고 들어가 보니 권 씨네 남매가 쓰러져 있었다"고 말했다. 경찰은 방 안 한구석에서 불이 난 것으로 미루어 아이들이 불장난을 하다가 불을 낸 것으로 보고 정확한 화인을 조사 중이다.

　대한민국의 수도 한복판에서 일어난 이 비극적 사건을 '국민 가수' 정태춘은 노래 〈우리들의 죽음〉으로 형상화했다.*

　눈시울 적시는 절창으로 사회 여론을 환기하려던 정태춘의 노력은 그러나 열매를 맺지 못했다. 그 뒤에도 비슷한 사건이 꼬리를 물고 일어났다. 2004년 12월, 철야 근무로 집에 들어올 틈이 없는 경찰관 아버지와 새벽에 신문 배달 나간 어머니가 집을 비운 사이에 열한 살, 여덟 살, 여섯 살 세 아이가 화재로 숨졌다. 젊은 엄마는 "내가 죄인이에요, 돈 벌러 나가지 않았으면 이런 일이 없었을 텐데, 얘들아 미안해"라며 3남매의 영정을 붙잡고 울부짖다 실신하기를 되풀이했다. 그 엄마가 배달한 신문은, 이 땅의 언론들은, 서민의 사회권을 의제로 설정하는 의무를 언제나 외면해왔다. 민주 정부 아래서도 곰비임비 일어난 비극적 사건들은 우리에게 민주주의란 무엇인가를 새삼 성찰하게 해준다.

　2010년대에 접어들어서도 일가족 자살 사건은 멈출 줄 모른다. 대한민국은 OECD 국가 가운데 자살률 1위이고 자살 원인은

---

* "젊은 아버지는 새벽에 일 나가고/ 어머니도 돈 벌러 파출부 나가고/ 지하실 단칸방엔 어린 우리 둘이서/ 아침 햇살 드는 높은 창문 아래 앉아/ 방문은 밖으로 자물쇠 잠겨 있고/ 윗목에는 싸늘한 밥상과 요강이/ 엄마, 아빠가 돌아올 밤까지/ 우린 심심해도 할 게 없었네/ 낮엔 테레비도 안 하고 우린 켤 줄도 몰라/ 밤에 보는 테레비도 남의 나라 세상/ 엄마, 아빠는 한 번도 안 나와/ 우리 집도, 우리 동네도 안 나와"로 시작한 노래는 애절한 독백으로 마침표를 찍는다. "엄마, 아빠! 너무 슬퍼하지 마/ 이건 엄마, 아빠의 잘못이 아냐/ 여기 불에 그을린 옷자락의 작은 몸뚱이/ 몸뚱이를 두고 떠나지만/ 엄마, 아빠! 우린 이제 천사가 되어/ 하늘나라로 가는 거야/ 그런데 그 천사들은 이렇게 슬픈 세상에는/ 다시 내려올 수가 없어/ 언젠가 우리 다시 하늘나라에서 만나겠지/ 엄마, 아빠! 우리가 이 세상에서 배운 가장 예쁜 말로/ 마지막 인사를 해야겠어/ 엄마, 아빠…… 엄마, 아빠…… 이제, 안녕…… 안녕……."

대부분이 '경제적 이유'다. 스물두 살의 젊은 노동자 전태일이 노동법을 지키라며 분신자살한 지 40년을 맞은 2010년에 정규직 노동자와 비정규직 노동자가 각각 분신을 감행할 수밖에 없을 만큼 노동 현실은 열악하다.

비단 중소기업이나 일부 대기업의 문제가 아니다. 대한민국이 자랑하는 초일류 기업 삼성도 국제사회로부터 조롱을 받고 있다.

1990년에《연합뉴스》가 전한 비극적인 사건 뉴스와 그로부터 20년 지나 같은 언론사가 보도한 2010년 12월의 뉴스를 비교해보면 하릴없이 착잡해진다.

(로스앤젤레스=연합) "한국인들은 이제 (맷값 폭행 같은) 재벌의 비행에 진저리가 날 것 같다." 미국 일간《로스앤젤레스타임스(LA타임스)》는 12월 1일자 세계면 머리기사로 재벌가 2세의 이른바 '맷값 폭행' 사건을 비중 있게 다루면서 한국사회에서 재벌에 대한 서민들의 반감이 더 커졌다고 보도했다. 이 신문은 서울발 기사에서 한국에서 최근 몇 년간 재벌 총수들이 분식회계와 횡령 등으로 유죄 선고를 받았지만 대부분이 곧 감형되었다고 전하고, 지난 2007년 김승연 한화그룹 회장이 아들을 폭행한 술집 종업원들을 보복 폭행한 사건도 있었다고 덧붙였다. 이 신문은 '맷값 폭행' 사건이 알려진 후 이번 주 3만 명의 네티즌이 폭행을 가한 물류업체 M&M의 전 대표 최철원 씨의 처벌을 촉구했다면서 한 네티즌은 "최 씨를 처벌해 이 사회에 최소한의 정의가 살아 있다는 것을 보여달라"고 썼다고 소개했다. 이어 한국사회에서 재벌에 엄정하지 않은 분위기는 한국전의

폐허 속에서 경제 성장을 이루어야 한다는 강박 관념에서 비롯된 것으로 전문가들은 본다면서 재벌은 그런 경제 성장을 위한 필수적인 요소이기 때문에 억제하기 어려운 존재로 비친다고 논평했다. 재벌가 2세 최 씨에게 '맷값 폭행'을 당한 유모 씨는 "나 같은 평범한 사람은 그들(재벌가 사람들)의 눈에는 하찮은 존재"라면서 한국에서 보통 사람은 오랫동안 아무렇게나 취급당해왔다고 말했다고 이 신문은 전했다.

미국 유력 일간지의 세계면 머리기사에서 '재벌 2세의 맷값 폭행' 사건을 읽는 사람들은 대한민국을 어떤 나라로 생각할까. 《연합뉴스》 기사는 최철원의 폭행 사건이 국내에 이미 알려져 있어 간략히 줄였지만, 《LA타임스》는 '재벌 2세' 최철원이 50대 노동자를 사무실로 불러들여 엎드리게 한 다음 야구방망이로 두들겨 팬 뒤 '맷값'이라며 돈을 던진 사실을 자세하게 보도했다. '선진 일류 국가'를 국정 목표로 내세운 정부 아래서 중세 시대 머슴에게 곤장 치는 일이 고스란히 재현된 사건은 미국 일간지가 머리기사로 보도할 만큼 반민주적 풍경임에 틀림없다.

그런데 사실, 미국 일간지의 보도를 줄여서 소개한 국내 언론의 보도에서도 의도했든 아니든 교묘한 '검열'이 이루어져 있다. "한국에서 최근 몇 년간 재벌 총수들이 분식회계와 횡령 등으로 유죄 선고를 받았지만 대부분이 곧 감형되었다"고 쓴 《연합뉴스》 보도와 달리 《LA타임스》는 명확하게 이건희의 실명을 밝혀 기사화했다. 세계적으로 이미 '브랜드'가 알려진 삼성전자의 회장으로 이건희를 소개한 뒤 그를 "유죄를 선고받은 탈세범convicted tax evader"이라고 표현했다. 신문은 이어 법원에서 유죄 선고받은 탈세범을 그 자신 현대건설의 최고경영자였던 이명박 대통령이 사면해주었다고 분석했다.

결국 그 짧은 기사를 보면 대한민국은 최철원의 인권 유린은 물론, 삼성전자 이건희 회장과 한국화약 김승연 회장의 범법 행위까지 미국 자본주의의 기준으로 보더라도 도저히 이해할 수 없는 일들이 버젓이 자행되는 나라다. 중형을 선고받아야 할 탈세범은 여전히 부귀영화를 누리며 되레 "국민이 정직해야 한다"고 훈계하고 있다.* 술집에서 아들과 주먹이 오갔다는 이유로 폭력배까지 동원해 상대에게 잔인하게 보복 폭행한 한화 회장 김승연도 건재하다.

보수와 진보를 떠나, 더 정확히 말해서 오히려 보수 세력이 미국의 일간지 보도 앞에 부끄러움을 절감해야 옳지 않을까. "한국 재벌은 법 위에 있다South Korean conglomerates act as though they are above the law"는 미국 언론의 머리기사 제목 앞에서 '법치주의'를 전가의 보도처럼 휘두르는 보수 세력의 '양심'을 묻지 않을 수 없기 때문이다.

---

* 이건희는 2010년 2월 선친인 이병철이 태어난 지 100주년 됨을 기념하는 행사장에서 "호암의 경영철학 중 지금 꼭 필요한 것이 무엇이냐"는 기자의 질문에 "모든 국민이 정직했으면 좋겠다. 거짓말 없는 세상이 돼야겠다"고 말했다. 1년이 지나 2011년 1월 그의 칠순 생일을 맞아 호텔 신라에서 열린 삼성 사장단과의 기념 만찬 후에는 기자들에게 "한국이 정신을 안 차리면 한걸음 뒤처질 수 있다. 그러니 정신을 똑바로 차려야겠다"고 말했다.

이건희 회장이 조세를 포탈하고도 이명박 정부로부터 '단독 사면'을 받은 시기에 삼성전자의 반도체를 생산하는 최일선에서 일하는 젊은 여성 노동자들은 잇따라 희귀병으로 죽어갔다. 그럼에도 삼성은 진상 규명과 산재 처리를 외면했다. 대한민국 국민으로 살아가는 사람들의 행복 추구권이 얼마나 유린되고 있는가를 입증해주는 사례는 이 밖에도 부지기수다.*

다행히 대한민국 국민의 권리 의식은 높아지고 있다. 이미 군부독재와 30년 가까이 맞서 싸우며 정치·사회적 시민권인 자유권을 확보해왔고, 사회권의 절실함에 대한 의식도 비록 더디지만 꾸준히 확산되고 있다.

국민의 권리의식이 높아졌다는 사실을 상징적으로 드러내준 사건은 '주권'을 전면에 내걸었던 2008년 '촛불 항쟁'이다.** 촛불 항쟁에 참여한 시민들이 서울시청 광장을 비롯해 전국 곳곳에서 외쳤듯이 대한민국 헌법은 행복 추구권을 넘어 원천적으로 주권을 강조하고 있다. 헌법 제1조 1항 "대한민국은 민주공화국이다"에 이어 2항은 "대한민국의 주권은 국민에게 있고, 모든 권력은 국민으로부터 나온다"이다.

---

* 더구나 대한민국에선 행복권이 분단체제 때문에 원천적으로 짓밟히는 사태가 일어난다. 앞에서 살펴본 연평도 포격 때 숨진 군인과 민간인들이 그 최근의 보기다.
** 여기서 '촛불 항쟁'이라는 말은 진보적 개념 규정이 아니다. 2008년 5월부터 촛불 집회와 시위가 100회 넘게 지속되었고 전국 곳곳에서 100만 명이 넘는 국민이 열정적으로 참여한 역사적 사실을 총체적이고 객관적으로 표현하는 데, 또 8월 말까지 1524명이 경찰에 연행되어 32명이 구속되고 수배자 22명, 부상 2500명에 이른 사태를 규정하는 데 '항쟁'보다 더 객관적인 표현은 없다고 판단된다.

문제는 모든 권력—정치권력만이 아님을 주시할 필요가 있다
—은 국민으로부터 나온다는 헌법 제1조와 현실 사이의 '큰 거
리'다. 헌법 제10조가 보장한 '행복을 추구할 권리' 또한 앞서 살
펴본 삶의 사례에서 확연하게 드러나듯이 현실과 동떨어져 사문
화되어 있다.

여기서 우리는 왜 주권과 그 구체적 표현인 행복 추구권이 현
실화하지 못하고 있는가를 냉철하게 살펴야 옳다.

사회권은 물론, 원천적으로 주권이 대한민국에서 현실로 구
현되지 못하는 이유는 독일의 법학자 루돌프 폰 예링이 날카롭게
규정한 권리 개념에서 찾을 수 있다. 예링은 "권리 위에 잠자는 자
는 보호받지 못한다"고 단언했다. 헌법에서 모든 권력은 국민으
로부터 나온다고 명문화하고 행복 추구권을 강조했어도 그 권리
위에 잠자는 사람들은 그 법의 보호를 받지 못한다는 뜻이다.

예링은 권리를 "인격의 정신적 존재 조건"이라고 보았기에 권
리를 주장하는 것은 인격 자체의 정신적인 자기 보존 행위라고 강
조했다. 침해받은 권리를 주장하는 것은 인격의 자기 보존을 위한
행위며 바로 그 때문에 권리자의 자기 자신에 대한 의무라는 예링
의 명제는 명쾌하다. "어느 개인의 권리든 민족의 권리든 모든 권
리는 그것의 주장을 위해서 끊임없는 투쟁 준비가 전제된다. 법은
단순한 사상이 아니라 생동하는 힘이다. 그러므로 정의의 여신은
한 손에는 권리의 무게를 달 수 있는 저울판과 다른 손에는 권리
를 주장할 수 있는 검을 쥐고" 있다는 통찰은 지금도 유효하다.

한국 정치판에서 선거철을 맞으면 흔히 나도는 "한 표의 주권

행사"라는 표어가 상징적으로 일러주듯이, 국민 대다수는 주권을 투표에 국한해 생각해온 게 사실이다. 더 중요한 사실은 국민 대다수가 그렇게 생각하도록 언론과 학교에서 일방적 정보만 주입해왔다는 것이다.

바로 그렇기에 2008년 여울여울 타오른 촛불 항쟁의 의미는 깊다. 주권의 온전한 의미를 성찰하는 국민이 크게 늘어나고 있다는 사실이 확연히 드러나서다. 서울을 비롯한 전국의 여러 도시에서 촛불을 들었던 100일 내내 가장 많이 소통된 말이 바로 '주권'이다. 주권이 한국정치의 새로운 상징이 되기에 충분한 까닭이다.

주권(sovereignty, 主權)은 말 그대로 '가장 주요한 권리'로서 '국가의 의사를 최종적으로 결정하는 권력'*이기에 단순히 투표권에 머물 수 없다. 주권이 민중으로 넘어오는 긴 역사적 여정은 인권이 자유권을 넘어 사회권으로 넓어져온 과정과 일치한다.

2008년 촛불 항쟁은 모든 권력이 국민으로부터 나오는 민주공화국을 실현하고자 국민 스스로 '주권'을 전면에 내세운 최초의 운동이다. 물론, 촛불 항쟁과 주권운동이 아무런 열매도 맺지 못했다고 평가할 수도 있다. 하지만 모든 권력이 국민으로부터 나오는 체제의 건설은 하루아침에 이루어지지 않는다. 만일 그 체제를 현실로 내올 수 있다면, 그것은 21세기 인류가 걸어가야 할 이상

---

* 그 점에서 주권은 민주주의의 고갱이다. 민주주의(Democracy)는 고대 그리스 아테네에서 유래한 말뜻 그대로 데모스(Demos, 민중)와 크라티아(Kratia, 통치)의 합성어로 '민중의 통치'를 뜻하기 때문이다. 주권과 민주주의에 대한 더 깊은 논의는 손석춘, 《주권혁명》(2008)과 《민주주의 색깔을 묻는다》(2010) 참고.

적 사회로 자리매김될 게 분명하다.

그 점에서 2008년 촛불 항쟁이 제기한 '주권'은 한국정치의 길을 밝혀주었다고 할 수 있다. 2010년 한국정치의 또 다른 상징으로 떠오른 복지도 '잠복'해서 타오르던 촛불이 찾은 새로운 정치적 목표라고 볼 수 있다. 촛불이 제기한 '인간다운 삶'이나 촛불의 거리에서 나온 "이윤보다 생명" "여기, 사람이 살고 있다" "함께 살자!"와 같은 구호들은 '행복한 삶'으로서의 복지 추구와 정확히 일치하기 때문이다. 물론, 모든 촛불이 복지를 중심으로 다시 뭉친 것은 아직 아니다. 하지만 적어도 촛불 시민들이 복지라는 정치적 목표를 설정하고 움직이고 있는 흐름은 명확하게 드러난다. 가령 촛불에 참여한 시민들이 기존의 진보 진영과 결합해 2010년 창립한 '복지국가와 진보 대통합을 위한 시민회의'는 한국정치를 바꾸는 주권자들의 시민정치운동을 선언하고 나섰다.

주권과 그 구체적 표현인 행복 추구권을 현실화해나갈 주체가 필요하다는 점에서, 복지 또한 그것을 구현할 주체의 주권의식이 없다면 모래 위에 집 짓기와 같다는 점에서, 촛불의 주권과 복지의 결합은 바람직하다.

한국의 정치인들이나 시민사회단체에서 복지국가의 보기로 자주 들고 있는 스웨덴을 비롯한 북유럽 국가들이 '요람에서 무덤까지' 온전한 복지체제를 구현할 수 있었던 데에는 더 말할 나위 없이 그것을 이끌어간 원천적 주체가 있다. 노동조합이 그것이다. 예컨대 스웨덴의 노동조합 조직률은 80퍼센트를 넘는다. 노조 조직률이 민주노총과 한국노총을 합쳐도 겨우 10퍼센트에 머무르는 한국과 비교해보면, 왜 같은 자본주의 국가이면서도 복지체제에 현저한 차이가 나타나는지를 저절로 깨달을 수 있다. 북유럽 국가들에선 잘 조직된 노동조합을 바탕으로 진보 정당을 결성하고 그들이 집권을 통해 복지체제를 입법화해나갔다. 스웨덴에서 이미 1930년대에 진보 정당인 사회민주노동자당(사민당)이 집권했다는 사실은 우리에게 정치의 중요성을 새삼 일깨워준다.

스웨덴의 복지체제는 확고하게 뿌리내렸기 때문에 설령 보수당이 집권하더라도 그 틀을 흔들지는 못한다. 효율적 관리를 위해 복지체제를 미세하게 변화시킬 수 있을 뿐이다.* 진보든 보수든 복지체제에 공감하고 다만 복지에 접근하는 방법에서만 차이를 보이는 북유럽 복지국가의 오늘은 주권자들이 노동조합을 중심으로 정치의식을 높여왔기 때문에 가능할 수 있었다.

한국정치의 새로운 상징으로 부각된 복지 논의도 누군가의 현실 호도로 흘러가지 않으려면 누가 국민의 행복한 삶을 일궈낼 수 있을 것인가 진지한 성찰이 이루어져야 한다. 여전히 지역감정, 색깔 배제, 제도언론의 틀에 갇혀 있는 사람들이 많은 대한민국에선 더욱 그렇다.

게다가 노동조합 조직률은 10퍼센트 안팎에 머무르는 상황에서 한국정치가 복지체제를 갖추려면 스웨덴과 다른 길을 걸어야

---

* 그 점에서 스웨덴에서 2006년 중도우파 세력이 집권했을 때 '스웨덴 복지모델 파산'이라고 호들갑 떨었던 《조선일보》의 보도와 논평들은 한국정치의 소통 구조에서 '언론정치'의 폐단을 확인시켜주는 보기이자 천박한 저널리즘의 자기 폭로에 지나지 않는다.

한다. 노동조합만이 아니라 시민운동 세력이 손잡고 함께 나서야 복지국가에 다가설 수 있다. 노동운동과 시민운동이 연대해나가는 밑절미에 주권자로서 자기의식이 중요함은 더 말할 나위 없다. 노동운동과 시민운동이 한마당을 이루며 '헌법 제1조'를 목 놓아 노래 불렀던 2008년 촛불 항쟁의 정신을 온새미로 살려가야 할 이유가 여기 있다.

촛불 항쟁이 일어난 중요한 계기가 미국산 쇠고기의 굴욕적 수입 협상이었던 사실에서 확인할 수 있듯이, 한국사회에서 주권은 사회권으로서 복지를 확보하는 것만으로 머물 수 없다. 국가적 주권의 문제가 해결되지 못한 미완의 과제로 남아 있기 때문이다.

이명박 정부와 그를 맹목적으로 지지하는 보수 정치세력은 미국산 쇠고기의 광우병 위험성에 대해 전혀 문제가 없다고 국민에게 강변했지만, 일본의 보수 정부는 2011년 5월 현재까지 20개월 미만 쇠고기만 엄격한 검사 아래 수입하고 있다.

더구나 한미 자유무역협정FTA의 재협상은 있을 수 없다며 시민사회의 비판 여론을 억압하던 이명박 정부가 2010년 미국정부의 요청으로 재협상에 나서 대폭 양보한 모습은 굴욕적이다.*

비단 국제관계에서 나타나는 국가적 주권의 문제만이 아니다. 대한민국 국민은 분단체제 아래 살고 있기 때문에 국가의 주

---

* 2010년 12월에 타결된 한미FTA 재협상에 대해 미국 《월스트리트저널》은 〈오바마의 글로벌 무역 전략〉 제하의 기사에서 "지난주 한국 협상단은 워싱턴을 방문했고, 협상팀은 서울 만남에서는 수락을 생각조차 못하고 논의조차 하지 않았던 조항에 동의했다"며 미국의 자동차 관세유예 요구를 "놀랍도록 잘 수용(surprisingly receptive)"한 이유를 연평

권 문제와 민족의 주권 문제를 함께 풀어가야 한다.

결국 한국정치는 자유권과 사회권에 더하여 국가 주권과 민족 주권의 문제까지 온전히 해결되지 않은 채 복잡하게 얽혀왔다. 언론이 마땅히 의제로 설정해 풀어가야 할 문제를 억압해왔기에 더 그렇다.

대한민국 헌법이 명문화한 '모든 권력이 국민으로부터 나오는 공화국'을 구현하려면 주권자인 '국민'들 사이에 소통이 절실하고 절박한 과제일 수밖에 없다. 이명박은 물론 박근혜도 배제정치의 틀을 벗어나지 못하고 있기에 더 그렇다.

먹통의 구조와 새로운 소통

소통이 한국정치의 화두로 등장한 데 가장 큰 공을 세운 정치인은 이명박이다. 그가 집권한 뒤 '불통 정부'의 모습을 확연하게 보여줬기 때문이다. 주권을 노래했던 촛불 시민들은 거리에서 "먹통 대신 소통"을, "대화를 않을 거면 차라리 다! 죽여라"를 외쳤었다. 심지어 배제정치를 적극 뒷받침해온 제도언론마저 이명박 대통령에게 소통을 주문했을 정도다.

기실 소통은 진보나 보수를 가를 문제가 아니다. 이명박 정부

도 포격 이후 한미동맹의 중요성을 인식했기 때문이라고 분석했다. 기사는 북의 연평도 포격으로 "슈퍼파워 미국과의 견고한 동맹 이점이 막 부각되기 시작했다"고 설명했다.

가 불통 정부로 불리는 이유도 마찬가지다. 실제 보기를 들어보자. 2010년 12월 22일 이명박 대통령은 보건복지부 업무 보고를 받는 자리에서 "정부의 복지예산은 매년 늘어나고 있으며, 내년 복지예산은 역대 최대다. 우리가 복지국가라고 해도 과언이 아닐 정도의 수준에 들어가고 있다"고 말했다. 한국정치의 새로운 상징어로 떠오른 복지에 대해 대통령으로서 자신의 생각을 명토 박아 밝힌 셈이다.

문제는 과연 대한민국이 이미 "복지국가라고 해도 과언이 아닐 정도"라는 게 얼마나 진실인가에 있다. 이명박은 그 근거로 두 가지를 들었다. 정부의 복지예산이 해마다 늘어나고 있다는 사실과 2011년 복지예산이 역대 최대라는 사실이 그것이다. 두 가지 사실은 맞다. 실제로 그렇기 때문이다. 청와대 대변인도 거들었다. 중앙부처 복지재정 86조 원을 비롯해 총지출액이 100조 원을 넘게 되는데, 이는 정부 수립 이후 최대 수치이고 비율로도 28퍼센트로 역대 최고라고 설명했다.

신문과 방송이 대통령의 그 발언을 부각해 보도했기 때문에 적잖은 사람들이 그렇게 생각하기 쉽다. 하지만 앞서 든 두 가지 사실을 근거로 우리가 이미 복지국가에 들어섰다는 말은 전혀 맞지 않는다. 진실을 호도하는 궤변일 뿐이다.

2010년에 비해 2011년의 정부 총예산이 늘어났기 때문에 그 속에 있는 복지예산이 해마다 늘어나는 것이나 역대 최고가 되는 것은 자연스러운 현상이다. 아마 2012년에도 그 이듬해에도 사상 최대가 될 게 분명하다. 경제가 조금이라도 성장해 총예산이 단돈

10원만 오르고 복지 부문에 단돈 1원만 더해지더라도 "사상 최
대"가 되기 때문이다.

따라서 문제는 단순한 증가가 아니라 증가 비율이다. 노무현
정부 시절인 2006년부터 2008년까지 복지예산은 10퍼센트대로
꾸준히 늘어났다. 그런데 이명박 정부 들어서서 복지예산 증가율
은 10퍼센트를 밑돌기 시작했다. 8퍼센트대로 떨어졌고, 이명박
대통령이 '사상 최대'라고 자화자찬한 2011년에는 6퍼센트대로
급감한다. 게다가 2011년 복지지출 증가액 5조 1000억 원 가운데
연금 증가액 같은 의무지출과 주택 부문 증가액이 전체 증가분의
절반을 훨씬 넘는다.

실제로 대한민국의 복지 수준은 OECD 국가 가운데 꼴찌를
다툰다. 2009년 기준으로 국내총생산에서 복지지출 비중은 9퍼센
트에 지나지 않는다. OECD 국가의 평균이 20퍼센트인 사실에 비
춰 본다면 부끄러운 수치다. 대통령이 마치 과시하듯이 밝힌 예산
대비 복지지출 비율 28퍼센트도 OECD 국가 평균인 45퍼센트에
견주면 어림없다. 스웨덴만이 아니라 독일과 프랑스도 60퍼센트
선에 이른다.

그럼에도 대통령은 이미 대한민국이 복지국가에 들어서고 있
다고 주장한다. 보수인가, 진보인가를 넘어 국정의 최고 책임자로
서 정직하지 못한 자세다. 대한민국이 복지국가와 다를 바 없다는
대통령의 주장은 사실과 명백하게 다르기 때문이다. 만일 대통령
이 그 사실을 알고도 그런 말을 보건복지부 업무 보고에서 언죽번
죽 했다면, 그것은 국민 기만행위다. 그렇지 않고 사실 관계를 대

통령이 몰랐다면, 그것은 무능의 자기 폭로다. 어느 쪽이든 정치인 이명박의 능력 문제에 그치는 게 아니라 대한민국이라는 국가와 그 구성원인 국민 개개인의 불행으로 이어질 수밖에 없다. 복지를 강조하고 나선 박근혜도 줄푸세 정책을 폐기하지 않는 한, 보편적 복지를 받아들이지 않는 한, 아무리 '한국형 복지국가'를 주장하더라도 그것은 아버지 박정희의 '한국적 민주주의'가 걸어간 운명과 같은 길을 걸을 수밖에 없다.

결국 이명박 정부와 차기 대선의 유력 후보 박근혜가 복지국가를 거론하는 모습에서 우리는 소통의 중요성을 새삼 깨닫는다.*

문제는 정치권력과 시민사회 사이에 소통을 담당하는 게 본령인 언론이 그 구실을 온전히 못하고 있음은 물론, 외려 지역감정과 색깔 배제로 소통을 가로막는 데 있다. 1부에서 살펴보았듯이 한국정치의 소통 구조는 지역감정과 색깔공세, 그것을 뒷받침하는 제도언론의 벽에 막혀 있고 정치 주권자인 국민은 그 삼각형의 우물 속에 갇혀 있다(이 책의 100쪽 [그림1] 참조).

---

* 대한민국은 이미 '복지국가 수준'이라고 말한 이명박 대통령을 비롯해 국정 책임자들의 입에서 나온 복지 발언을 톺아보면, 정부는 우리의 복지 서비스가 만족할 수준이고 오히려 '과잉 복지'로 가면 안 된다고 판단하고 있음이 드러난다. 이를테면 윤증현 기획재정부 장관은 2010년 12월 16일 "복지 같은 데 재원을 다 써버리면 남는 게 별로 없다"고 사뭇 용기가 넘치는 발언을 했다. 윤 장관의 말을 들으면 마치 한국정부가 다른 나라에 견주어 복지예산을 많이 쓰는 걸로 착각하기 십상이다. 이에 앞서 김황식 국무총리는 2010년 10월에 기자들과 만난 간담회 자리에서 빈부 격차에 상관없이 모든 노인들에게 지하철 공짜표를 주는 것을 '과잉 복지 제공'의 사례로 들며 "응석받이 어린이에게 하듯 복지도 무조건 줘서는 안 된다"고 주장했다. 이명박 대통령, 김황식 국무총리, 윤증현 재정부 장관의 말에서 드러나듯이 그들은 복지를 가난한 사람들에게 베푸는 '시혜적 복지' 정도로 여기고 있다. 복지가 사회권 개념이라는 인식이 아예 결여되어 있는 것이다.

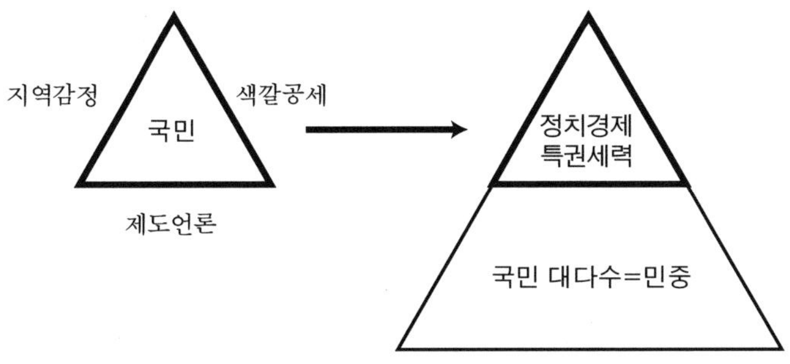

[그림2] 한국정치의 먹통과 소통 구조

국민이 갇혀 있는 소통 구조의 삼각형 우물을 다른 각도에서 그리면 [그림2]처럼 나타난다.

[그림1]에서 삼각형의 소통 구조 안에 갇힌 국민은 먹통으로 존재한다. 국어사전적 풀이로 먹통은 멍청한 사람이다. 언론학의 개념을 빌리면 제도언론의 우민화 기능이라고 풀이할 수 있다.

보편적 개념으로 표현한 [그림1]에서 먹통으로 갇힌 국민을 자세히 들여다보면, [그림2]처럼 정치적-경제적 특권 세력인 국민과 대다수 국민인 민중으로 나뉜다. 그 비율은 10대90, 또는 20대80이다. 아무리 늘려 잡아도 20퍼센트인 정치적-경제적 특권 세력이 지역감정-색깔공세-제도언론의 보호를 받으며 국민 대다수인 민중의 소통을 억압하고 배제하며 살아가는 모습이다. 특히 먹통의 밑변인 제도언론이 그 소통을 가로막고 있다는 점을 주시할 필요가 있다.

실제로 제도언론은 이명박 대통령이 복지국가에 대해 밝힌 말을 아무런 비판 없이 보도했다. 물론, 대통령이 그렇게 말했기에 '사실 보도'라고 주장할 수는 있다. 하지만 언론이 누군가의 발언을 있는 그대로 옮기는 게 사실 보도는 아니다. 진실 보도는 더욱 아니다. 사실을 확인해서 보도하는 게 언론의 기본 상식이다.

한국의 종합 일간지 시장을 70퍼센트 넘게 독과점한 《조선일보》《동아일보》《중앙일보》는 무상 급식을 바라보는 시각에서 드러났듯이 복지를 의제로 설정하는 데 인색하다. 세 신문이 복지를 언급할 때는 그 낱말이 '포퓰리즘'으로 이어질 때가 대부분이다. 복지가 '행복한 삶'을 의미한다는 사실을, 대한민국 헌법에 '행복추구권'이 있다는 사실을, 복지는 국제인권규약인 사회권으로 사람의 권리, 곧 인권의 문제라는 사실을 한국의 신문과 방송에서 만나기는 어렵다. 앞서 분석했듯이 한국 언론이 즐겨 쓰는 '선진국'의 뜻은 복지국가가 전혀 아니다. 오직 미국이다. '미국식 생활양식'을 이상으로 좇으며 경제 성장만 부르대다 보니 미국보다 더 미국적인 사회로 부자들의 천국이 되었다.

언론은 비단 복지의 소통만 가로막고 있는 게 아니다. 촛불의 주권운동에도 거침없이 색깔을 칠해왔다. 촛불을 주도한 단체라며 '친북단체'라고 몰아치는 기사와 논설은 끝없이 이어진다. 선거 때마다 언론이 교묘하게 지역감정을 부추긴 것은 이제는 많은 사람들이 알고 있다. 앞서 지적했듯이 김대중 정부가 들어선 뒤 전국에서 광주의 부도율이 가장 높았던 시기에 〈대구-부산엔 추석이 없다〉 따위 기사를 무람없이 1면 머리로 내보냈을 정도다.

요컨대 한국정치의 소통은 제도언론과 지역감정, 색깔공세로 막혀 있다. 지역감정과 색깔공세를 언론이 중개하거나 주도한다는 점에서 제도언론의 폐해가 가장 크다. 본디 언론의 본령이 소통이라는 사실에 주목한다면, 제도언론이 소통을 가로막고 있는 한국 정치 사회의 현실은 자가당착이다.

우리는 그 이유를 한국사회에서 공론장*이 처음부터 뒤틀리게 형성된 데서 찾을 수 있다. 아래로부터 올라오는 시민혁명을 통해 스스로 근대 사회를 열기 전에 외세의 침략으로 왕정이 무너지면서 시민지로 전락했기 때문이다. 공론장의 중심이 되어야 할 언론이 외세인 일본 제국주의의 사실상 '대변인' 노릇을 함으로써 아래로부터 올라오는 소통의 욕구를 수용하지 못했다. 식민지로부터 벗어난 뒤에도 곧장 분단체제로 들어갔고, 한국전쟁을 거치면서 분단은 내면화되었다. 결국 아래로부터의 민주적 소통이 막히면서 한국정치는 경직되어갔다.

군부독재를 거치며 대기업으로 성장한 제도언론이 색깔공세와 지역감정 조장으로 특정 세력과 특정 지역을 배제해옴으로써 한국의 소통 구조는 더 불통이 되었다. 국민이 정치를 불신하고 언론을 믿지 못하는 이유가 여기 있다.**

---

* 공적인 대화가 이루어지는 공론의 마당, 줄임말로 공론장(public sphere)은 사적 개개인들이 신분제도를 벗어나 합리적이고 비판적인 대화와 토론, 곧 소통으로 여론을 형성하는 마당을 뜻한다. 왕권을 정점으로 한 중세 신분제 사회를 벗어나 근대 민주주의 사회를 형성해가는 과정에서 사회구성원들은 공론장을 적극 활용하며 보통선거권은 물론, 언론·출판·집회·결사의 자유를 하나하나 쟁취해갔다. 사회구성원들이 소통하는 열린 마당으로서 공론장은 근대 민주주의 사회의 핵심 개념이다. 자유롭게 정치적 견해를 소통하는 공론장과 여론의 등장으로 중세 시대 전제 군주의 자의적 지배가 아닌 여론에 의한 정치라는 민주주의의 새로운 길이 비로소 열렸다. 이에 대한 더 자세한 논의는 손석춘, 《한국 공론장의 구조변동》(2005)을 참고.

하지만 절망스러운 상황은 전혀 아니다. 언론을 중심 매개로 해서 지역감정과 색깔공세가 아무리 우리 정치 사회의 소통을 가로막고 있더라도 아래로부터 올라오는 수많은 사람들의 생각을 모두 억누를 수는 없기 때문이다.

변화의 흐름은 여러 곳에서 나타난다. 한국인의 정치의식을 가둬온 언론과 지역과 색깔 부문을 차례로 짚어보자. 2004년 5월 《한겨레》가 창간 16돌을 맞아 일반 국민을 대상으로 실시한 여론조사를 보면, 선진국을 미국과 동일시하는 신문 대기업들의 여론 몰이와 우리 국민의 의식이 사뭇 다르다는 사실을 확인할 수 있다. 응답자의 44.8퍼센트가 '우리 사회가 나아갈 바람직한 방향'으로 '북유럽식 사회민주주의'를 선택했다. '미국식 자유민주주의'라고 응답한 사람은 39.2퍼센트였다. 5퍼센트 정도 차이지만, 한국의 정치적 소통 구조, 그 먹통 구조에서 우리 국민이 북유럽식 사회민주주의를 더 선호하고 있다는 사실은 2010년 6월 지방선거 이전에 이미 복지에 대한 국민의 정치의식이 서서히 바뀌고 있었다는 사실을 드러내준다.

정치의 먹통 구조를 '지배'해온 《조선일보》《동아일보》《중앙일보》의 영향력도 시나브로 떨어지고 있다. 21세기 들어서면서 신문 구독자 비율이 갈수록 줄어드는 반면에, 세 신문에 대한 시

** 2009년 7월 한 시사주간지가 '한국인이 가장 신뢰하는 직업'에 대해 조사한 결과, 정치인을 신뢰한다는 응답은 11.7퍼센트에 그쳐 가장 낮은 33위를 기록했다. 기자도 28위로 불신의 대상으로 나타났다. 가장 신뢰하는 직업은 소방관이다. 연령별로 모든 연령층에서 소방관, 간호사, 환경미화원의 신뢰도가 높았다. 한국 국민의 건강성이 드러나는 대목이다.

민사회의 비판 의식은 커져가기 때문에 나타나는 필연적 현상이
다. 과거 김대중 정부의 정책기획위원장 최장집을 겨냥해《조선
일보》가 지면을 도배질하며 폈던 색깔공세 따위는 이제 효력을
갖기 어렵다.《한겨레》와《경향신문》이 꾸준히 제도언론과 다른
담론을 만들고 있을 뿐만 아니라, 인터넷 언론과 '소셜 미디어'의
출현으로 신문이 정보를 독과점하는 시대는 지나갔다. '언론정
치'의 지형에서 큰 틀이 바뀌고 있는 셈이나. 2008년 촛불 항쟁 이
후 언론 주권운동이 활발하게 벌어지고 있는 현실도 같은 맥락에
서 이해할 수 있다.

지역감정에 근거한 정당 구조가 자유로운 소통을 막는 현상
에도 균열의 조짐은 뚜렷하다. 이 책의 여는 글에서 소개한 대구
의 택시노동자와 만났을 때 나눈 대화를 독자들은 기억할 것이다.
그로부터 20일이 지난 2010년 2월 17일에 광주에서 대구의 택시
노동자와 비슷한 나이의 택시노동자를 만났다. 광주 송정역 앞에
도 어김없이 택시는 기나긴 줄로 서 있었다. 택시를 타고 인사를
하며 물었다.

"광주 경기는 요즘 어떤가요?"

택시 노동으로 인생의 황금기를 모두 보냈을 그는 사뭇 곰살
맞게 설명했다.

"경기요? 우리 택시기사들 이야기를 들려줄게요. 우리가 회사
에 들어가 택시를 놓고 퇴근할 때는 누가 뭐랄 것도 없이 마누라
에게 가져갈 지갑에서 1만 원 한 장씩을 빼 바지 주머니에 찌르며
나왔어요. 회사 앞에 있는 소줏집에서 삼겹살과 소주를 각각 사람

수만큼 시켰지요. 그렇게 하루를 풀고 헤어진 게 오랜 전통이었는데 두 달 전부터 그게 사라졌어요. 지금은 누가 뭐랄 것도 없이 모두 집으로 직행합니다. 우리에게 돈 1만 원이 그만큼 소중해졌다는 뜻이지요. 요즘 광주 경기가 그런 형편입니다."

그분을 충심으로 위로하기 위해 말을 받았다.

"광주는 아무래도 이명박 정부 들어선 뒤 힘들어졌지요?"

그런데 뜻밖이었다. 머리가 희끗희끗한 택시노동자는 그 말을 듣는 순간 운전석 앞에 놓인 뒷거울로 나를 살펴보았다. 외지인임을 확인해서일까. 조심스럽게 자기 생각을 꺼냈다.

"손님은 어떻게 볼지 모르겠는데요. 우리 광주가 노무현을 대통령으로 뽑아줄 때는, 우리 같은 서민들이 잘살게 되리라고 생각했었어요."

거기서 한 숨을 고른 택시노동자는 이어 한숨을 섞어 말했다.

"그런데 우리 같은 서민들에겐 똑같습디다."

광주 토박이임이 분명한 60대 택시노동자에게서 그런 말을 들으리라고는 솔직히 예상하지 못했다. 실제로 부익부 빈익빈은 이명박 정부 들어서서 심화되고 있지만, 앞서 분석했듯이 김대중-노무현 정부 10년 동안에도 뚜렷했던 게 엄연한 사실이다. 이어 택시노동자에게 물었다.

"선생님은 그럼 민주노동당은 어떻게 생각하세요?"

더 정확히 물으려면 "민주노동당과 진보신당"이라고 했어야 옳겠지만 그렇게 따져 물을 상황은 아니어서 그냥 민주노동당 이름으로 말을 걸었다. 택시노동자는 여기서도 뜻밖의 대답을 했다.

"글쎄요, 우리 같은 서민이 마땅히 민주노동당을 찍어야겠지요."

그 순간 한국정치의 먹통 구조 속에서 그가 어떻게 그런 생각을 했을까 궁금했다. 하지만 더 물어보지 못했다. 곧이어 그가 다음과 같이 덧붙였기 때문이다.

"그런데 찍어봐야 당선이 돼야 선거할 맘이 나죠."

"그럼 어떻게 투표하세요?"

"투표? 그런 거 안 해요. 이곳은 옛날부터 국회의원이나 시장, 구청장 모두 민주당 사람들이 계속 당선되잖아요. 선거 때만 되면 뭔가 새롭게 해보겠다고 굽실거려요. 하지만 되고 나면 죄다 똑~같아요. 우리 같은 사람에게 선거는 귀찮아요."

"그럼 선생님은 희망을 어디에 두고 계세요?"

"희망이요? 그런 게 있나요?"

광주 택시노동자의 말은 다시 대구 택시노동자의 말과 억양만 다를 뿐 정확하게 겹쳐졌다.

광주 택시노동자 또한 마지못해 덧붙였다.

"내게 희망이 있다면, 오직 하나입니다."

그 말 또한 대구 택시노동자와 마치 사전에 입이라도 맞춘 듯이 똑같았다. 무엇이었을까. 내가 만난 광주 택시노동자의 '오직 한 희망'은?

"건강입니다. 내가 건강해야 일해서 우리 가족이 먹고살 수 있으니까요."

그 말을 들었을 때도 대구 택시노동자의 천국 꿈을 들었을 때와 마찬가지로 착잡했다. 여기서 주목할 것은 흔히 정반대의 정치적 근거지로 인식되는 대구와 광주의 택시노동자가 현실에 대해 공통된 인식을 하고 있다는 사실이다. 지역에 근거한 정당이 집권해도 서민의 삶은 나아지지 않는다는, 아주 소중한 깨달음이 그것이다.

물론, 우리 사회에 아직은 그런 인식이 보편적으로 소통되고 있지는 않다. 그 경험을 소통할 수 있는 공간도, 시간도, 일하며 먹고 살아가는 사람 대다수에게 크게 부족한 게 사실이다. 여는 글에서 소개한 대구 금융기관 소속 운수노동자가 박근혜를 열정적으로 지지하던 모습도 그 '증거' 가운데 하나다.

하지만 적어도 지역에 기반을 둔 정당들이 서로 번갈아 집권했던 경험은 적잖은 지역 주민들의 정치의식을 바꾸고 있다고 판단할 수 있다. 그래서 문제는 다시 소통이다. 기존의 지역정당과 제도언론, 지역 유지로 불리는 세력이 소통을 가로막고 있기에 더욱 그렇다.

가령 정치적-경제적 특권 세력과 제도언론은 복지를 강조하는 사람들을 겨냥해 색깔공세를 펴면서 그러려면 세금을 더 내야 한다는 '훈계'를 끊임없이 늘어놓는다.

그들의 논리는 간명하게 반박 가능하다. 가령 대구 택시노동자가 가슴 아파했던 딸의 대학 등록금 문제부터 살펴보자. 이명박 정부가 들어선 뒤 대대적 감세 정책으로 줄어들 세금이 집권 5년 동안 60조 원으로 추산된다. 평균 한 해 감소액은 12조 원이다. 그 말은 국민에게 세금을 더 걷지 않고 이명박 정부의 감세 정책을 원점으로 돌리는 것만으로, 300만 명에 이르는 전문대 이상의 모든 대학생 등록금을 당장 절반으로 줄일 수 있다는 걸 뜻한다. 대학 등록금을 연간 800만 원으로 잡을 때, 그 절반인 400만 원을 학생들에게 지원하는 데 해마다 12조 원이 들고 그 돈은 이명박이 깎아준 감세 규모와 묘하게도 일치하기 때문이다. 만일 이 간명한 산수를 대구 택시노동자들을 비롯해 국민 대다수가 알게 된다면 과연 그때도 정치에 변화가 없을까? 소통이 중요한 이유를 새삼 짐작할 수 있다.

복지 정책을 펴면 경제 성장이 더뎌진다는 주장도 마찬가지다. 전혀 근거가 없다. 1990년대 이후 OECD 국가 가운데 경제 성장률이 높았던 나라가 복지국가라는 엄연한 사실, 내수가 튼튼해야 지속 가능한 경제 발전을 일궈갈 수 있다는 진실도 가능한 한 많은 사람이 소통해야 옳다.

색깔 배제의 소통 장애 또한 과거와는 사뭇 다른 양상을 보이고 있다. 2010년 6월 지방선거를 앞두고 내내 신문과 방송에서 부각한 '천안함 침몰' 사건이 적절한 보기다. 당시 천안함 침몰을 둘러싸고 정당들은 물론이고 시민사회 전반이 논쟁에 휩싸였다. 이명박 정부가 국방부 진상조사단의 발표를 통해 북의 어뢰 공격으로 침몰했다고 했을 때, 대다수 정치 전문가들은 지방선거에 '북풍'이 불 가능성을 진단했다. 한나라당도 안보를 강조하며 이명박 정부의 대북 강경책을 비판하는 사람들을 '친북세력'으로 몰아갔다.

그런데 선거 결과에서 나타났듯이 우리 국민은 이성을 잃지 않았다. 이명박 정부가 철학 없는 대북 강경책으로 안보 불안을 가져왔고, 그것이 한국경제에도 부정적 영향을 끼친다는 인식이 많은 국민에게 퍼져 있다는 사실이 드러났다. 한국에서 경제 발전과 평화의 긴밀한 연관성을 한나라당만 인식하지 못하고 있다는 증거이기도 했다.

결국 지역감정과 색깔공세가 제도언론과 더불어 여전히 한국 정치의 배제적 소통 구조를 상징하고 있는 게 현실이지만, 그 상징의 힘이 시나브로 쇠락하고 있는 것도 현실이다. 색깔공세와 지역감정의 힘이 엷어지면서 그 빈 공간으로 새롭게 떠오르는 상징은 앞서 살펴본 복지와 주권이다.

따라서 문제의 핵심은 지역감정과 색깔공세를 언제나 확대 재생산해온 제도언론에 맞서 복지와 주권을 우리가 얼마나 소통해가느냐에 있다. 그 소통은 한국의 진보 정치세력만이 아니라 보수 정치세력과 개혁 정치세력이 거듭나기 위해서 절실한 과제다. 행복한 삶으로서의 복지나 헌법적 가치로서의 주권은 모두 보수와 개혁, 진보를 넘어선 가치이기 때문이다.

물론, 소통은 쉽지 않은 과제다. 지역감정과 색깔공세가 아직 맹위를 떨치는 데서도 볼 수 있듯이 보수 세력 내부조차 소통이 원활하게 이루어지지 않고 있다. 보수의 담론을 신문 대기업들이 주도하고 있기 때문에 지역감정과 색깔공세를 넘어선 담론이 보수 정치세력 내부에서 이루어지는 데 실패하고 있다. 더구나 제도언론인 신문 대기업들이 2010년에 배정받은 종합편성 채널까지 운영할 경우 여론의 편중과 독과점 현상은 한층 심각해질 수밖에 없다.

소통이 막혀 있기는 개혁 정치세력과 진보 정치세력 내부도 마찬가지다. 가령 개혁 정치세력은 자신들의 정체성이 '진보'인지 아닌지를 두고 내부에서 말이 어긋날 정도다. 자신들이 체결한 한미 FTA의 국회 비준을 놓고도 찬반 의견이 오락가락하고 있다.

진보 세력 내부에도 여전히 복지나 주권을 한낱 개량주의로 각을 세워 비판하는 세력이 있는가 하면, 신자유주의 반대를 명시적으로 언급하는 깃조차 부담스러워 하는 '진보' 세력도 있다. 두 세력 사이의 소통은 거의 없다고 해도 지나친 말이 아니다. 자주를 더 중시하느냐, 평등을 더 중시하느냐의 문제로 민주노동당이 분당되는 사태가 벌어진 것도 진보 세력 내부의 소통이 얼마나 막혀 있는가를 드러내주었다.

보수와 진보 각각 내부에 소통이 막혀 있는 상황에서 보수와 진보 사이에 소통이 온전히 이루어질 수는 없는 일이다. 한국정치가 국회에서 종종 폭력적 형태로 표출되는 이유도 소통이 이루어지지 않는 데 큰 원인이 있다.

한국정치의 미래—좁혀서 박근혜의 미래—는 아래로부터 올라오는 새로운 상징, 복지와 주권을 시민사회가 소통해나갈 수 있느냐에 달려 있다. 제도언론의 지역감정 조장과 색깔공세는 그 소통에 가장 큰 장벽이다. 시민사회가 새로운 상징을 더 많이 소통할수록 복지와 주권의 의미 또한 깊어질 게 분명하다. 경제 성장이나 서민정치, 원칙정치와 같이 애매모호한 말로 정치를 바라보는 시대에 이제는 마침표를 찍어야 옳다.

'백설공주'에게 보내는 네 가지 짧은 물음

박근혜를 여러 거울로 비춰 본 이 책을 마무리하기 전에 지금까지의 논의를 간명하게 정리할 필요가 있다. 박근혜의 정치적 성장을 폭넓게 조명한 만큼, 이제는 다시 그녀에 초점을 맞춰 논지를 분명히 하는 게 생산적이라는 판단이 들어서다.

한국정치의 미래를 새롭게 열어가려면, 신자유주의 체제와 분단체제로 나날이 찌들어가는 국민 대다수의 삶을 조금이라도 나아지게 하려면, 2012년 대선을 앞두고 적어도 다음 네 가지 물음에 국민 개개인이 스스로 답하고 다른 사람과 소통하는 수고가 필요하다.

1. 박정희식 경제 성장은 21세기 한국경제에 가능한가?
2. 박정희와 박근혜는 친서민인가?

3. 박근혜는 원칙과 신뢰의 정치인인가?

4. 경제 발전·선진국·평화 통일에 박근혜는 적격인가?

그 네 가지 물음에 지금까지 이 책은 답해왔다. 책에서 제시한 답안이 반드시 옳다고 주장할 생각은 없다. 다만, 독자가 이 책을 읽으며 미처 의식하지 못했던 사실을 정리할 수 있었다면 더 바랄 게 없다. 그 맥락에서 각각의 물음에 대한 이 책의 대답을 다시 간추려본다. 소통을 위해서다.

첫째, 박정희식 경제 성장은 21세기 한국경제에 가능한가?

이 책은 그 물음에 부정적이다. 박정희식 경제 성장은 현 단계 한국경제의 국내외적 조건에서 불가능하다. '경제 살리기'와 '국민성공시대'를 내건 이명박 정부의 실패가 그 증거다. 박근혜의 경제정책 논리는 이명박과 똑같다. 박근혜의 복지론도 이명박의 공정사회론과 맥락이 같다. '이명박 효과'를 망각해서는 안 될 이유다. 국민 대다수의 생활이 나아지려면 복지와 주권을 중심에 둔 새로운 경제 발전 전략이 필요하다. 단순한 복지 담론을 넘어서야 한다.

둘째, 박정희와 박근혜는 친서민인가?

이 책에서 살펴보았듯이 그 이미지는 언론이 만들어놓은 착시 현상으로 사실과 다르다. 박근혜가 잃어버린 18년 동안 고난을 겪었다는 말도 진실이 아니다. 1980년대 전두환 독재에 맞서 민주 시민들이 희생을 감수하며 줄기차게 싸우고 있을 때, 박근혜는 박정희-육영수가 남겨놓은 영남대재단, 육영재단, 정수장학회의 이사, 이사장으로 살아왔다. '권력 핵심 18년'은 물론, 박근혜의 잃어버린 18년조차 서민의 삶과는 정반대 지점에 자리하고 있다. 이명박과 달리 박근혜가 서민적이라는 판단은 사실과 다르고 이명박의 실패에서 아무것도 배우지 못한 오판이다.

셋째, 박근혜는 원칙과 신뢰의 정치인인가?

박근혜는 세종시에서 도드라지게 원칙을 강조했다. 하지만 박근혜는 조선·동아·중앙일보사와 대기업이 방송까지 진출토록 한 미디어법 문제에 원칙 없이 오락가락했다. 세종시에 대해선 원칙을 고수하는 게 선거에 유리하다고 판단했고, 미디어법에 원칙 없이 오간 이유 또한 세 신문사와 선거를 의식한 결과라고 볼 수 있다. 4대강 토목사업 강행과 굴욕적인 한미 FTA 재협상, 이명박 정부의 대결주의적 대북 정책과 노동운동 탄압과 같은 주요 국정 현안에 대해 그녀는 자기 생각을 밝히지 않은 채 침묵했다.

넷째, 경제 발전·선진국·평화 통일에 박근혜는 적격인가?

이 책의 대답은 '아니다'이다. 이명박과 같은 몸통의 두 얼굴이기 때문이다. 유권자 또한 누구를 위한 경제 발전인지, 어떤 선진국인지, 무엇이 평화와 통일로 가는 길인지 따져보아야 옳다. 한국정치가 풀어야 할 세 가지 숙제는 어느 한 정치인이 대통령되는 것만으로 구현되는 게 아니다. 사회권으로서 복지와 주권의 의미를 더 많은 사람이 소통해나갈수록 '경제가 발전된 성숙한 선진국가로 평화적 통일'을 일궈낼 기반이 마련될 수 있다. 그 과정에서 국민 대다수가 정치적 주체로 나설 수 있고, 그 연대를 일궈낼 사람이 대통령으로 일하는 게 바람직하다.

2012년 대선까지 네 가지 물음에 대해 독자 개개인의 판단이 필요하다. 국가와 민족, 또는 이념을 위해서가 아니다. 바로 나 자신을 위해서다. '이명박 효과'에서 살펴보았듯이 대통령을 정확히 알고 뽑는 일은 우리 개개인의 삶과 직결되어 있다. 언제까지 정치인들에게 기만당하고 살 수는 없는 일이다. 자신의 판단이 섰다면, 일터에서든 가족, 친인척이든 일상생활을 함께하는 사람들과 적극적인 대화와 토론에 나서길 제안한다. 개개인의 주체적 판단이 서로 소통되는 바로 그만큼, 한국정치는 성숙해질 수 있다.*

한국정치의 보편적 숙제로 꼽히는 세 과제—경제 발전·선진국·평화 통일—또한 복지·주권·소통의 틀로 풀어갈 때 온전히 구현될 수 있다. 어떤 경제 발전인가, 어떤 선진국인가, 어떤 평화 통일인가를 선택할 기준이 바로 복지, 주권, 소통이다.

---

* 이 책의 지은이가 내놓은 답에 동의할 수 없는 독자도 있을 성싶다. 머뭇거림 없이 전자우편(2020gil@hanmail.net)을 보내주길 제안드린다. 다만 고정관념을 버리고 지은이의 답을 논리적으로 반박해주었으면 한다. 지은이 또한 선입견 없이 마음을 열고 대화에 나서 소통할 것을 약속한다.

소통하는 만큼 보인다

"구리를 거울 삼아 의관을 정제하고, 역사를 거울 삼아 흥망을 살피고, 사람을 거울 삼아 일의 성공과 실패를 살펴라."

중국 역사상 치적이 가장 뛰어난 황제로 꼽히는 당 태종이 남긴 말이다. 그는 언제나 그 세 가지 거울로 자신의 잘못을 고쳐왔다고 회고했다. 물론, 사람의 생각과 행동은 일치하기 어렵다. 당 태종 또한 고구려 침략에 실패했고 그 여파로 생을 마감했다.

하지만 당 태종이 남긴 말은 새겨볼 만하다. 그가 언제나 살핀 세 가지 거울은 민주주의 사회에서 자신의 인생을 주체적으로 살아가려는 모든 사람에게 필요하다.

이 책은 당 태종의 경구와 무관하게 구성되었지만, 그가 말한 세 가지 거울로 박근혜를 비춰 본 셈이다. 선거 여왕을 다룬 1부가 '구리거울'이라면, 2부는 역사의 거울, 3부는 사람의 거울이다.

'백설공주'로 첫 문장을 시작해서 지금 여기까지 우리는 박근혜를 얼마나 알고 있는가 하는 물음에 답하려고 세 가지 거울을 비춰 보았다.

흔히 아는 만큼 보인다고 말한다. 새길수록 옳은 말이다. 지구가 평평하고 하늘에는 천국이 있다고 믿었던 고대와 중세 사람을 떠올리면 그 말의 무게를 실감할 수 있다. 정치도 마찬가지다. 아는 만큼 보인다. 나만 사람과 사람 사이의 관계를 다루는 까닭에 정치는 아는 만큼 보이는 차원을 넘어선다. 박근혜의 거울이 그렇듯이 정치는 소통하는 만큼 보인다.

천국을 오로지 희망으로 생각하는 대구의 택시노동자가 대표적 보기다. 과연 그가 생각하는 천국의 희망은 고대와 중세 사람의 그것과 과연 얼마나 다를까. 자신의 건강만을 유일한 희망으로 삼아 거리를 달려온 광주의 택시노동자는 '행복한 삶'으로서의 복지가 얼마든지 가능하다는 사실을 이제는 인식하고 있을까.

솔직히 말하자면, 나는 죽어서 천국을 가는 일이 나 자신의 건강만 유일한 지상의 희망으로 삼아 살아가는 서민들이 어쩌면 여느 정치학자보다 더 현실을 꿰뚫고 있으며 그에 적응하고 있다고 판단한다. 실제로 '백설공주와 일곱 난쟁이'가 한국정치의 거울이고 박근혜가 대통령이 될 가능성이 지금으로선 가장 높기 때문이다. 그런 상황에서 서민들이 자신의 희망을 '천국'에 가는 데 두서나 지상에서 믿을 수 있는 건 자신의 '몸뚱어리뿐'이라고 판단하는 게 과연 지나친 걸까?

여기서 상상력을 조금 더해보자. 백설공주와 난쟁이 동화를 정치 현실로 비유하는 데 문제점은 없을까? 본디 백설공주와 난쟁이들은 경쟁자가 아니잖은가. 동화에서 난쟁이들은 백설공주와 경쟁해서 이기려는 사람들이 아니라 도와주는 사람들이다. 그렇다면 우리는 백설공주와 난쟁이 동화를 한국정치의 거울로 전혀 다르게 읽을 수 있다. 여는 글에서 소개한 대구 금융기관 소속 운수노동자처럼 박근혜가 서민 정책을 펼 것이라고 믿는 서민으로 '난쟁이'를 대입하면 어떨까. 작가 조세희가 생생하게 그렸듯이 '난쟁이'는 이 땅에서 가난하고 힘없는 사람들의 상징이다.

자신의 의지와 관계없이 왕궁에서 나온 백설공주가 어려움에 처했을 때 난쟁이들은 그녀를 정성으로 보살피며 사랑을 쏟았다. 하지만 백설공주는 이웃나라 왕자와 결혼해 난쟁이들이 사는 들판을 떠나 왕궁으로 돌아간다. 백설공주는 결코 서민이 아니었다.

청와대에서 어린 시절과 20대를 보내다가 '국모'로 불리던 어머니에 이어 '총통'인 아버지의 피살로 물러난 그곳에 돌아가길 갈망하는 박근혜의 모습은 백설공주가 걸어간 길과 닮았다. 소설 《난쟁이가 쏘아올린 작은 공》이 출간되었을 때, 실제로 박근혜 또래의 여성 노동자들이 노동법에 보장된 노조대의원대회를 연다는 이유만으로 똥오줌을 뒤집어썼던 바로 그 시기에, 그녀는 아버지 박정희 대통령의 화려한 '퍼스트레이디'로 거울 앞에 서 있었다.

찬찬히 톺아볼 일이다. 가난하고 힘없는 사람들인 난쟁이에게 한국정치는 어떻게 비쳤을까. 난쟁이들의 거울에 이 책에서 살펴본 대한민국의 역대 대통령들은 어떤 존재였을까.

물론, 대한민국 대통령들을 숭앙하는 사람도 적지 않다. 더러는 이승만이나 박정희를, 더러는 김대중이나 노무현을 마음 깊은 곳에서 존경한다. 사람마다 가치 기준이 다르므로 얼마든지 그럴 수 있다. 다만, 좀 더 깊이 분석할 필요가 있다. 사람마다 가치 기준이 다른 이유는 그 사람이 서 있는 자리가 다르기 때문이다.

가령 친일파와 그 후손들에게 이승만은 은인이고 '국부'일 수밖에 없다. 1960년대와 70년대에 성장한 대기업을 세습하며 상류층으로 살고 있는 사람들에게 박정희는 여전히 '최고의 대통령'이다. 김대중-노무현 정부 시기에 한 자리씩 차지했던 사람들에게 두 대통령에 대한 객관적 평가를 기대하기는 어렵다.

그래서다. 가치보다는 어디에 누구와 함께 서 있느냐가 더 중요하고 실제적 기준이 된다. 그렇다면, 가난하고 힘없는 사람들과 함께 '난쟁이의 시선'으로 역대 대통령들을 보면 어떨까.

4월혁명으로 대통령 자리에서 쫓겨난 이승만과 부산-마산의 민주 시민들이 벌인 항쟁으로 내분이 일어나 죽음을 맞은 박정희, 그의 정치적 아들인 전두환이 줄을 이어 대통령 자리에 앉아 있던 40년 동안, 얼마나 많은 난쟁이들이 억압과 멸시는 물론 학살당했던가.

결코 선동이 아니다. 엄연한 진실이다. 그 진실의 소통을 언론과 지역과 색깔로 배제해왔기 때문에 우리에게 익숙하지 않을 뿐이다. 비단 이승만, 박정희, 전두환만이 아니다. 노태우를 거쳐 대통령 자리에 오른 김영삼, 김대중, 노무현이 과연 얼마나 난쟁이들의 눈물을 닦아주었는가를 정직하게 살펴야 옳다.

여기서 이 책의 머리말에 소개한 대구·광주의 택시노동자와 같은 연배로 서울의 거리를 달렸던 택시노동자를 소개하고 싶다. 그는 더 이상 운전대에 앉을 수 없다. 2007년 4월 15일, 끔찍한 고통 속에 운명했기 때문이다. 빈농의 9남매 가운데 다섯째로 태어나 중학교까지 다닌 쉰네 살의 고인은 생업인 택시를 몰며 민주노총 조합원으로 당당하게 살아왔다. 참여연대와 민주노동당에도 가입했다. 고인이 택시로 하루 340여 킬로미터씩 한 달을 꼬박 몰아 손에 쥐던 돈은 100만 원 남짓이었다. 결혼하지 않았던 고인은 그 돈으로 여러 시민사회단체에 회비를 내면서, 단체 활동가들의 넉넉하지 못한 생활까지 애면글면 챙겨주었다. 정작 자신은 끼니거를 때가 많았다. 그 몸마저 결국 서민의 삶을 위해 바쳤다. 2007년 4월 1일, 한미 FTA 협상이 벌어지던 호텔 앞에서 "한미 FTA 즉각 중단하라"며 스스로 몸을 불살랐다. 구급차에 실려 가면서도 마지막 온 힘을 다해 한미 FTA 중단을 절규했다. 하지만 노무현 정부는 바로 그날 밤 협상을 '타결'했다.

그의 이름은 허세욱. 서울 명동 향린교회에서 열린 강연 뒤에 성큼 다가와 당황할 만큼 정중하게 말을 건넸던 그분과의 짧은 소통은 한으로 남아 있다. 노무현 대통령이 탄핵되었을 때 무효를 주장하며 촛불 시위에 앞장섰던 허세욱과 '난쟁이'들에게 노무현 정부는 과연 무엇이었을까.

경제를 살려 '국민성공시대'를 열겠다고 호언장담하며 당선된 이명박 대통령 시기에 일어난 서울 용산 재개발 현장의 철거민 참사와 비정규직 노동자들의 잇따른 분신은 난쟁이들의 서러움이 무장 커져가고 있음을 극명하게 증언해준다. 용산에서 새까맣

게 숯주검 된 철거민은 2007년 대선에서 이명박 후보에 투표했다. 그가 약속한 '경제 살리기'에 실낱 희망을 걸었기 때문이다. 하지만 자신이 찍은 후보가 당선되어 대통령 자리에 앉은 뒤 채 1년도 안 되어 경찰특공대의 살천스런 진압 과정에서 목숨을 잃었다. 참사 현장에서 가까스로 살아남은 아들은 구속되어 감옥에 갇혔다. 난쟁이와 그 아들의 오늘은 1978년의 소설 속 주인공과 닮아도 너무 닮았다.

문제는 착시 현상이다. 많은 사람들이 자신은 '난쟁이'가 아니라고 자위한다. 하지만 서울 용산의 철거민들도 재개발이 진행되기 전까지 자영업을 하며 '중산층'으로 살아가던 사람들이다.

한국사회에 뿌리내린 신자유주의 체제는 중산층마저 흔들어 놓았다. 일상화된 '구조 조정'과 '명예퇴직'은 대기업 사무직 노동자들의 삶을 불안 속으로 떠밀었다. '먹고살기'라는 동물적 욕구조차 안정적으로 충족하기 어려울 만큼 '인간다운 삶'을 누리지 못하는 사람들의 비율은 점차 늘어나 전 국민의 80퍼센트에 이른다. 행복한 삶인 복지의 권리와 그것을 구현할 주권의식이 난쟁이들 속에, 국민 대다수에게 폭넓게 소통되어야 할 이유가 여기 있다.

이 책은 보수와 진보 사이에 이념적 선호를 따지는 데 목적이 있지 않다. 최대한 객관적 현실에 바탕을 두고 정치를 읽어야 한다는 상식을 제시했을 뿐이다.

20대80의 사회에서 상위 20퍼센트의 영역에 서 있는 사람들은 얼마든지 신자유주의 정치경제 질서를 선호할 수 있다. 하지만 80퍼센트의 국민 대다수가 '시장 독재'의 신자유주의 체제를 옹호하거나 그 체제에 앞장서는 정치인을 '사랑'하는 현실은 자가당착이다. 미국과의 자유무역협정FTA을 중시하며 대기업 감세와 규제 완화, 공기업의 사영화를 강조하는 정치인들이 아무리 '복지'나 '공정'을 내세워도 신자유주의 정책을 폐기하지 않는 한, 주관적 의도와 무관하게 그것은 국민 대다수(80퍼센트)를 기만하는 정치 구호에 지나지 않는다.

사랑은 자유지만 그 정치인들의 중심에 백설공주가 있다는 진실을 난쟁이들이 꿰뚫어보아야 공정하지 않겠는가. 이미 피멍이 맺힌 난쟁이들의 앙가슴이 언제까지 사랑의 상처로 덧날 수는 없지 않은가.

대안이 없다고 개탄할 때가 아니다. 얼마든지 대안을 만들어 낼 수 있다. 난쟁이들이 눈을 안으로 돌려야 한다. 밖을 보며 사랑에 절망하는 미련은 이제 떨쳐버려야 옳다. 난쟁이들이 지역감정을 조장하고 색깔공세를 퍼붓는 제도언론의 먹통 구조에서 벗어나 '복지'와 '주권'을 더 많이 소통할수록 바로 그만큼 한국정치는 성숙해갈 수 있다. 그 속에서 진정으로 사랑을 나눌 사람도 눈부시게 나타날 터다. 국제인권규약으로 보장된 사회권을 비롯해 주권의 실질적 실현은 80퍼센트 국민 대다수가 얼마나 진실을 직시하는가에 달려 있다. 소통이 정치의 고갱이인 까닭이 여기 있다.

지역감정과 색깔공세, 제도언론을 중심에 둔 정치에서 복지와 주권을 소통하는 정치로 전환해갈 때, 보수든 진보든 진정으로 성공한 대통령이 나올 수 있다.

박근혜는 한국정치의 배제적 소통 구조를 상징하고 있지만,

변화와 선택은 '공주'에게도 열려 있다. 한국정치사의 흐름으로 볼 때, 2012년 대한민국에 절실한 대통령의 미덕은 복지와 주권, 소통이다. 국민 대다수가 그 소통에 얼마나 참여하는가, 그곳에 한국정치의 미래와 대한민국의 내일, 우리 삶의 운명이 걸렸다.

여기까지가 이 책의 제안이다. 책을 덮기 전에 마지막으로 박근혜의 선택과 관련해 그녀의 대학 동창생 이야기를 사족으로 덧붙인다. 인산 박근혜에 미움이 있어서 이 책을 쓴 게 진허 아니라는 진실을 박근혜와 그 지지자들에게 명토 박아두고 싶어서다.

큰 홍수로 서강대학교 담장이 무너졌을 때, 대학생 박근혜를 비롯해 학우들과 복구 작업에 나섰던 그 동창생은 늘 경호원에 둘러싸여 자유롭지 못했던 그녀에게 인간적으로 연민을 느꼈다고 회고했다. 어린 나이에 퍼스트레이디 활동을 했던 것도 자유로운 선택이 아니었기에 그녀는 아버지의 권력 욕망을 충족시켜준 희생물이라고 그는 단언했다. 권력욕 강한 아버지의 비극을 목격한 그녀가 40대 후반에 다시 아버지의 후광으로 정치에 입문하고 지금은 스스로 권력욕에 사로잡힌 모습은 도통 이해하기 어렵다고 머리를 가로저었다. 그는 박근혜가 아무것도 한 일이 없이 정치적으로 커온 '우스운 실상'을 겸손하게 돌아보고, 지금이라도 한 개인으로 자신을 다잡아 정치가 아닌 교육 사업에 정성을 다해 몰입하면 얼마나 보기 좋은가라고 반문했다. 이어 그녀가 대통령이 되는 것은 나라의 불행만이 아니라 개인의 불행이라고 우려했다.

기실 박근혜는 1989년 11월 29일자 일기에 다음과 같이 썼다.

평범하게 산다 해도 행과 불행은 있게 마련이겠으나 평범한 인생이 부럽기만 하다. TV를 통해서라도 평범한 사람들의 생활 모습을 보면 마음까지 편해진다.

그날 그녀는 "마음 한번 푸근하게 가져보기 힘든 것이 내 운명인가 하고도 생각해본다"고 토로했다. 이듬해인 1990년 1월 7일자 일기에는 "평범한 가정에 태어났더라면…… 인간이 추구하는 행복이란 결국 평범한 속에 있다고 느껴진다. 비범하셨던 부모님을 모셨던 것부터가 험난한 내 인생길을 예고해주었던 것이다"라고 썼다.

그게 박근혜의 진심이라면, 그녀에게 평범한 사람으로 산다는 게 쉬운 게 아니라는 진실을 일러주며 간곡히 권하고 싶다. 부모의 굴레에서 이제 벗어날 것을, 그게 운명이 아님을, 평범하게 살기 위해 아직 많이 남은 인생에 지금부터라도 최선을 다하기를, 무엇보다 평범한 사람들의 거울에 찬찬히 자신을 비춰 보기를.